시작하세요!
커피스크립트 프로그래밍

우아하고 간결한
자바스크립트 코딩

T. 호이가르드 지음
유윤선 옮김

위키북스

시작하세요! 커피스크립트 프로그래밍:
우아하고 간결한 자바스크립트 코딩

지은이 E.호이가르드
옮긴이 유윤선
펴낸이 박찬규 | 엮은이 이대엽 | 표지디자인 아로와 & 아로와나
펴낸곳 위키북스 | 주소 경기도 파주시 교하읍 문발리 파주출판도시 535-7
전화 031-955-3658, 3659 | 팩스 031-955-3660
초판발행 2012년 12월 06일
등록번호 제406-2006-000036호 | 등록일자 2006년 05월 19일
홈페이지 wikibook.co.kr | 전자우편 wikibook@wikibook.co.kr

ISBN 978-89-92939-05-6

Smooth CoffeeScript
Copyright © 2011 by E. Hoigaard
Based on Eloquent JavaScript by Marijn Haverbeke.
Korean edition copyright © 2012 by WIKIBOOKS.
All rights reserved.

- 저작자: E. Hoigaard
- 출처: http://autotelicum.github.com/Smooth-CoffeeScript/

이 책은 CCL 라이선스를 통한 2차 저작물로 한국어판 저작권은 위키북스가 소유합니다. 신 저작권법에 의해 한국 내에서 보호를 받는 저작물이므로 무단 전재와 복제를 금합니다. 이 책의 내용에 대한 추가 지원과 문의는 위키북스 출판사 홈페이지 wikibook.co.kr 이나 이메일 wikibook@wikibook.co.kr 을 이용해 주세요.

「이 도서의 국립중앙도서관 출판시도서목록 CIP는 e-CIP 홈페이지 | http://www.nl.go.kr/cip.php에서 이용하실 수 있습니다.
CIP제어번호: CIP2012005463」

시작하세요!
커피스크립트
프로그래밍

차 례

01   서문 1

02   개발 환경 5

03   커피스크립트 소개 9

04   커피스크립트 기본: 값, 변수, 제어 흐름 17

05   함수 47

06   자료구조: 객체와 배열 65

07   에러 처리 99

08   함수형 프로그래밍 109

09   검색 141

10   객체지향 프로그래밍 169

11   정규식 187

12   모듈화 199

A	언어 추가 자료	221
B	바이너리 힙	227
C	성능	235
D	명령행 유틸리티	239
E	레퍼런스	243

옮긴이 글

지금은 과거 어느 때보다 자바스크립트의 영향력이 커졌다. 이제 자바스크립트는 리치 웹 애플리케이션을 구현하는 핵심 언어로 자리매김했으며, node.js를 통해 서버사이드 기능을 담당함은 물론 모바일 웹앱을 구현할 때도 빠지지 않고 사용된다.

커피스크립트는 이런 자바스크립트에 날개를 달아준다. 커피스크립트는 직관적인 구문과 여러 편의 기능을 통해 자바스크립트 개발을 더 빠르고 편리하게 만들어준다. 그래서 커피스크립트를 한번 배우고 나면 다시 자바스크립트로 돌아가고 싶지 않다는 말도 심심치 않게 들을 수 있다.

커피스크립트의 황금률은 '그냥 자바스크립트다'이다. 커피스크립트는 제이쿼리 같은 자바스크립트의 래퍼 라이브러리가 아니며, 컴파일러를 통해 완벽한 자바스크립트로 컴파일되는 또 다른 언어다. 제이쿼리가 자바스크립트 개발을(특히 엘리먼트 선택을) 편리하게 해주는 반면 순수 자바스크립트보다 성능면에서 느리다는 단점이 있는 데 반해 커피스크립트는 자바스크립트만큼(또는 직접 작성한 자바스크립트보다) 빠르며, 성능면에서 전혀 손실이 없다. 또 패턴 매칭과 이해 구문(comprehension)을 통해 자바스크립트에 부족한 어휘를 보완함으로써 단 한두 줄의 코드로 10여 줄에 달하는 자바스크립트 순환문을 대체할 수 있다. 따라서 커피스크립트는 자바스크립트 개발자에게는 보너스 같은 언어다.

이 책에서는 여러 장에 걸쳐 커피스크립트의 다양한 면모를 살펴본다. 이 책은 본래 마린 하버베크가 저술한 《Eloquent JavaScript》를 커피스크립트에 맞게 수정한 책이다. 이 책에서는 커피스크립트의 데이터 구조, 함수, 에러 처리 같은 기본적인 내용부터 최근 맵리듀스로 다시 한 번 주목받고 있는 함수형 프로그래밍, 객체지향, 정규식 등 다양한 주제를 다룬다. 이 과정에서 독자들은 간단한 선언 및 함수 작성법부터 바이너리 힙 같은 자료구조 선언과 A* 알고리즘 같은 복잡한 알고리즘을 구현하는 법을 배울 수 있다.

❏ 대상 독자

이 책은 자바스크립트 개발을 담당하고 있거나 자바스크립트 개발에 관심 있는 독자들에게 추천한다. 이 책에서는 자바스크립트에 대한 지식을 전혀 전제하지 않는 만큼 자바스크립트를 처음 접하더라도 책을 이해하기에는 어려움이 없다. 또 자바스크립트 개발 경험이 많은 독자라 하더라도 이 책을 통해 자바스크립트에 대한 혜안(커피스크립트는 객체지향 및 프로토타입 상속 등 여러 면에서 자바스크립트와 유사하다)을 얻을 수 있음은 물론 일상적인 업무에서 커피스크립트를 통해 자바스크립트 개발 생산성도 높일 수 있다.

❏ 감사의 글

먼저 이 책의 번역을 맡겨주신 위키북스에 감사하다. 또 《Eloquent JavaScript》의 저자인 마린 하버베크와 이 책의 저자인 E. 호이가드에게 감사한다. 끝으로 항상 나와 함께하시는 하나님, 사랑하는 가족들에게 감사 인사를 전한다.

- 유윤선

1부

: 들어가기

- ☑ 서문
- ☑ 개발 환경

1 서문

커피스크립트는 자바스크립트를 발전시킨 언어로, 제레미 애쉬키나스가 만들었다. 이 책은 마린 하버베크가 쓴 《Eloquent JavaScript》를 커피스크립트에 맞게 수정한 책이다. 자바스크립트 대신 커피스크립트를 설명하도록 주요 내용을 수정한 것 외에 많은 내용을 수정했고 절을 추가, 편집, 삭제했다.

따라서 이 책에서 표현한 내용은 전적으로 편집자의 책임이다. 오픈소스 소프트웨어식으로 생각하면 이 책은 하나의 포크(fork)다. 자바스크립트에 대해 집필한 원저자의 원고를 있는 그대로 읽고 싶다면 마린 하버베크의 《Eloquent JavaScript》를 참고한다.

이 책을 읽는 동안 자바스크립트는 굳이 몰라도 되지만 이 책을 읽고 난 후 레베카 머피가 쓴 《JavaScript Basics》(http://autotelicum.github.com/Smooth-CoffeeScript/literate/js-intro.html)를 참고하면 자바스크립트 라이브러리를 디버깅하거나 사용하는 데 도움될 것이다.

✳ ✳ ✳

이 책의 프로그램 예제는 커피스크립트 환경뿐 아니라 prelude.ls도 사용한다. 이 파일에는 언더스코어 함수형 라이브러리, Coffeekup HTML 마크업, ws 서버사이드 웹소켓, 빠른 검사 기반의 테스트 라이브러리인 qc가 들어 있다. 이들 라이브러리는 유용한 추상화와 테스트 도구를 통해 커피스크립트를 확장해주므로 중복 코드를 작성하지 않고 문제에만 집중할 수 있게 해준다.

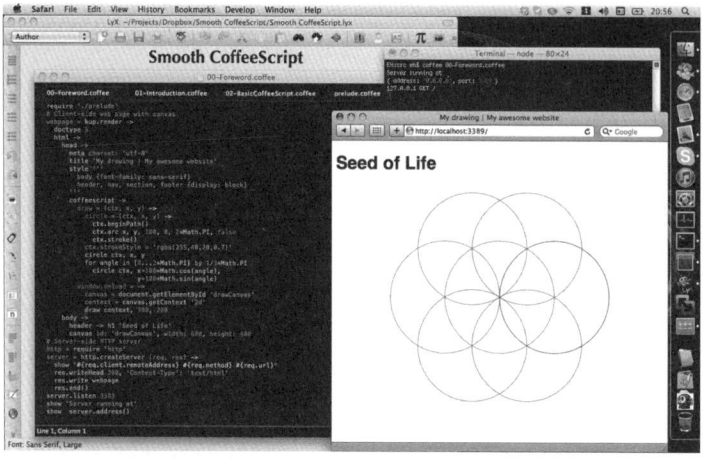
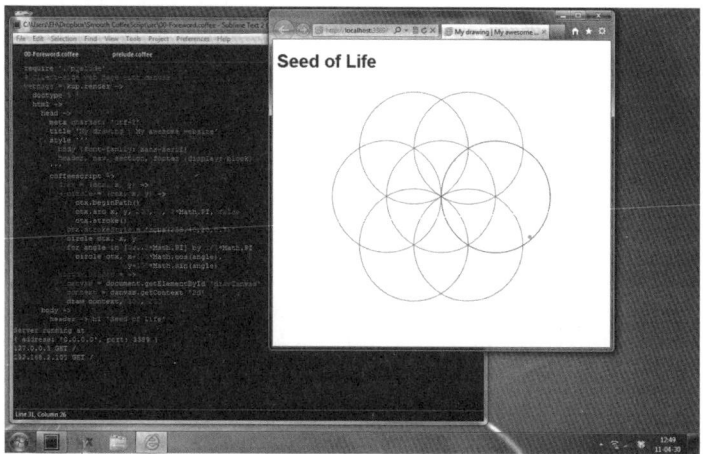
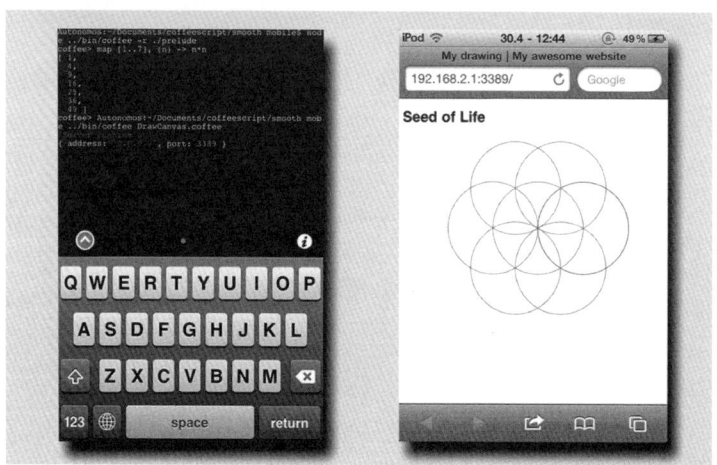

물론 언어에서 제공하는 원시 타입 몇 가지만 가지고도 프로그램을 표현할 수는 있지만 이렇게 하다 보면 금세 프로그래밍이 지루해지고 오류로 이어지기 쉽다. 이 책에서는 좀 더 풍부한 기능 요소를 포함시키고 마치 이런 라이브러리가 프로그래밍 언어의 일부인 것처럼 활용한다. 좀 더 고수준 구조체를 기준으로 프로그래밍에 접근하면 노력을 덜 들이고도 복잡한 문제를 해결할 수 있다.

프로그램의 정확성을 위해서는 테스트가 필요하다. 특히 동적이고 타입 구분이 없는 언어에서 재사용 가능한 알고리즘을 개발할 때는 더욱 그렇다. 이 책에서는 함수를 소개한 후 바로 QuickCheck 방식의 테스트 케이스와 연동함으로써 소프트웨어를 개발을 진행하는 도중 자연스럽게 테스트를 작성하고 가정을 선언한다.

커피스크립트는 자바스크립트를 사용할 수 있는 브라우저 및 환경에서 사용할 수 있다. 2페이지의 화면은 커피스크립트가 맥 OS X, 윈도우, iOS에서 동일한 웹 서버와 클라이언트 애플리케이션을 실행하는 것을 보여준다.

아래의 커피스크립트 코드는 위 화면에 나온 자체 구동 애플리케이션을 커피스크립트로 얼마나 쉽게 작성할 수 있는지 보여준다. 이 애플리케이션에는 Coffeekup 마크업으로 작성된 HTML5 웹 페이지와 자체 HTTP 웹 서버가 들어 있다. 페이지에는 '생명의 씨앗(Seed of Life)' 드로잉을 그릴 Canvas 엘리먼트가 포함돼 있다. Coffeekup은 단 몇백 줄의 커피스크립트 코드로 이뤄져 있다. 이 애플리케이션에는 프레임워크도, 자바스크립트도 필요 없다. 이 애플리케이션은 순수 커피스크립트만으로 매끄럽게 실행된다.

```
require './prelude'

webpage = kup.render ->
    doctype 5
    html ->
        head ->
            meta charset: 'utf-8'
            title 'My drawing | My awesome website'
            style '''
                body {font-family: sans-serif}
                header, nav, section, footer {display: block}
            '''
            coffeescript ->
```

```
                draw = (ctx, x, y) ->
                    circle = (ctx, x, y) ->
                        ctx.beginPath()
                        ctx.arc x, y, 100, 0, 2*Math.PI, false
                        ctx.stroke()
                    ctx.strokeStyle = 'rgba(255,40,20,0.7)'
                    circle ctx, x, y
                    for angle in [0...2*Math.PI] by 1/3*Math.PI
                        circle ctx, x+100*Math.cos(angle),
                                    y+100*Math.sin(angle)
                window.onload = ->
                    canvas = document.getElementById 'drawCanvas'
                    context = canvas.getContext '2d'
                    draw context, 300, 200
        body ->
            header -> h1 'Seed of Life'
            canvas id: 'drawCanvas', width: 600, height: 400

http = require 'http'
server = http.createServer (req, res) ->
    show "#{req.client.remoteAddress} #{req.method} #{req.url}"
    res.writeHead 200, 'Content -Type': 'text/html'
    res.write webpage
    res.end()
server.listen 3389
show 'Server running at'
show server.address()
```

2 개발 환경

이 책은 커피스크립트 언어에 대한 책이다. 자세한 설치 정보는 Quick CoffeeScriptInstall (http://autotelicum.github.com/Smooth-CoffeeScript/literate/install-notes.html) 또는 웹사이트를 참고하자. 다음 웹사이트를 참고하면 시작하는 데 무리가 없을 것이다.

- 제레미 애쉬키나스의 커피스크립트 언어(1.1.3 /MIT) - http://coffeescript.org/
- 커피스크립트에 포함된 언더스코어 라이브러리(1.1.0.FIX / MIT) - http://jashkenas.github.com/coffee-script/documentation/docs/underscore.html
- 모리스 마차도의 Coffeekup 라이브러리(0.3.1 / MIT) - http://coffeekup.org/
- 야첵 베첼라가 포팅한 ws 웹소켓(MIT) - https://github.com/ncr/node.ws.js
- 다린 톰슨의 qc 테스트 라이브러리[1] (2009/BSD) - https://bitbucket.org/darrint/qc.js/

필요한 라이브러리는 표준 커피스크립트에 맞게 수정됐으며, src/prelude 디렉터리에 들어있다. 언더스코어, ws, Coffeekup은 커피스크립트로 작성됐으며 금방 읽고 이해할 수 있을 정도로(적어도 이 책을 읽고 난 후) 크기가 작다.

❖ ❖ ❖

---

[1] 이 라이브러리는 기능을 테스트하는 용도로만 사용한다. 이 책의 커피스크립트 애플리케이션은 이 라이브러리에 의존하지 않는다. 커피스크립트는 새로운 언어이며, qc 같은 툴은 자바스크립트로 작성한 레거시 코드에 의존한다.

직접 개발 환경을 설정하려면 http://autotelicum.github.com/Smooth-CoffeeScript/literate/install-notes.html 또는 coffeescript.org[2]에 나온 절차를 따라 한다. 윈도우 사용자라면 원하는 웹 브라우저를 사용하게끔 prelude 설정을 수정할 수 있다. 또 필요하다면 브라우저에서 웹소켓을 활성화하는 방법도 찾을 수 있다.

그런 다음 커피스크립트를 지원하도록 텍스트 편집기를 설정한다. 커피스크립트 위키(https://github.com/jashkenas/coffee-script/wiki/Text-editor-plugins)에서는 이를 위한 플러그인 몇 개를 볼 수 있다. 예를 들어 텍스트메이트 번들을 크로스플랫폼 Sublime Text 2 편집기와 함께 사용하려면 번들의 압축을 커피스크립트 디렉터리의 Packages 아래에 푼다. 이렇게 설정하고 나면 구문 강조, 코드 조각, 코드 자동 완성 기능이 지원된다.

버튼 클릭 한 번으로 커피스크립트를 실행하도록 빌드 파일을 추가할 수 있다. 파일명을 CoffeeScript.sublime-build로 지정하고 운영체제 및 설치 위치에 맞게 경로를 수정한다.

```
{
    "cmd": ["/Users/username/bin/coffee", "$file"],
    "file_regex": "^Error: In (...*?),
                   Parse error on line ([0-9]*):?",
    "selector": "source.coffee"
}
```

끝으로 터미널에서 명령행을 열고 다음 내용을 입력한다(이번에도 플랫폼에 따라 내용을 수정해야 한다).

```
cd path-to-smooth -coffeescript/src
coffee -r ./prelude
```

그럼 커피스크립트의 Read-Eval-Print-Loop(REPL)을 마음대로 사용할 수 있다. 커피스크립트 컴파일러에 대한 자세한 정보는 http://jashkenas.github.com/coffee-script/#installation을 참고하자. 예제는 coffee <파일명>.coffee를 통해 실행할 수 있다.

---

2   커피스크립트 예제는 맥 OS X 10.6 및 윈도우 7에서 미리 빌드된 node 설치 프로그램을 사용해 테스트했다.

❋ ❋ ❋

이 책은 풀이가 포함된 버전과 포함되지 않은 버전의 두 가지 형태로 제공된다. 장의 전체 소스코드는 src 디렉터리에 있다. src-no-solutions 디렉터리에는 독자들이 자신의 풀이를 삽입할 수 있는 소스코드 파일이 들어 있다.

이 책을 가장 잘 활용하려면 텍스트 편집기와 src-no-solutions에서 시작해 현재 읽고 있는 장의 소스코드 파일을 연다. 모니터 해상도가 높다면 책을 한 쪽에 놓고 텍스트 편집기를 다른 한 쪽에 배치한다. 그런 다음 책의 내용을 읽으면서 예제를 실행하고, 결과를 확인한 후, 코드와 예제를 실험한다.

작업 중인 파일의 복사본을 만들면 실험한 내용을 쉽게 되돌릴 수 있다. 예제를 풀다가 난관에 부딪히면 src 디렉터리에서 필자의 해결책을 복사하되, 계속 진행하기 전에 그 내용을 연구해본다. 일부 소스 파일에서는 주변 코드와 일치시키기 위해 풀이를 들여쓰기 해야 한다는 점에 주의하자.

이 책의 두 가지 버전과 소스 파일은 http://autotelicum.github.com/Smooth-CoffeeScript/에서 확인할 수 있다.

2부

: 언어

- ☑ 커피스크립트 소개
- ☑ 커피스크립트 기본 : 값, 변수, 제어 흐름
- ☑ 함수
- ☑ 자료구조: 객체와 배열
- ☑ 에러 처리

3. 커피스크립트 소개

개인용 컴퓨터가 처음 나왔을 때는 대다수 컴퓨터에 베이직과 유사한 간단한 프로그래밍 언어가 들어 있었다. 당시에는 컴퓨터를 사용하는 게 이 언어와 밀접한 연관이 있었던 만큼 원하든 원치 않든 모든 컴퓨터 사용자가 프로그래밍 언어를 접할 수밖에 없었다. 저렴한 개인용 컴퓨터가 폭넓게 보급된 오늘날에는 대부분의 사용자가 마우스로 클릭하는 수준 이상의 작업을 하지 않는다. 보통 사람들로서는 이제 마우스 클릭만으로도 원하는 작업을 충분히 할 수 있게 됐다. 하지만 기술에 대한 호기심이 많은 사람들에게는 일상적인 컴퓨터 활용에서 프로그래밍 요소가 제거됨에 따라 배움의 장벽이 생겼다.

다행히 월드 와이드 웹이 발전하면서 모든 컴퓨터에 설치된 현대 웹 브라우저를 통해 자바스크립트를 프로그래밍할 수 있는 환경이 갖춰졌다. 이 환경은 커피스크립트 환경으로도 손쉽게 전환할 수 있다. 기술적인 세부 사항으로 사용자를 번거롭게 하지 말아야 한다는 정신에 입각해 이런 개발 환경은 꼭꼭 숨어 있지만 웹 페이지는 이런 환경에 접근할 수 있고, 이를 프로그래밍을 배우는 플랫폼으로 사용할 수 있다. 이 개발 환경은 coffeescript.org에서 'Try CoffeeScript'를 선택하거나 예제 아래에 있는 'load' 버튼을 사용해 메뉴에서 찾을 수 있다.

＊ ＊ ＊

배우려는 열의가 없으면 이끌어 주지 않고, 표현하려고 애쓰지 않으면 일깨워 주지 않으며, 한 모퉁이를 들어 보였을 때 나머지 세 모퉁이를 알지 못하면 반복해서 가르쳐 주지 않는다.

– 공자

커피스크립트를 설명하는 것 외에 이 책에서는 프로그래밍의 기본 원칙도 소개한다. 곧 보겠지만 프로그래밍은 어렵다. 기본적인 규칙은 대부분 간결하고 명료하다. 하지만 프로그램은 이런 기본 규칙 기반 위에서 자체적인 규칙과 복잡도를 더해서 개발되는 만큼 복잡해지는 경향이 있다. 이러한 이유로 프로그래밍은 단순하거나 예측 가능한 경우가 거의 없다. 그래서 이 분야의 설립자라 할 수 있는 도날드 크누스는 프로그래밍을 예술이라고 말한다.

이 책을 제대로 활용하려면 수동적으로 읽는 습관을 버려야 한다. 대신 내용에 집중하고, 예제를 풀려고 노력하고, 앞에서 나온 내용을 이해한 후에만 계속 진행해야 한다.

❋ ❋ ❋

컴퓨터 프로그래머는 스스로 모든 책임을 지는 우주의 창조자다. 사실상 무한히 복잡한 우주를 컴퓨터 프로그램의 형태로 창조할 수 있다.

– 조세프 웨이젠바움 '컴퓨터의 위력과 인간의 이성'

프로그램에는 여러 측면이 있다. 프로그램은 프로그래머가 입력한 텍스트이며, 컴퓨터가 뭔가를 하게 만드는 힘이고, 컴퓨터 메모리 내의 데이터이면서 이 데이터에 대해 수행하는 행동을 제어한다. 컴퓨터 프로그램을 사물에 빗대 설명하는 비유는 딱 들어맞지 않아 대부분 적합하지 않지만 기계에 대한 비유는 비교적 정확한 편이다. 기계식 손목 시계의 장치는 서로 정확히 들어맞으며, 시계를 만든 기술자의 솜씨가 훌륭하다면 수년 동안 시간을 정확히 보여준다. 프로그램의 각 요소도 이와 비슷한 방식으로 서로 들어맞으며, 프로그래머가 자신이 하는 일을 제대로 알고 있다면 프로그램은 충돌하지 않고 계속 실행된다.

컴퓨터는 이런 비물질적 장치의 주인 역할을 하도록 개발된 장비다. 컴퓨터 자체는 바보스러울 정도로 간단한 작업만 할 수 있다. 컴퓨터가 유용한 이유는 컴퓨터가 매우 **빠른** 속도로 작업을 수행하기 때문이다. 프로그램은 이와 같은 단순한 행동을 여러 개 조합해 매우 복잡한 작업을 수행한다.

어떤 사람에게는 컴퓨터 프로그램을 개발하는 게 재미있는 게임과 같다. 프로그램은 생각으로 쌓아 올린 건물이다. 이 건물은 건축하는 데 비용이 들지 않으며, 무게가 없고, 손으로 코드를 입력함으로써 쉽게 증축할 수 있다. 우리가 제대로 관리하지 않으면 이 건물의 크기와 복잡도는 제어할 수 없게 되고, 이 건물을 만든 우리조차 혼란스럽게 한다.

이 점이 바로 프로그래밍을 하면서 겪는 주된 문제다. 또 오늘날 충돌하고 오작동하는 소프트웨어가 많은 이유도 이 때문이다.

제대로 동작할 때 프로그램은 아름답다. 프로그래밍의 예술은 복잡도를 제어하는 기술과 같다. 위대한 프로그램은 부드러우며 복잡하지 않다.

❋ ❋ ❋

오늘날 많은 프로그래머들은 프로그램에 자신들이 잘 이해하는 일부 기법만 사용할 때 프로그램의 복잡성을 가장 잘 관리할 수 있다고 믿는다. 이런 프로그래머들은 프로그램이 갖춰야 할 형태에 엄격한 규칙을 적용하고, 이 중 어떤 이들은 이런 규칙을 깨는 프로그래머를 나쁜 프로그래머라고 비난하기도 한다.

이는 프로그래밍의 풍부함을 저해하는 태도다. 즉, 프로그램을 단순하고 예측 가능한 대상으로 제한하고, 이상한 프로그램과 아름다운 프로그램을 모두 금기시 하려는 태도다. 프로그래밍에는 수많은 기법이 있으며, 그 다양성은 놀라울 정도이고, 아직 제대로 접하지 못한 영역이 대부분이다.

물론 프로그래밍 세계에는 많은 함정과 올무가 있으며, 숙련되지 않은 프로그래머는 온갖 끔찍한 실수를 저지를 수 있지만, 이는 프로그래머가 주의해서 이성적으로 진행해야 한다는 경고의 의미밖에는 없다. 앞으로 배우겠지만 프로그래밍을 하다 보면 항상 새로운 도전과 새로운 영역을 접한다. 계속해서 도전하기를 거부하는 사람은 정체될 수밖에 없으며 프로그래밍의 즐거움을 잃어버리고 프로그래밍 하려는 의지도 잃게 될 것이다(그리고 관리자가 된다).

필자가 생각하기에 프로그램에 대한 명확한 기준은 정확성 여부다. 효율성, 명료성, 크기도 중요하지만 이들 요소의 균형을 맞추는 일은 항상 각 프로그래머가 스스로 내려야 하는 판단의 문제다. 경험 법칙이 도움이 되기는 하지만 이를 깨뜨리기를 두려워해서는 안 된다.

❋ ❋ ❋

컴퓨터의 초창기 시절에는 프로그래밍 언어가 없었다. 당시에는 프로그램의 형태가 다음과 같았다.

```
00110001 00000000 00000000 00110001 00000001 00000001
00110011 00000001 00000010 01010001 00001011 00000010
00100010 00000010 00001000 01000011 00000001 00000000
01000001 00000001 00000001 00010000 00000010 00000000
01100010 00000000 00000000
```

이 프로그램은 1부터 10까지 숫자를 더하고 결과를 출력(1 + 2 + ⋯ + 10 = 55)하는 프로그램이다. 이 프로그램은 아주 단순한 컴퓨터에서 실행할 수 있었다. 초창기 컴퓨터에서 프로그래밍을 하려면 올바른 위치에 스위치 여러 개를 설정하거나 널판지에 구멍을 뚫어 컴퓨터에 집어넣어야 했다. 이런 작업이 얼마나 지루하고 오류가 나기 쉬운지는 충분히 상상할 수 있을 것이다. 간단한 프로그램을 작성하는 데도 빈틈 없는 준비와 엄격한 절차가 필요했던 만큼 복잡한 프로그램은 거의 상상할 수조차 없었다.

물론 이런 이상한 비트 패턴(앞의 1과 0을 일반적으로 부르는 방식)을 직접 입력함으로써 프로그래머는 강력한 마법사가 되는 듯한 느낌을 받게 됐다. 더불어 이는 직업 만족도 측면에서 의미 있는 일이었다.

프로그램의 각 줄에는 한 개의 명령이 담겨 있다. 이를 한국어로 작성하면 다음과 같다.

```
1 메모리 위치 0에 숫자 0을 저장
2 메모리 위치 1에 숫자 1을 저장
3 위치 2에 메모리 위치 1의 값을 저장
4 위치 2의 값에서 숫자 11을 뺌
5 메모리 위치 2의 값이 숫자 0이면 명령 9를 실행
6 메모리 위치 1의 값을 위치 0에 더함
7 메모리 위치 1의 값에 숫자 1을 더함
8 명령 3을 수행
9 메모리 위치 0의 값을 출력
```

이 명령은 바이너리보다는 읽기 쉽지만 여전히 읽는 게 불편하다. 명령과 메모리 위치에 숫자 대신 이름을 사용한다면 더 읽기가 쉬울 것이다.

```
'total'을 0으로 설정
'count'를 1로 설정
[반복]
'compare'를 'count'로 설정
'compare'에서 11을 뺌
'compare'가 0이면 [종료]로 이동
'total'에 'count'를 더함
'count'에 1을 더함
[반복]으로 이동
[종료]
'total'을 출력
```

이제 프로그램이 하는 일을 보는 게 그리 어렵지 않다. 처음 두 줄은 두 메모리 위치에 시작값을 지정한다. total은 프로그램의 결과를 계산하는 데 사용하고 count는 현재 살펴보고 있는 숫자를 추적하는 데 사용한다. 이 중 compare를 사용하는 줄이 제일 이해하기 어려울 것이다. 이 프로그램은 count와 11이 같은지 비교해 실행을 멈출 시점을 결정한다. 컴퓨터 장비는 매우 원시적이므로 숫자가 0인지 여부만 검사할 수 있고 이런 검사를 기반으로 결정(이동)을 내릴 수 있다. 여기서는 compare라는 라벨이 적힌 메모리 주소를 사용해 count - 11을 계산하고 이 값을 근거로 결정을 내린다. 이어지는 두 줄은 count를 result에 더함으로써 프로그램이 count가 11이 아니라고 판단할 때마다 count만큼 result를 더하게 한다. 다음은 같은 프로그램을 커피스크립트로 작성한 것이다.

```
total = 0
count = 1
while count <= 10
  total += count
  count += 1
show total
```

이제 내용이 훨씬 더 개선됐다. 이 코드에서 가장 중요한 점은 프로그램이 앞뒤로 이동하게 하는 방식을 더는 지정하지 않아도 된다는 점이다. while이란 마법과도 같은 단어가 이를 처리해준다. while은 아래 있는 들여쓰기된 코드 줄을 count <= 10 조건이 유효할 때까지 계속해서 실행한다. 이 조건은 'count가 10보다 작거나 같을 때'를 가리킨다. 여기서는 더

이상 임시 값을 만들 필요도 없고 임시 값을 0과 비교할 필요도 없다. 이런 임시 정보는 바보 같은 상세 정보에 해당하는데, 프로그래밍 언어의 강력한 힘은 이런 바보 같은 상세 정보를 알아서 처리해준다는 점이다.

이 코드는 커피스크립트로 좀 더 짧게 표현할 수도 있다.

```
total = 0
total += count for count in [1..10]
show total
```

for와 in은 1부터 10까지 범위[1..10]의 숫자를 순회하며, 차례로 count에 각 숫자를 대입한다. count에 있는 각 값은 total에 더해진다.

끝으로 다음은 편리한 sum 연산을 사용할 때의 프로그램 형태다. sum 연산은 $\sum_{n=1}^{10} n$이라는 수학적 표기와 유사한 숫자의 합을 계산하는 연산이다.

```
show sum [1..10]
```

또 데이터 타입에 함수를 결합할 수도 있다. 다음은 배열에 sum 함수를 결합해 배열 내 요소의 합을 구하는 코드다.

```
show [1..10].sum()
```

이런 이야기를 하는 이유는 같은 프로그램을 짧고 길게, 읽기 어렵거나 읽기 쉽게 다양하게 표현할 수 있다는 점을 강조하기 위해서다. 이 프로그램의 첫 번째 버전은 매우 이해하기 어려웠지만 마지막에 본 프로그램은 거의 영어와 유사한 형태였다(즉 1부터 10까지 숫자의 sum을 show). sum 같은 기능을 개발하는 법은 이후 장을 통해 살펴본다.

좋은 프로그래밍 언어는 프로그래머가 좀 더 추상적으로 자신을 표현할 수 있는 방식을 제공한다. 프로그래밍 언어는 관련 없는 세부사항은 숨겨주고 사용하기 편리한 구성 요소(while 구문 등)를 제공하며, 대부분의 경우 프로그래머가 직접 구성 요소(sum 연산 등)를 추가할 수 있게 해준다.

❈ ❈ ❈

자바스크립트는 현재 월드 와이드 웹상의 페이지에서 주로 온갖 똑똑한 작업과 엄청난 작업을 처리하는 데 사용되는 언어다. 자바스크립트는 여러 애플리케이션과 운영체제에서 스크립트 언어로도 사용된다. 이 중 특별히 여겨볼 내용은 서버사이드 자바스크립트(SSJS, server-side JavaScript)로, 웹 애플리케이션의 서버 영역을 자바스크립트로 작성해 전체 애플리케이션을 하나의 프로그래밍 언어로 표현한 경우다. 커피스크립트는 표준 자바스크립트 코드를 생성하며, 따라서 표준 자바스크립트를 사용하는 곳에서는 어디서든 사용할 수 있다. 이 말은 브라우저 영역뿐 아니라 서버 영역도 커피스크립트로 작성할 수 있다는 뜻이다. 커피스크립트는 새로운 언어이므로 일반 애플리케이션 개발 분야에서 얼마나 인기를 끌지 아직 두고 봐야 하지만 프로그래밍에 관심이 있다면 커피스크립트를 배워두면 분명 유용한 언어가 될 것이다. 설령 웹 프로그래밍을 많이 하지 않더라도 이 책에 나와 있는 프로그램은 여러분과 항상 함께하고, 여러분의 뇌리에 깊게 남아 다른 언어로 작성하는 프로그램에도 영향을 줄 것이다.

자바스크립트에 대해 안 좋게 말하는 사람들도 있다. 이 사람들이 말하는 내용은 대부분 사실이다. 필자가 처음 자바스크립트로 프로그램을 개발해야 했을 때는 이내 언어 자체를 혐오하게 됐다. 당시 필자는 입력한 내용 대부분을 의도와는 전혀 다르게 해석했다. 이는 필자가 뭘 하고 있는지 전혀 알지 못했다는 사실과 밀접한 관련이 있다. 자바스크립트는 사용 방식이 심각할 정도로 자유롭다. 이런 설계의 배경에는 초보자가 자바스크립트를 배우기 쉽게 하려는 의도가 있다. 하지만 현실적으로는 시스템에서 문제를 알려주지 않으므로 프로그램에서 발생한 문제를 찾기 어렵게 만든다.

하지만 자바스크립트의 유연성은 장점도 된다. 자바스크립트에서는 더 엄격한 언어에서는 불가능한 각종 기법을 사용할 수 있는 여지가 있고, 이를 활용하면 자바스크립트의 단점을 극복할 수도 있다. 자바스크립트를 제대로 배우고 한동안 사용해본 후 필자는 진심으로 자바스크립트를 좋아하게 됐다. 커피스크립트는 자바스크립트에서 헷갈리고 번거로운 성격을 상당 부분 수정하는 동시에 내부의 유연성과 아름다움은 그대로 지켜준다. 그래서 커피스크립트는 매우 훌륭한 언어다.

❊ ❊ ❊

이 책의 대부분의 장에는 많은 코드[1]가 담겨 있다. 경험상 코드를 읽고 쓰는 일은 프로그래밍을 배울 때 중요한 부분이다. 예제를 그냥 훑어보지 말고 자세히 읽어보고 이해하자. 처음에는 이 과정이 느리고 혼란스러울 수 있지만 금세 익숙해질 것이다. 예제도 마찬가지다. 실제 풀이를 작성하기 전까지는 예제를 이해한다고 가정하지 말자.

웹의 동작 방식으로 인해 사람들이 웹 페이지에 집어넣은 자바스크립트 프로그램은 항상 확인할 수 있다. 이는 뭔가가 어떤 식으로 처리되는지 배우는 데 도움이 된다. 대부분의 웹 프로그래머는 '전문' 프로그래머가 아니거나 자바스크립트 프로그래밍을 하찮게 생각해 제대로 배운 적이 없으므로 이런 코드는 대부분 품질이 매우 낮다. 잘못된 코드를 보고 배우면 내 코드도 잘못될 수 있는 만큼 누구에게서 배울지 주의하자. 또 다른 프로그램 소스로는 **github** 같은 오픈소스 프로젝트에서 호스팅하는 커피스크립트 프로젝트가 있다.

---

1 '코드'는 프로그램을 구성하는 재료다. 프로그램을 구성하는 모든 요소는 한 줄이든 전체 프로그램이든 '코드'라고 부른다.

커피스크립트 기본: 값, 변수, 제어 흐름

컴퓨터 세계에는 데이터만 존재한다. 즉 데이터가 아닌 것은 존재하지 않는다. 모든 데이터가 본질적으로 비트의 연속[1]으로 구성되고 근본적으로 같지만 데이터는 각기 다른 역할을 수행한다. 커피스크립트 시스템에서 대부분의 데이터는 값으로 분류된다. 모든 값은 각자 타입이 있으며, 이런 타입은 해당 값이 수행하는 역할을 결정한다. 값의 기본 타입은 숫자, 문자열, 불리언, 객체, 함수, undefined로 총 6개가 있다.

값을 생성하려면 값의 이름만 호출하면 된다. 이 과정은 아주 단순하다. 값을 만드는 데 필요한 재료를 모을 필요도 없고 돈을 지불할 필요도 없다. 그냥 값을 호출하기만 하면 값이 생긴다. 물론 허공에서 그냥 값이 생기지는 않는다. 값은 어딘가에 저장돼야 하며, 만일 엄청난 양의 값을 동시에 사용한다면 결국 컴퓨터 메모리가 바닥나게 된다. 다행히 이 문제는 값을 동시에 필요로 할 때만 생긴다. 값을 더 이상 사용하지 않으면 몇 비트만 남기고 값이 소멸된다. 이런 비트는 다음 번에 값을 생성하는 데 재활용된다.

❋ ❋ ❋

예상한 독자도 있겠지만 숫자 타입의 값은 숫자 값이다. 이 값은 평상시에 숫자를 쓸 때처럼 쓴다.

144

---

[1] 비트는 보통 0과 1로 설명하는 두 개의 값으로 이뤄진 모든 형태를 일컫는다. 컴퓨터에서는 비트가 고전하량과 저전하량, 강신호와 약신호, CD의 반짝이는 부분과 밋밋한 부분 같은 형태를 띤다.

이를 콘솔에 입력하면 출력 창에 같은 숫자가 출력된다. 여러분이 입력한 텍스트는 숫자 값을 생성하고 콘솔은 이 숫자를 받아서 화면에 다시 출력한다. 이 예제는 별로 쓸데없는 예제에 가깝지만 이 책에서는 앞으로 좀 더 복잡한 형태로 값을 생성하고 그 값이 콘솔에 어떻게 출력되는지 살펴볼 것이다.

다음은 144를 비트[2]로 표현한 것이다.

```
01000000 01100010 00000000 00000000 00000000 00000000 00000000 00000000
```

위의 숫자는 64비트를 갖고 있다. 커피스크립트에서 숫자는 항상 64비트를 갖는다. 여기에는 중요한 의미가 내포돼 있다. 즉, 표현할 수 있는 숫자의 양이 제한적이라는 것이다. 세 개의 10진수로는 0부터 999까지의 숫자를 쓸 수 있으며, 이는 곧 10^3 = 1000개의 각기 다른 숫자를 뜻한다. 64개의 바이너리 숫자를 가지고는 2^{64}개만큼의 숫자를 쓸 수 있다. 이 숫자는 많은 숫자로, 10^{19}보다 많다(숫자의 0이 19개).

하지만 10^{19} 이하의 모든 정수를 커피스크립트로 표현할 수 있는 것은 아니다. 숫자에는 음수도 있으므로 비트 중 하나는 숫자의 부호를 저장하는 데 사용해야 한다. 이보다 더 큰 문제는 정수가 아닌 숫자도 표현해야 한다는 점이다. 이를 위해 숫자 내 십진수 점의 위치를 저장하는 데 11비트가 사용된다.

이로써 52비트만 남게 된다.[3] 2^{52}(이 숫자는 10^{15}보다 크다)보다 작은 정수는 커피스크립트 숫자로 안전하게 표현할 수 있다. 대부분의 경우 우리가 사용하는 숫자는 이보다 훨씬 작은 값이므로 비트에 대해 신경 쓸 일은 거의 없다. 작업을 하려면 이런 비트가 수없이 많이 필요하다. 하지만 이런 비트를 직접 사용하기보다는 큰 단위를 사용하는 게 작업하기에는 훨씬 간편하다.

분수는 점을 사용해 표현한다.

```
9.81
```

---

2   여기서 10010000 같은 값을 예상한 독자도 있을 것이다. 이어지는 내용을 계속해서 읽어보자. 커피스크립트의 숫자는 정수로 저장되지 않는다.

3   한 비트를 자유롭게 사용할 수 있는 기법으로 인해 실제로는 53이다. 자세한 내용이 궁금하다면 'IEEE 754' 형식을 참고하자.

매우 큰 숫자나 매우 작은 숫자의 경우 e를 추가하고 숫자의 지수를 덧붙이는 과학적 표기법을 사용할 수도 있다.

```
2.998e8
```

이 값은 $2.998 \cdot 10^8 = 299\,800\,000$이다.

52 비트 이내에 속하는 정수의 계산은 항상 정확하다. 하지만 아쉽게도 분수 계산은 일반적으로 정확하지 않다. π (파이)를 유한한 10진수로 정확히 표현할 수 없는 것처럼 64비트만으로 숫자를 저장할 수 있을 때는 많은 숫자가 일부 정확도를 잃어버린다. 이는 부끄러운 일이지만 매우 특정한 상황에서만 실제로 문제를 일으킨다.[4] 중요한 점은 이런 사실을 인지하고 분수를 정확한 값이 아니라 근사치로 다뤄야 한다는 것이다.

❋ ❋ ❋

숫자로 주로 하는 작업은 산수다. 덧셈과 곱셈 같은 산수 연산은 두 값을 받아 새로운 값을 생성한다. 다음은 커피스크립트에서 이런 산수 연산을 수행하는 코드다.

```
100 + 4 * 11
```

+와 * 기호는 연산자라고 한다. 첫 번째 기호는 덧셈을 나타내고 두 번째 기호는 곱셈을 나타낸다. 연산자 사이에 두 값을 집어넣으면 값에 연산자를 적용해 새 값을 도출한다.

그런데 이 예제는 '4와 100을 더하고 결과에 11을 곱하라'일까, 아니면 더하기 전에 곱셈을 적용하라는 의미일까? 이미 예상한 독자도 있겠지만 이때는 곱셈이 먼저 일어난다. 하지만 실제 수학 계산과 마찬가지로 괄호로 다음과 같이 덧셈 영역을 감싸면 순서를 바꿀 수 있다.

```
(100 + 4) * 11
```

---

4   일례로 p = 1/3이면 6*p는 2다. 하지만 p+p+p+p+p+p는 매번 더할 때마다 반올림 오차가 증가하므로 더한 값이 2가 아니다. 이는 서문에서 보여준 for 순환문에서도 일어난다. 이 문제는 부동 소수 근사치에서 일반적으로 발생하는 문제이며, 커피스크립트의 버그가 아니다. 이를 처리하는 방법 중 하나는 숫자가 정확히 일치하는지 비교하는 대신 근사치 범위 내에 있는지 비교하는 것이다.

뺄셈에는 - 연산자를 사용하고, 나눗셈에는 /를 사용한다. 괄호 없이 연산자를 사용하면 연산자의 우선순위에 따라 연산자의 적용 순서를 판단한다. 첫 번째 예제는 곱셈 연산자가 덧셈 연산자보다 우선순위가 높음을 보여준다. 나눗셈과 곱셈은 항상 뺄셈과 덧셈보다 먼저 수행된다. 우선순위가 같은 숫자 연산자가 나란히 나오면 (1 - 1 + 1)의 왼쪽에서 오른쪽 순서로 연산자가 적용된다.

다음 수식의 결과 값을 미리 예측해 보고 예상한 결과가 맞는지 실행해보자.

```
115 * 4 - 4 + 88 / 2
```

이런 우선순위 규칙은 걱정할 사항은 아니다. 연산자의 적용 순서가 의심된다면 그냥 괄호를 넣으면 된다.

독자들에게 조금은 낯설 수 있는 수학 연산자가 하나 더 있다. % 기호는 나머지 연산을 나타내는 데 사용한다. X % Y는 X를 Y로 나눈 나머지다. 예를 들어 314 % 100는 14이고, 10 % 3은 1이며, 144 % 12는 0이다. % 연산자는 곱셈 및 나눗셈 연산자와 동일한 우선순위를 갖는다.

❋ ❋ ❋

다음으로 살펴볼 데이터 타입은 문자열이다. 문자열은 숫자와 달리 이름만으로는 그 용도를 알기가 쉽지 않지만 아주 기본적인 역할을 수행한다. 문자열은 텍스트를 나타내는 데 사용하며, 아마도 문자열이란 이름은 여러 문자를 서로 연결한다는 데서 유래한 것으로 보인다. 문자열은 내용을 따옴표로 감싸서 작성한다.

```
'Patch my boat with chewing gum.'
```

따옴표 안에는 거의 모든 내용을 집어넣을 수 있으며, 커피스크립트는 이를 통해 문자열 값을 만든다. 하지만 일부 글자는 읽기가 까다롭다. 따옴표 사이에 다른 따옴표를 집어넣으면 그만큼 읽는 게 어렵다.

```
'The programmer pondered: "0x2b or not 0x2b"'
```

커피스크립트는 작은따옴표와 큰따옴표 문자열을 모두 구현하며, 이는 문자열에 한 종류의 인용구만 있을 때 편리하다.

```
"Aha! It's 43 if I'm not a bit off"
```

큰따옴표로 감싼 문자열은 #{와 } 사이에 커피스크립트 코드 조각을 포함할 수 있다. 이렇게 삽입한 코드는 값을 먼저 해석한 후 문자열에 삽입된다.

```
"2 + 2 gives #{2 + 2}"
```

엔터를 입력할 때 생기는 새 줄은 일반적인 형태의 문자열 인용구 안에 집어넣을 수 없다. 문자열은 프로그램에서 줄이 길어지지 않게끔 여러 줄에 걸칠 수 있지만, 줄바꿈 표시는 출력 결과에 보이지 않는다.

```
'Imagine if this was a
    very long line of text'
```

❈ ❈ ❈

커피스크립트는 출력 결과에 줄바꿈을 그대로 유지해 여러 줄에 걸친 문자열을 쉽게 표현할 수 있는 삼중 인용 문자열을 지원한다. 인용 부호 앞에 있는 들여쓰기는 무시되므로 다음 줄은 보기 좋게 정렬된다.

```
'''First comes A
   then comes B'''
```

삼중 큰따옴표 인용 방식에서는 보간 값도 사용할 수 있다.

```
"""  1
   + 1
   ---
   #{1 + 1}"""
```

문자열 안에 특수 기호를 사용하려면 다음과 같은 방법을 이용한다. 인용 텍스트에서 역슬래시(' \')가 들어 있으면 이는 다음에 나오는 문자에 특별한 의미가 있음을 나타낸다. 역슬래시 앞에 나오는 인용 부호는 문자열을 끝내지 않고 문자열의 일부가 된다. 'n'이라는 글자가 역슬래시 다음에 나오면 새 줄로 해석한다. 마찬가지로 't' 문자가 역슬래시 다음에 나오면 탭 문자로 해석한다.

```
'This is the first line\nAnd this is the second'
```

물론 때로는 특수 코드가 아니라 말 그대로 역슬래시를 문자열에 사용해야 할 때가 있다. 두 개의 역슬래시가 나란히 나오면 두 역슬래시가 하나로 합쳐져 결과 문자열 값에 한 개의 역슬래시만 남는다.

```
'A newline character is written like \"\\n\".'
```

❋ ❋ ❋

문자열은 나누고, 곱하고, 뺄 수 없다. 하지만 + 연산자는 문자열에도 사용할 수 있다. 이때는 문자열을 더하는 게 아니라 연결하며, 두 개의 문자열을 이어준다.

```
'con' + 'cat' + 'e' + 'nate'
```

문자열을 조작하는 방법은 다양하며, 자세한 방법은 나중에 설명한다.

※ ※ ※

모든 연산자가 기호는 아니며 일부 연산자는 단어로 돼 있다. 예를 들어 지정한 값의 타입 이름을 문자열로 나타내는 typeof 연산자가 있다.

```
typeof 4.5
```

앞에서 본 다른 연산자는 모두 두 값에 적용되지만 typeof 연산자는 한 개의 값만 받는다. 두 값을 사용하는 연산자는 이항 연산자라고 하며, 한 개의 값만 사용하는 연산자는 단항 연산자라고 한다. - 연산자는 이항 연산자와 단항 연산자[5] 모두로 사용할 수 있다.

```
-(10 - 2)
```

※ ※ ※

또 불리언 타입의 값도 있다. 이 값은 true 또는 false 값이다. 커피스크립트는 이 값에 별칭을 사용한다. true는 yes 또는 on, false는 no 또는 off로 쓸 수 있다. 이런 별칭을 사용하면 종종 프로그램을 읽기가 더 쉬워진다. 다음은 true 값을 생성하는 방법이다.

```
3 > 2
```

false 값은 다음과 같이 생성할 수 있다.

```
3 < 2
```

>와 < 기호는 전에 이미 본 적이 있을 것이다. 이들 기호는 각각 '~보다 큰'과 '~보다 작은'을 나타낸다. 이들 기호는 이항 연산자이며, 적용 결과로 불리언 값을 반환한다. 값이 특정 범위

---

5   단항 - 연산자와 값 사이에는 공백이 없다는 점에 주의하자.

내에 있는지 판단할 때는 이런 연산을 여러 개 사용할 수도 있다. 다음 비교는 각각 true와 false를 결과로 내놓는다.

```
100 < 115 < 200
100 < 315 < 200
```

문자열도 같은 방식으로 비교할 수 있다.

```
'Aardvark' < 'Zoroaster'
```

문자열의 비교는 다소 알파벳순에 가깝다. 대문자는 소문자보다 항상 '작다'. 따라서 'Z' < 'a'는 항상 true다. 알파벳에 속하지 않는 문자('!', '@' 등)도 순서에 포함된다. 실제 비교가 이뤄지는 방식은 유니코드 표준을 기반으로 한다. 이 표준에서는 그리스어, 아랍어, 일본어, 타밀어에 이르기까지 거의 모든 문자에 숫자를 지정한다. 이런 숫자를 갖고 있으면 컴퓨터 내에 문자열을 저장하는 데 유용하다. 이때는 숫자 목록을 가지고 문자열을 나타낼 수 있다. 문자열을 비교할 때 커피스크립트는 문자열 내의 각 글자의 숫자를 왼쪽에서 오른쪽 순서로 비교한다.

다른 유사 연산자로는 >= ('~보다 크거나 같은'), <= ('~보다 작거나 같은'), == ('~와 같은'), != ('~와 같지 않은')이 있다. ==은 is로 쓸 수 있고 !=는 isnt로도 쓸 수 있다.

```
'Itchy' isnt 'Scratchy'
```

❋ ❋ ❋

불리언 값 자체에 적용할 수 있는 유용한 연산자도 있다. 커피스크립트는 and, or, not이라는 세 가지 논리 연산자를 지원한다. 이들 연산자는 불리언의 논리적 조건을 판단할 때 사용할 수 있다.

논리 and 연산자는 &&로도 쓸 수 있다. 이 연산자는 이항 연산자이며, 결과는 두 값이 모두 true일 때만 true다.

```
true and false
```

논리 or 연산자는 ||로도 쓸 수 있으며 지정한 값 중 하나가 true이면 true다.

```
true or false
```

not은 느낌표인 !로도 쓸 수 있으며 특정 값을 역으로 적용하는 단항 연산자다. !true는 false이며 not false는 true다.

> **💣 연습문제 1**
>
> ```
> ((4 >= 6) || ('grass' != 'green')) &&
> !(((12 * 2) == 144) && true)
> ```
>
> 이 값은 true일까? 이 코드 안에는 불필요한 괄호가 많아서 코드를 읽기가 어렵다. 이 코드를 좀 더 간단하게 표현하면 다음과 같다.
>
> ```
> (4 >= 6 or 'grass' isnt 'green') and
> not(12 * 2 is 144 and true)
> ```

> **☑ 풀이**
>
> 결과는 true다. 이 결과는 다음과 같이 단계적으로 줄일 수 있다.
>
> ```
> (false or true) and not(false and true)
> true and not false
> true
> ```

여기서 'grass' != 'green'가 true라는 사실을 이해하기 바란다. 풀이 녹색이 될 수는 있지만 grass와 green은 같지 않다.

괄호가 필요한 시점이 매번 명확하지는 않다. 실제로 우리는 지금까지 살펴본 연산자에 대한 지식을 바탕으로 or가 가장 우선순위가 낮고 그다음이 and이며, 이어서 비교 연산자(>,

== 등), 그 외 나머지가 나온다는 사실만으로도 충분히 연산 순서를 알 수 있다. 이러한 연산자의 우선순위는 괄호를 사용하지 않아도 간단히 사용할 수 있게끔 지정됐다.

※ ※ ※

지금까지 살펴본 예제에서는 모두 휴대용 계산기로 계산할 수 있을 만한 값을 사용했다. 즉, 값을 만들고 연산자를 적용해 새로운 값을 도출하는 게 전부였다. 이와 같은 값 생성은 모든 커피스크립트 프로그램에서 핵심적인 부분에 속하지만 일부분일 뿐이다. 값을 생성하는 코드는 표현식이라고 한다. 직접 쓴 모든 값(예를 들어 22 또는 'psychoanalysis')은 표현식이다. 괄호 사이의 표현식도 표현식이다. 두 표현식에 적용한 이항 연산자 또는 한 표현식에 적용한 단항 연산자도 표현식이다.

표현식을 개발하는 방법에는 몇 가지가 있지만 자세한 내용은 이 책의 내용을 좀 더 진행한 후 설명한다.

프로그램에는 표현식보다 큰 단위가 있다. 이를 명령이라고 한다. 프로그램은 이런 명령의 목록으로 개발한다. 한 명령이 여러 줄에 걸쳐 있을 수도 있지만 대부분의 명령은 한 줄로 끝난다. 명령은 세미콜론(;)으로 끝낼 수도 있다. 커피스크립트의 세미콜론은 한 줄에 여러 명령을 집어넣을 때 주로 사용한다. 명령의 가장 간단한 형태는 표현식 다음에 세미콜론을 집어넣는 형태다. 다음은 이를 사용한 프로그램이다.

```
1; !false
```

물론 이 프로그램은 쓸모가 없다. 표현식은 값을 생성할 수만 있으면 충분하지만 명령은 어떤 식으로든 세상을 바꿀 수 있어야 한다. 명령은 화면에 뭔가를 출력(이를 통해 세상을 바꾼다고 가정하자)하거나 뒤에 나오는 명령에 영향을 주게끔 프로그램의 내부 상태를 바꿀 수 있다. 이러한 변경 사항을 '부수 효과'라고 한다. 이 예제의 명령은 1과 true 값을 생성해 비트 버킷[6]에 집어넣는 일만 한다. 이는 세상에 아무런 인상도 남기지 않으며, 아무런 부수 효과도 없다.

---

6 비트 버킷은 오래된 비트를 보관하는 장소를 말한다. 일부 시스템에서는 프로그래머가 이따금씩 이를 직접 비워줘야 한다. 다행히 커피스크립트는 자동 비트 재활용 시스템을 갖추고 있다.

❋ ❋ ❋

프로그램은 어떻게 내부 상태를 유지할까? 어떻게 사물을 기억할까? 앞에서는 기존 값에서 새 값을 생성하는 법을 살펴봤지만 이렇게 하더라도 기존 값이 바뀌지는 않으며, 새 값은 바로 사용하지 않으면 소멸된다. 값을 보관하기 위해 커피스크립트에서는 변수를 제공한다.

```
caught = 5 * 5
```

변수는 항상 이름을 갖고 있으며, 아무 값이나 가리켜 보관할 수 있다. 위의 명령은 caught라는 변수를 생성하고 이 변수를 사용해 5 곱하기 5의 결과를 저장한다.

위의 프로그램을 실행하고 나면 콘솔에 caught란 단어를 입력해 25라는 값을 확인할 수 있다. 변수 값을 가져올 때는 변수명을 사용한다. caught + 1도 사용할 수 있다. 변수명은 표현식으로 사용할 수 있으며, 더 큰 표현식의 일부로 사용할 수 있다.

변수에 새 값을 대입할 때는 = 연산자를 사용하며 이 경우 새 변수가 만들어진다. 변수명으로는 거의 모든 단어를 사용할 수 있지만 공백을 포함할 수는 없다. 숫자는 변수명의 일부가 될 수 있으며, catch22는 유효한 변수명이다. 하지만 변수명은 숫자로 시작할 수 없다. '$'와 '_'는 글자와 마찬가지로 변수명에 사용할 수 있으며 따라서 $_$라는 변수명도 유효하다.

변수가 값을 가리키더라도 이 변수가 해당 값에 영원히 묶여 있는 것은 아니다. 아무 때나 = 연산자를 사용해 기존 변수가 현재 값 대신 새 값을 가리키게 할 수 있다.

```
caught = 4 * 4
```

❋ ❋ ❋

변수는 상자보다는 촉수에 가깝다. 변수는 값을 담기보다는 값을 쥐고 있다. 따라서 두 개의 변수가 같은 값을 참조할 수도 있다. 변수를 통해서는 프로그램이 현재 갖고 있는 값에만 접근할 수 있다. 뭔가를 기억해야 한다면 이를 잡을 수 있게 촉수를 키우거나 기존 촉수 중 하나를 사용해 새 값을 잡아야 한다. 루이지(Luigi)가 여러분에게 빚 진 돈을 기억하려면 다음과 같이 하면 된다.

```
luigiDebt = 140
```

그런 다음 루이지가 매번 조금씩 돈을 상환하면 변수에 새 숫자를 대입해 값을 조금씩 빼면 된다.

```
luigiDebt = luigiDebt - 35
```

특정 시점에 존재하는 변수 모음과 그 값을 환경이라고 한다. 프로그램이 시작하면 이 환경이 빈(empty) 환경으로 설정된다. 이 안에는 항상 여러 표준 변수가 들어 있다. 커피스크립트 프로그램을 실행하기 위해 coffee를 사용하거나 coffee -r ./prelude를 사용해 인터랙티브 환경을 실행할 때의 환경은 global이라고 한다.

이 환경은 →|/ 'Tab'을 입력해 볼 수 있다. 브라우저가 페이지를 로드하면 브라우저는 window라는 새 환경을 생성하고 표준 변수를 환경에 추가한다. 이 페이지에서 프로그램을 통해 생성되고 수정된 변수는 브라우저가 새 페이지로 이동할 때까지 남는다.

❋ ❋ ❋

표준 환경에서 제공하는 많은 값은 'function' 타입을 갖고 있다. 함수는 값으로 감싼 프로그램 조각이다. 일반적으로 이런 함수는 유용한 작업을 수행하며, 함수를 포함하는 함수 값을 사용해 호출할 수 있다. 개발 환경에서는 show 변수가 터미널이나 명령행 창에서 메시지를 보여주는 함수를 담고 있다. 이 함수는 다음과 같이 사용할 수 있다.

```
show 'Also, your hair is on fire.'
```

함수 내의 코드를 실행하는 것을 '함수를 호출한다' 또는 '함수를 적용한다'라고 한다. 함수를 호출하려면 함수명 다음에 괄호를 입력하거나 콤마로 구분한 값 목록을 지정하면 된다. 함수 값을 생성하는 모든 표현식은 표현식 다음에 괄호를 사용해 호출할 수 있다. 값을 전달할 때는 괄호를 생략할 수 있다. 문자열 값은 함수로 전달된 후 콘솔 창에 텍스트를 보여주는 데 사용된다. 함수로 전달되는 값은 파라미터 또는 인자라고 한다. show는 한 개의 파라미터만 필요하지만 다른 함수는 여러 개의 파라미터가 필요할 수 있다.

메시지 표시는 부수 효과다. 많은 함수는 함수가 생성하는 부수 효과로 인해 유용하다. 함수가 값을 생산할 수도 있는데, 이때는 유용한 부수 효과가 없어도 된다. 예를 들어 Math.max 함수는 두 개의 인자를 받고 둘 중 더 큰 수를 반환한다.

```
show Math.max 2, 4
```

함수가 값을 생산할 때는 '함수가 값을 반환한다'라고 한다. 값을 생산하는 대상은 커피스크립트에서 항상 표현식에 해당하므로 함수 호출은 큰 표현식의 일부로 사용할 수 있다.

```
show 100 + Math.max 7, 4
show Math.max(7, 4) + 100
show Math.max(7, 4 + 100)
show Math.max 7, 4 + 100
```

함수 호출에서 괄호를 생략하면 커피스크립트는 암시적으로 줄 끝까지 이어지는 괄호를 삽입한다. 따라서 위의 예제의 경우 처음 두 줄의 결과는 107이고, 마지막 두 줄의 결과는 104가 된다. 따라서 자신의 의도대로 원하는 결과를 얻기 위해 괄호를 사용해야 할 때가 있다. 함수 장에서는 나만의 함수를 직접 작성하는 법을 설명한다.

❋ ❋ ❋

앞의 결과에서 볼 수 있듯이 show 함수는 표현식의 결과를 보여주는 데 사용하기 편리하다. show는 표준 커피스크립트 함수가 아니며, 브라우저가 제공하지도 않는다. 이 함수는 Smooth CoffeeScript prelude를 통해 제공된다. 웹 브라우저에서 작업할 때는 환경이 다르므로 alert을 사용해 메시지 대화상자를 띄울 수 있다. 이 책에서는 계속해서 커피스크립트 환경을 사용한다. show는 인자를 프로그램 내에서 인자가 보이는 형태대로 표시함으로써 값 타입에 대한 정보를 더 많이 제공한다. coffee -r ./prelude로 시작한 인터랙티브 콘솔에서 이 환경은 다음과 같이 살펴볼 수 있다.

```
show process
show console
show _
show show
```

지금은 출력 결과는 크게 중요하지 않다. show는 프로그램 내 요소에 대한 상세 정보를 제공해줄 수 있는 툴이며, 나중에 예상대로 프로그램이 동작하지 않을 때 편리하게 활용할 수 있다.

❋ ❋ ❋

브라우저가 제공하는 환경에는 창을 팝업으로 보여줄 수 있는 몇 개의 함수만 들어 있다. confirm을 사용하면 사용자에게 확인/취소를 물을 수 있다. 이 함수는 사용자가 확인을 누르면 true, 취소를 누르면 false에 해당하는 불리언 값을 반환한다. prelude에는 사용자가 질문에 예 또는 아니오로 답할 수 있는 유사한 confirm 함수가 들어 있다.

커피스크립트 환경은 서버로 실행하게끔 최적화됐으므로 사용자가 응답하기를 기다리지 않는다. 대신 함수 호출 후 다음 코드를 계속해서 실행한다. 사용자가 질문에 답하면 인자로 지정한 함수가 사용자의 대답과 함께 호출된다. 여기에는 약간의 마법이 들어 있지만 자세한 내용은 함수 장에서 설명한다. 이 사용 방식은 좀 더 복잡하지만 이후 장에서는 많은 사용자를 대상으로 하는 웹 애플리케이션에서 이 함수를 사용하기 적합한 경우를 살펴본다.

```
confirm 'Shall we, then?', (answer) -> show answer
```

prompt는 '열린' 질문을 묻는 데 사용한다. 첫 번째 인자는 질문이고 두 번째 인자는 사용자가 처음 시작하는 텍스트다. 창에는 텍스트 한 줄을 입력할 수 있고 이 함수는 (브라우저에서) 이를 문자열로 반환한다. confirm과 마찬가지로 prelude는 이와 유사한 함수를 제공하며, 이 함수는 답을 받는 세 번째 인자를 받는다.

```
prompt 'Tell us everything you know.', '...',
    (answer) -> show 'So you know: ' + answer
```

❉ ❉ ❉

환경 내 거의 모든 변수에 새 값을 지정할 수 있다. 이는 도움이 되기도 하지만 위험하기도 하다. 예를 들어 show에 8을 값으로 지정하면 더는 아무것도 보여줄 수 없다. confirm과 prompt 같은 일부 함수는 파일에서 프로그램을 실행할 때도 동작하지만 인터랙티브 환경과는 잘 연동되지 않는다. 다행히 CTRL+C를 눌러 프로그램을 중단하고 마지막으로 작업하던 곳에서 다시 시작할 수 있다.

❉ ❉ ❉

한 줄 프로그램은 별로 재미가 없다. 프로그램에 두 줄 이상 명령을 집어넣으면 명령은 한 번에 하나씩 위에서 아래로 실행된다.

```
prompt 'Pick a number', '', (answer) ->
  theNumber = Number answer
  show 'Your number is the square root of ' +
    (theNumber * theNumber)
```

Number 함수는 값을 숫자로 변환한다. 이 예제에서는 prompt의 답이 문자열 값이므로 이 함수를 사용한다. 이와 비슷한 함수로 값을 문자열과 불리언으로 변환하는 String과 Boolean 함수도 있다.

❉ ❉ ❉

0부터 12까지 모든 짝수를 출력하는 프로그램을 생각해 보자. 이런 프로그램을 작성하는 방법 중 하나는 다음과 같다.

```
show 0
show 2
show 4
show 6
show 8
show 10
show 12
```

물론 이렇게 해도 되지만 프로그램을 작성하는 주된 이유는 더 많은 일을 하는 게 아니라 더 적은 일을 하기 위한 것이다. 만일 1,000 미만의 모든 짝수를 출력해야 한다면 앞의 방식은 사용할 수 없을 것이다. 우리에게는 코드를 자동으로 반복할 수 있는 방법이 필요하다.

```
currentNumber = 0
while currentNumber <= 12
  show currentNumber
  currentNumber = currentNumber + 2
```

소개 장에서 본 while을 기억할 것이다. while로 시작하는 명령은 순환문을 생성한다. 순환문은 명령의 순서에 개입해 프로그램이 특정 명령을 여러 번 반복하게 해준다. 이 경우 while 단어 다음에 표현식이 나오는데, 이 표현식은 순환문을 반복할지 또는 종료할지 결정하는 데 사용된다. 이 표현식의 불리언 값이 true인 한 순환문 내의 코드가 반복된다. 이 표현식 값이 false가 되면 프로그램은 바로 순환문 아래로 이동하고 평상시처럼 계속 진행한다.

currentNumber 변수는 프로그램의 진행 과정을 추적하는 변수 사용법을 보여준다. 순환문이 반복할 때마다 이 변수는 2만큼 증가하며, 매 반복을 시작할 때 12라는 숫자와 비교해 순환문을 계속할지 판단한다.

while 명령문의 세 번째 요소는 또 다른 명령문이다. 이 명령문은 순환문의 본체로, 여러 번 수행해야 하는 행동(들)을 나타낸다. 여기서는 블록 내 명령을 그룹으로 지정하기 위해 들여쓰기를 사용했다. 블록 바깥 세계에서는 블록을 단일 명령으로 간주한다. 이 예제에서는 show를 호출하고 currentNumber를 업데이트하는 명령을 포함시키는 데 블록을 사용했다.

만일 숫자를 출력하지 않아도 된다면 이 프로그램은 다음과 같이 작성할 수 있다.

```
counter = 0

while counter <= 12 then counter = counter + 2
```

여기서 counter = counter + 2는 순환문의 본체를 형성하는 명령이다. then 키워드는 본체와 불리언을 분리해 둘을 한 줄에 쓸 수 있게 해준다.

💣 연습문제 2

지금까지 배운 기법을 활용해 2^{10}(2의 10승) 값을 계산하고 보여주는 프로그램을 작성하자. 물론 2 * 2 *... 같은 간단한 트릭을 사용하더라도 상관없다.

이 프로그램을 작성하는 게 어렵다면 짝수 번호 예제의 관점에서 이 문제를 살펴보려고 노력하자. 이 프로그램은 일정한 횟수만큼 행동을 반복해야 한다. 이 프로그램에는 while 순환문과 더불어 카운터 변수를 사용할 수 있다. 이번에는 카운터를 출력하는 대신 프로그램이 특정 값에 2를 곱해야 한다. 이 값은 다른 변수에 저장해, 매 반복마다 결과 값을 계속 키워야 한다.

아직 이 프로그램을 어떻게 개발해야 할지 감이 잡히지 않더라도 걱정하지 말자. 이 장에서 다룬 기법을 완벽하게 이해하더라도 이를 특정 문제에 적용하기는 어려울 수 있다. 코드를 읽고 작성하다 보면 문제에 대한 감을 익히는 데 도움이 되므로 풀이를 연구해 보고 다음 연습문제에 도전해 보자.

💣 풀이

```
result = 1
counter = 0
while counter < 10
  result = result * 2
  counter = counter + 1
show result
```

카운터는 1부터 시작해 <= 10인지 검사할 수도 있지만 0부터 시작하는 습관을 들이는 게 좋다 (이유는 나중에 설명한다).

물론 여러분이 작성한 풀이는 필자의 풀이와 완전히 일치하지 않아도 되며, 제대로 동작하기만 하면 된다. 혹시 자신의 풀이가 필자의 것과 크게 다르다면 필자의 풀이를 이해하고 넘어가기 바란다.

💣 연습문제 3

앞의 연습문제를 조금만 수정하면 삼각형을 그리는 데 활용할 수 있다. 여기서 '삼각형을 그린다'는 말은 '삼각형처럼 보이는 텍스트를 출력한다'는 뜻이다.

10개의 줄을 출력하자. 첫 번째 줄에는 '#' 문자가 하나뿐이다. 두 번째 줄에는 '#' 문자가 두 개 있다. 이런 식으로 각 줄마다 '#' 문자를 추가한다.

그럼 X개의 '#'이 들어 있는 문자열을 어떻게 만들 수 있을까? 한 가지 방법은 '내부 순환문'을 사용해 필요한 문자열을 생성하는 것이다. 내부 순환문은 순환문 내에 있는 순환문이다. 간단한 방법은 지난 번 반복 때 사용한 문자열을 재사용해 글자를 한 개만 추가하는 것이다.

☑ 풀이

```
line = ''
counter = 0
while counter < 10
  line = line + '#'
  show line
  counter = counter + 1
```

이 풀이에서 일부 명령 앞에 둔 공백에 주의하자. 이런 공백은 꼭 필요하다. 들여쓰기 수준은 각 줄이 속하는 블록을 나타낸다. 블록 내 들여쓰기의 역할은 읽기 쉽게끔 코드의 구조를 정해주는 것이다. 새 블록은 다른 블록 내에 열려 있을 수 있으므로 들여쓰기를 하지 않으면 한 블록이 어디에서 끝나고 다른 블록이 어디에서 시작하는지 알기 어렵다. 줄을 들여 쓰면 프로그램의 시각적인 모양이 프로그램 내 블록의 모양과 일치하게 된다. 필자는 열려 있는 블록에는 두 개의 공백을 즐겨 쓰지만 이에 대한 취향은 사람마다 다르다. 줄이 지나치게 길다면 줄을 두 개의 단어로 나누거나 줄 끝에 \를 두고 다음 줄에서 이어서 쓸 수 있다.

❋ ❋ ❋

지금까지 살펴본 while의 사용 패턴은 모두 동일하다. 먼저 'counter' 변수를 생성한다. 이 변수는 순환문의 진행 과정을 추적한다.

while 그 자체에는 조건문이 들어 있으며, 보통 카운터가 경계 값에 도달했는지 여부를 검사한다. 그런 다음 순환문 본체의 끝에서는 카운터를 업데이트한다.

많은 순환문이 이런 패턴을 따른다. 이런 이유로 커피스크립트 및 유사 언어는 좀 더 간결하고 이해하기 쉬운 구문을 함께 제공한다.

```
for number in [0..12] by 2 then show number
```

이 프로그램은 앞서 짝수 숫자를 출력하는 예제와 동일한 기능을 한다. 달라진 점은 순환문의 '상태'와 관련된 모든 명령을 이제 한 줄로 표현된다는 점이다. 대괄호 안에 있는 숫자는 범위로, [4..7]은 첫 번째 숫자부터 시작해 마지막 숫자까지 1씩 증가하는 숫자 목록을 나타낸다. 목록에서 두 개의 점을 사용하면 마지막 숫자를 포함하고(4,5,6,7), [4...7]처럼 세 개의 점을 사용하면 마지막 숫자를 제외(4,5,6)한다. 각 단계의 양은 by 키워드를 통해 변경한다. 따라서 [2..6] by 2는 (2,4,6) 숫자 목록에 해당한다. 첫 번째 숫자가 가장 크면 범위 값을 감소시킬 수도 있으며, 범위 값에는 음수 또는 부동 소수도 포함시킬 수 있다.

for 문에서 number를 사용하면 순환문을 반복할 때마다 숫자 범위 내에서 매번 다음 숫자를 가져온다. 순환문 내에서는 number 변수를 연산에 사용하거나 다음 예제에서처럼 show number에 사용할 수 있다. 대부분의 경우 while보다는 for가 더 짧고 명료하다.

for 문도 여러 형태로 구성할 수 있다. 한 가지 방법으로 순환문의 본체를 for 문 앞에 두는 방식이 있다.

```
# 본체를 들여쓴 for문
for number in [0..12] by 2
    show number

# 본체를 앞에 쓴 for문
show number for number in [0..12] by 2
```

❋ ❋ ❋

앞에서 '#'으로 시작하는 줄이 조금 이상해 보일 수 있다. 이 줄은 프로그램에서 추가 텍스트를 기입할 때 종종 사용한다. #은 주로 프로그램에 사람의 언어로 된 설명을 추가할 때 사용한다.

```
# counter 변수를 정의
# 이 변수 값은 0으로 시작
counter = 0
# 이제 순환문을 시작
while counter < 100 # counter가 100보다 작으면
```

```
###
순환문을 반복할 때마다 counter 값을 증가시킴
여기서는 1씩 값을 증가시킴
###
counter++
# 이제 모든 작업 종료
```

이런 형태의 텍스트를 주석이라고 한다. 주석의 적용 방식은 다음과 같다. '#'은 주석을 시작하고, 이 주석은 줄 끝까지 적용된다. '###'은 또 다른 종류의 주석을 시작하고 '###'가 다시 나올 때까지 여러 줄에 걸쳐 주석을 적용한다.

앞에서 볼 수 있듯이 간단한 프로그램이라도 많은 주석을 추가하는 것만으로 크고, 지저분하고 복잡해 보일 수 있다.

※ ※ ※

지금까지 일부 변수명에서 이상한 대소문자 표기를 사용했다. 변수명 사이에는 공백이 올 수 없으므로(컴퓨터는 이를 두 개의 각기 다른 변수로 이해한다) 몇 개의 단어로 이뤄진 변수명은 다음과 같은 형태의 이름으로밖에 지정할 수 없다.

```
fuzzylittleturtle       FuzzyLittleTurtle
fuzzy_little_turtle     fuzzyLittleTurtle
```

이 중 첫 번째 변수는 읽기 어렵다. 개인적으로 필자는 밑줄을 사용하기를 좋아하지만 밑줄을 사용한 변수는 입력하기 번거롭다. 하지만 커피스크립트는 자바스크립트에서 발전했으므로 대부분의 커피스크립트 프로그래머는 자바스크립트 관례를 따라 마지막 변수 명명 방식을 사용한다. 이 방식은 표준 자바스크립트 함수에서 사용하는 방식이다. 이런 관례를 따르는 것은 어렵지 않으므로 여기서는 다른 개발자들을 따라 첫 번째 글자 이후 새로 나오는 모든 단어의 첫 글자를 대문자로 표기한다. Number 함수 같은 일부 사례에서는 변수의 첫 글자가 대문자인 경우도 있다. 이는 이 함수를 생성자로 표시하기 위한 것이다. 생성자가 뭔지는 '객체지향' 장에서 다룬다. 지금은 이처럼 일관성이 다소 떨어지는 결과를 보더라도 신경 쓰지 않아도 된다.

while과 for처럼 특수 의미가 있는 이름은 변수명으로 사용할 수 없다는 데 주의하자. 이들 이름은 키워드라고 한다. 자바스크립트 및 커피스크립트의 미래 버전에서 '사용하기로 예약된' 단어도 있다. 이들 단어도 공식적으로 변수명으로 사용할 수 없다(일부 환경에서는 이를 허용하긴 하지만). 예약어의 전체 목록은 꽤 길다.

지금은 이런 예약어를 외워둘 필요는 없고 다만 뭔가가 예상대로 동작하지 않을 때 예약어를 사용한 게 혹시 문제가 될 수도 있다는 점만 기억하면 된다. 경험상 char(한 글자 문자열을 저장하는 용도로)와 class를 변수명으로 사용하는 실수를 가장 많이 저지른다.

연습문제 4

앞에 있는 두 연습문제의 풀이를 while 대신 for를 사용해 재작성하라.

풀이

```
result = 1
for counter in [0...10]
  result = result * 2
show result
```

여기서 마지막 범위를 포함시키지 않게 한 것과 순환문 내의 명령을 두 공백만큼 들여써서 각 줄이 위에 있는 줄에 속한다는 사실을 명확히 보여준 것에 주의하자(커피스크립트에서 요구하는 대로).

```
line = ''
for counter in [0...10]
  line = line + '#'
  show line
```

프로그램은 종종 이전 값을 기반으로 변수를 업데이트해야 한다. 예를 들어 counter = counter + 1처럼 말이다. 커피스크립트는 이를 위한 단축 구문을 제공한다. 바로 counter += 1이다. 이 기법은 다른 여러 연산에도 그대로 적용할 수 있다. 예를 들어 result의 값을 2배로 하려면 result *= 2를 사용하거나 counter -= 1를 사용해 counter 값을 1만큼 줄일 수 있다. counter++와 counter--는 각각 counter += 1 및 counter -= 1를 줄인 버전이다.

✼ ✼ ✼

순환문은 프로그램의 제어 흐름에 영향을 준다고 말한다. 순환문은 명령이 실행되는 순서를 바꾼다. 순환문과 더불어 많은 경우 명령을 건너뛰는 흐름이 프로그램에 도움이 된다.

이번에는 3과 4로 모두 나눌 수 있는 0과 20 사이의 모든 숫자를 보여주려고 한다.

```
for counter in [0..20]
  if counter % 3 == 0 and counter % 4 == 0
    show counter
```

if 키워드는 while 키워드와 크게 다르지 않다. 이 키워드는 주어진 조건을 검사해 조건에 부합할 때만 명령을 실행한다. 하지만 if 키워드 명령을 한 번만 실행하므로 명령은 0번 또는 한 번 실행된다.

나머지 연산자(%)를 사용하면 한 숫자를 다른 숫자로 나눌 수 있는지 쉽게 확인할 수 있다. 한 숫자를 다른 숫자로 나눌 수 있다면 나눗셈의 나머지이자 나머지 연산자가 반환하는 값은 0이 된다.

0과 20 사이의 모든 숫자를 출력하되 4로 나눌 수 없는 숫자만 괄호로 감싸려면 다음과 같이 할 수 있다.

```
for counter in [0..20]
  if counter % 4 == 0
    show counter
  if counter % 4 != 0
    show '(' + counter + ')'
```

하지만 이렇게 하면 프로그램이 counter를 4로 나눌 수 있는지 두 번 판단해야 한다. if문 다음에 else 영역을 추가하면 같은 효과를 그대로 누릴 수 있다. else 명령은 if 조건이 false일 때만 실행된다.

```
for counter in [0..20]
  if counter % 4 == 0
    show counter
  else
    show '(' + counter + ')'
```

이 예제를 좀 더 확장해 이번에는 같은 숫자를 출력하되 15보다 큰 숫자 다음에는 별을 두 개 추가하고, 10보다 큰 숫자(이면서 15보다 작은 숫자)에는 별을 한 개, 그 외 나머지 숫자에는 별을 추가하지 않는다고 가정하자.

```
for counter in [0..20]
  if counter > 15
    show counter + '**'
  else if counter > 10
    show counter + '*'
  else
    show counter
```

이 예제는 if 구문을 연쇄적으로 적용하는 법을 보여준다. 이 경우 프로그램은 먼저 counter가 15보다 큰지 살펴본다. counter가 15보다 크면 두 개의 별을 출력하고 나머지 테스트를 건너뛴다. counter가 15보다 크지 않으면 계속해서 counter가 10보다 큰지 확인한다. counter가 10보다 크지 않을 때만 마지막 show 명령에 도달한다.

> **연습문제 5**
>
> prompt를 사용해 자기 자신에게 2+2의 값을 묻는 프로그램을 작성하라. 값이 '4'이면 show를 사용해 칭찬 어구를 출력한다. 값이 '3'이나 '5'이면 'Almost!'를 출력한다. 그 밖의 답을 할 때는 질책하는 어구를 출력한다. prompt 사용과 관련한 마법은 30페이지를 참고하자.

☑ **풀이**

```
prompt 'You! What is the value of 2 + 2?', '',
  (answer) ->
    if answer == '4'
      show 'You must be a genius or something.'
    else if answer == '3' || answer == '5'
      show 'Almost!'
    else
      show 'You are an embarrassment.'
```

프로그램의 로직 검사는 복잡할 수 있다. 조건을 명확히 작성할 수 있게끔 커피스크립트는 if문의 변종을 한두 개 제공한다. if문의 본체는 조건 앞에 둘 수 있다. if not은 unless로 쓸 수 있다.

```
fun = on
show 'The show is on!' unless fun is off
```

순환문이 항상 끝까지 실행돼야 하는 것은 아니며, 때로는 break 키워드가 유용할 때가 있다. break 키워드는 현재 순환문에서 바로 빠져 나와 다음 명령을 계속 실행하게 해준다. 다음 프로그램은 20보다 크면서 7로 나눌 수 있는 첫 번째 숫자를 찾는 프로그램이다.

```
current = 20
loop
  if current % 7 == 0
    break
  current++
show current
```

loop 구문은 순환문의 종료 조건을 검사하는 영역을 포함하지 않는다. 이는 while true와도 같다. 이 말은 순환문 내의 break문에 의존해 순환문을 종료한다는 뜻이다. 같은 프로그램을 다음과 같이 좀 더 간단히 작성할 수도 있다.

```
current = 20
current++ until current % 7 == 0
show current
```

이 경우 순환문의 본체가 순환문 테스트보다 앞에 나온다. until 키워드는 unless 키워드와 유사하지만 while not이라는 의미로 해석한다. 이 순환문의 유일한 효과는 current를 원하는 값까지 증가시키는 것뿐이다. 하지만 여기서는 break를 사용하는 예제가 필요했으므로 첫 번째 버전도 주의 깊게 살펴보자.

💣 연습문제 6

1부터 6 사이의 행운의 숫자를 고르고 행운의 숫자가 나올 때까지 시뮬레이션 주사위를 계속 굴린다. 주사위를 굴린 횟수를 센다. 순환문을 사용하고 선택적으로 break를 사용한다. 주사위를 던지는 시뮬레이션은 roll = Math.floor Math.random() * 6 + 1를 통해 할 수 있다.

참고로 loop은 while true와 같으며 둘 다 그 자체로는 끝나지 않는 순환문을 만드는 데 사용할 수 있다. while true는 유용한 기법이지만 순환문에게 true가 true인 동안 반복하라고 요청하는 식이므로 조금 바보 같다. 따라서 loop을 사용하는 방식을 더 권장한다.

☑ 풀이

```
luckyNumber = 5 # 1과 6 사이에서 고른다
show "Your lucky number is #{luckyNumber}"
count = 0
loop
  show roll = Math.floor Math.random() * 6 + 1
  count++
  if roll is luckyNumber then break
show "Luck took #{count} roll(s)"
```

또 다른 방법은 break를 사용하지 않고 푸는 방법으로 보기에 따라서는 더 좋을 수도 있다.

```
luckyNumber = 3 # 1과 6 사이에서 고른다
show 'Your lucky number is ' + luckyNumber
count = 0
until roll is luckyNumber
```

```
    show roll = Math.floor Math.random() * 6 + 1
    count++
  show 'You are lucky ' +
    Math.floor(100/count) + '% of the time'
```

앞에 있는 연습문제의 두 번째 풀이에서 roll은 처음 순환문을 순회할 때는 값을 지정하지 않았다. 이 값은 다음 명령에서 값을 대입한다. 그런데 만일 이 변수 값을 가져오면 어떤 일이 일어날까?

```
  show mysteryVariable
  mysteryVariable = 'nothing'
```

촉수와 관련해 이 변수는 허공에서 값을 찾게 되고 아무 값도 집지 못한다. 빈 공간의 값을 요청하면 undefined라는 이름의 특수 값을 받게 된다. 내장 함수인 console.log처럼 흥미로운 값을 반환하지 않는 함수도 undefined 값을 반환한다. 커피스크립트에서는 대부분의 명령이 값을 반환한다. prelude 함수인 show는 주어진 값을 반환하므로 표현식에서 다음과 같이 사용할 수 있다.

```
  show console.log 'I am a side effect.'
```

이와 유사한 값인 null도 있다. null은 '이 변수가 정의됐지만 값이 없다'는 의미를 나타낸다. undefined와 null의 의미 차이는 대부분 학문적이며, 보통은 그다지 중요하지 않다.

실제 프로그램에서는 뭔가가 '값을 갖고 있는지' 검사해야 할 때가 종종 있다. 이런 경우 something? 같은 표현식을 사용할 수 있다. ?는 존재 연산자라고 한다. 이 연산자는 뭔가가 null 또는 undefined가 아닐 때 true를 반환한다. 이 연산자는 ?=처럼 존재 대입 연산자 형태로도 사용한다. 이 경우 변수가 null 또는 undefined일 때만 값을 대입한다.

```
show iam ? undefined
iam ?= 'I want to be'
show iam
iam ?= 'I am already'
show iam if iam?
```

❊ ❊ ❊

이제 자연스럽게 다음 주제를 살펴볼 차례다. 자바스크립트를 접한 경험이 있다면 각기 다른 타입의 값을 비교하기가 쉽지 않다는 점을 알고 있을 것이다.

```
show false == 0
show '' == 0
show '5' == 5
```

자바스크립트에서는 이들 결과 값이 모두 true다(커피스크립트에서는 모두 false다). 각기 다른 타입을 갖고 있는 값을 비교할 때는 타입을 호환 타입으로 먼저 변환해야 한다. 앞서 Number를 사용해 Number('5') == 5를 비교한 결과가 true인 것을 보면서 이를 살펴본 바 있다. 커피스크립트에서 ==의 동작 방식은 자바스크립트에서의 ===와 같다.

```
show `null === undefined`
show `false === 0`
show `'' === 0`
show `'5' === 5`
```

이들 결과는 모두 false다. 커피스크립트에서는 자바스크립트 코드를 역따옴표로 감싸서 포함시킬 수 있다. 커피스크립트에서 자바스크립트를 사용하는 것은 고수준 언어에서 어셈블리 언어를 사용하는 것과 유사하다. 즉 좀처럼 사용할 일이 거의 없다는 뜻이다.

때로는 자동 타입 변환을 초래하는 상황이 있다. 비문자열 값을 문자열에 더하면 값이 문자열로 합쳐지기 전에 문자열로 자동 변환된다. 숫자에 문자열을 곱하면 커피스크립트는 문자열을 숫자로 이해하려고 노력한다.

```
show 'Apollo' + 5
show null + 'ify'
show '5' * 5
show 'strawberry' * 5
```

마지막 명령은 NaN이라는 특수 값을 출력한다. NaN은 'not a number'의 약자로, 숫자 타입이다(조금 이상하게 들릴 수도 있지만). 이 경우 이 값이 strawberry가 숫자가 아니라는 사실을 나타낸다. NaN에 대한 모든 수학 연산은 NaN을 반환한다. 이 예제에서 5를 곱해도 NaN 값이 나오는 이유는 이 때문이다. 더불어 종종 헷갈릴 수 있는데, NaN == NaN의 비교 결과는 false다. 값이 NaN인지 확인할 때는 isNaN 함수를 사용해야 한다.

자동 변환은 매우 편리할 수 있지만 조금 이상하고 오류가 나기도 쉽다. +와 * 모두 수학 연산자이긴 하지만 이 예제에서는 전혀 다르게 동작한다. 필자는 코드에서 +를 비문자열에 많이 사용하지만 *나 다른 수학 연산자는 문자열 값에 사용하지 않는 것을 원칙으로 한다.

숫자를 문자열로 변환하는 일은 항상 가능하고 아주 간단하지만, 문자열을 숫자로 변환하는 일은 제대로 동작하지 않을 수 있다(이 예제의 마지막 줄처럼). 문자열을 숫자로 명시적으로 변환할 때는 Number를 사용할 수 있다. 이 경우 변환 결과로 인해 NaN 값을 얻을 수도 있다는 점을 분명히 인식해야 한다.

```
show Number('5') * 5
```

❋ ❋ ❋

앞서 불리언 연산자 &&와 ||를 설명하면서 두 연산자가 불리언 값을 내놓는다고 설명한 바 있다. 사실 이는 지나치게 단순화한 설명이다. 두 연산자를 불리언 값에 적용하면 실제로 불리언 값이 반환된다. 하지만 이들 연산자를 다른 값에 적용하면 인자 값 중 하나가 반환된다.

||가 하는 일은 다음과 같다. ||는 먼저 왼쪽 값을 살펴본다. 이 값을 불리언 값으로 변환한 결과가 true이면 왼쪽 값을 반환하고, true가 아니면 오른쪽 값을 반환한다. 인자가 불리언일 때 이 연산자가 이 작업을 올바르게 하는지 직접 확인해 보자. 이 연산자는 왜 이런 식으로 작업할까? 사실 이는 매우 편리한 기능이다. 다음 예제를 살펴보자.

```
prompt 'What is your name?', '',
    (input) ->
        show 'Well hello ' + (input || 'dear')
```

사용자가 이름을 입력하지 않고 엔터를 누르면 input 변수는 '' 값을 갖는다. 이를 불리언으로 변환하면 false가 된다. 이 경우 input || 'dear' 표현식은 '변수 input의 값 또는 'dear' 문자열'이 된다. 이를 이용하면 값이 없을 때 대신 사용할 수 있는 예비 값을 쉽게 제공할 수 있다.

&& 연산자도 유사한 기능을 하지만 방향은 정반대다. 왼쪽의 값을 불리언으로 변환했을 때 값이 false이면 이 연산자는 왼쪽 값을 반환하고, 그렇지 않으면 오른쪽 값을 반환한다.

두 연산자의 또 다른 특징은 오른쪽에 있는 표현식은 필요할 때만 해석한다는 점이다. true || X의 경우 X가 무엇이든 결과는 true이므로 X는 절대 해석할 일이 없으며, X의 부수 효과도 절대 일어나지 않는다. false && X에도 같은 원칙이 적용된다.

```
false || alert 'I am happening!'
true || alert 'Not me.'
```

5 함수

프로그램은 종종 여러 곳에서 같은 작업을 해야 한다. 매번 필요한 명령을 반복하는 일은 지루하고 오류로 이어지기 쉽다. 이런 명령은 한곳에 집어넣고 프로그램에서 필요할 때마다 사용하게 하는 게 더 좋다. 함수는 바로 이런 목적을 위해 나왔다. 함수는 프로그램이 원할 때마다 실행할 수 있게 캔에 담긴 코드다. 화면에 문자열을 출력하려면 몇 개의 명령이 필요하지만 show 함수가 있으면 show 'Aleph'만 입력해 모든 작업을 처리할 수 있다.

하지만 함수를 단순히 캔에 들어 있는 코드로 보는 시각은 함수를 제대로 보는 게 아니다. 필요할 경우 함수는 순수 함수 역할, 알고리즘, 간접화, 추상화, 결정, 모듈, 연속 기능, 자료 구조 등 여러 역할을 할 수 있다. 함수를 효과적으로 사용할 수 있는 능력은 모든 프로그래밍에서 꼭 필요한 기술이다. 이 장에서는 이 주제를 소개한다. 더불어 함수형 프로그래밍 장에서는 함수의 미묘한 성격을 좀 더 자세히 살펴본다.

❋ ❋ ❋

순수 함수는 우리가 수학 수업에서 함수라고 불렀던 그 함수다. 코사인을 계산하거나 숫자의 절댓값을 계산하는 것은 한 개의 인자를 갖고 있는 순수 함수가 하는 일이다. 덧셈은 두 개의 인자를 갖고 있는 순수 함수다. 순수 함수의 주된 특징은 같은 인자가 전달되면 항상 같은 값을 반환한다는 것과 부수 효과가 없다는 것이다. 순수 함수는 인자를 받아 인자를 기반으로 한 값을 반환하며 다른 작업을 수행하지 않는다.

커피스크립트에서 덧셈은 연산자이지만 다음과 같이 함수로 감쌀 수도 있다(물론 이는 쓸데없어 보일 수도 있지만 실제로 이런 함수가 유용할 때도 있다).

```
add = (a, b) -> a + b
show add 2, 2
```

add는 함수의 이름이다. a와 b는 두 인자의 이름이다. a + b는 함수의 본체다.

-> 구문은 새 함수를 작성할 때 사용한다. 이를 변수명에 대입하면 함수가 해당 이름으로 저장된다. -> 앞에는 인자 이름 목록이 괄호로 나온다. 함수가 아무 인자도 받지 않으면 괄호가 없어도 된다. -> 다음에는 함수의 본체가 나온다. 본체는 ->와 같은 줄에 작성해도 되고 다음 줄에서 들여쓰기를 통해 작성해도 된다.

함수에서 마지막 명령은 값을 결정한다. return 키워드 다음에 표현식을 사용하면 함수가 반환하는 값을 결정할 수 있다. 프로그램의 제어 흐름이 return 명령을 만나면 현재 함수를 바로 벗어나 함수를 호출한 코드에 반환값을 전달한다. return 명령 다음에 표현식이 없으면 함수가 undefined를 반환한다.

물론 본체에는 둘 이상의 명령이 들어 있을 수 있다. 다음은 제곱을 계산하는 함수다(양의 정수 제곱).

```
power = (base, exponent) ->
  result = 1
  for count in [0...exponent]
    result *= base
  result
show power 2, 10
```

33페이지의 연습문제를 풀었다면 제곱을 계산하는 이 기법이 익숙할 것이다. 변수(result)를 생성하고 업데이트하는 일은 부수 효과다. 그런데 앞에서 순수 함수는 부수 효과가 없다고 했는데 여기서는 왜 부수 효과가 있을까? 함수 내에서 생성한 변수는 함수 내에서만 존재한다. 그렇지 않다면 프로그래머는 매번 변수가 필요할 때마다 다른 변수명을 생각해야 하므로 이는 프로그래머로서는 다행이다. result는 power 내에서만 존재하므로 이 변수에 대한 수정 값은 함수가 결과를 반환할 때까지만 존재하며, 이 함수를 호출하는 코드 관점에서 보면 아무런 부수 효과도 없다.

연습문제 7

인자로 지정한 숫자의 절댓값을 반환하는 absolute 함수를 작성하라. 음수의 절댓값은 음수의 양수 버전이며, 양수(또는 0)의 절댓값은 그 숫자 자체다.

☑ 풀이

```
absolute = (number) ->
  if number < 0
    -number
  else
    number
show absolute -144
```

순수 함수에는 두 가지 좋은 특징이 있다. 순수 함수는 생각하기 쉽고 재사용하기도 쉽다.

함수가 순수하면 함수 호출도 그 자체로 이해할 수 있다. 제대로 동작하는지 확신이 들지 않으면 콘솔에서 함수를 직접 호출해 테스트할 수 있다. 이런 순수 함수는 다른 맥락에 의존하지 않는 만큼 테스트하기가 간단하다.[1] 이런 테스트는 자동화하기(특정 함수를 테스트하는 프로그램을 작성하기)도 쉽다. 비순수 함수는 온갖 요소를 기반으로 각기 다른 값을 반환하므로 테스트하기 어렵고 골치 아픈 부수 효과를 낳는다.

순수 함수는 자급자족적이므로 비순수 함수보다 더 유용하고 다양한 상황에서 폭넓게 활용하기 쉽다. 예를 들어 show 함수를 살펴보자. 이 함수의 유용성은 결과를 출력할 화면 상 특정 위치의 존재 여부에 달렸다. 만일 출력할 위치가 없다면 이 함수는 아무 쓸모가 없다. 이와 관련한 함수로 format 함수가 있다고 가정하자. 이 함수는 인자 값을 받아서 이 값을 나타내는 문자열을 반환한다. 이 함수는 show 함수보다 더 많은 상황에서 유용하다.

물론 format 함수는 show 함수와 동일한 문제를 해결하지 않으며 이런 문제를 해결해줄 수 있는 순수 함수도 없다. 왜냐하면 여기에서는 부수 효과가 필요하기 때문이다. 많은 경우 우리에게 필요한 함수는 비순수 함수다. 때로는 순수 함수로도 문제를 풀 수도 있지만 비순

---

[1] 엄밀히 말해서 순수 함수는 외부 변수 값을 사용할 수 없다. 외부 값은 변할 수 있고, 이렇게 되면 같은 인자 값에 대해 함수가 다른 값을 반환할 수 있기 때문이다. 하지만 현실적으로 프로그래머는 일부 변수를 상수(변하지 않을 것으로 기대)로 간주하며, 상수 변수만을 사용하는 함수를 순수하다고 볼 수 있다. 함수 값을 포함하는 변수는 이런 상수 변수의 좋은 예이기도 하다.

수 함수가 훨씬 더 간편하거나 효과적이다.

따라서 뭔가를 쉽게 순수 함수로 표현할 수 있다면 그렇게 작성하면 된다. 하지만 비순수 함수를 작성한다고 해서 자책할 필요는 없다.

❋ ❋ ❋

함수가 우리가 원하는 결과를 반환하는지 어떻게 확인할 수 있을까? 앞의 예제에서는 absolute -144를 호출해 원하는 결과를 얻었다. 간단한 함수에서는 이 정도로도 충분하지만 함수는 금세 복잡해지고 프로그램 텍스트를 읽는 것만으로는 결과를 예측하기가 어렵다. absolute 함수가 정말 제대로 동작하는지 확인하려면 훨씬 더 많은 테스트 케이스가 필요하다. 하지만 테스트 케이스를 계속 작성하다 보면 이내 지루해지기 쉽다. 따라서 더 좋은 방법을 찾아야 한다.

앞의 예제에서는 함수가 갖춰야 할 속성을 설명했다. '음수 값의 절댓값은 같은 수의 양수 버전이어야 하고 양수(또는 0)의 절댓값은 그 수 자체다.' 이 설명은 컴퓨터가 우리를 대신해 테스트할 수 있는 속성으로 바꿀 수 있다.

```
testAbsolute = (name, property) ->
  qc.testPure absolute, [qc.arbInt], name, property
```

testAbsolute 함수는 qc(qc는 quick check[2]의 약자다)에 들어 있는 testPure를 호출하고 첫 번째 인자를 통해 absolute를 테스트하라고 지정한다. 다음 인자인 arbInt는 absolute가 단일 인자로 임의의 정수를 받아야 한다고 선언한다. 지금은 괄호와 점은 신경 쓰지 않아도 된다. 이 내용은 이어지는 장에서 설명한다. absolute이 제대로 동작하는지 판단하기 위해 해야 할 일은 설명이 담긴 이름과 속성을 가지고 testAbsolute을 호출하는 게 전부다.

```
testAbsolute 'returns positive integers',
  (c, arg, result) -> result >= 0
```

---

2 찰머스 공과대학의 코엔 클래센과 존 휴는 하스켈용 QuickCheck를 만들었고 그 아이디어는 다른 많은 프로그래밍 언어에서 재구현됐다. qc 라이브러리는 다린 톰슨이 자바스크립트용으로 구현한 구현체다. 커피스크립트 호환 버전은 prelude에 포함돼 있다.

이 함수의 설명에 따라 absolute은 0보다 크거나 같은 값을 반환해야 한다. 속성에 있는 result >= 0은 이를 말해준다. 여기서 속성은 세 개의 인자를 받는 함수다. 이들 인자는 테스트 케이스(case는 예약어이므로 c라고 부름), absolute을 호출할 때 사용할 인자, 이 함수가 돌려주는 result다. 이들 값을 기반으로 함수가 속성을 따르는지 여부에 대해 속성은 true 또는 false를 반환한다.

이 설명에서는 '양수(또는 0)의 절댓값이 그 수 자체'라고 말한다. 따라서 이 속성은 양수만 필요하다. guard를 호출하면 qc가 양의 값이 아닌 값은 무시하게 할 수 있다. 그런 다음 속성은 result가 인자와 같은지 검사한다.

```
testAbsolute 'positive returns positive',
  (c, arg, result) -> c.guard arg >= 0; result is arg
```

음수 인자에 대해서도 거의 같은 로직이 적용된다. 다만 이때는 속성에서 단항 - 연산자를 사용하는 점이 다를 뿐이다.

```
testAbsolute 'negative returns positive',
  (c, arg, result) -> c.guard arg < 0; result is -arg
```

지금까지 함수의 필요한 속성만 선언했다. 아직 아무 테스트도 수행하지 않았다. qc.test()를 호출하면 테스트 절차가 시작되고 qc는 테스트 데이터를 생성하고 속성을 검사한다.

```
Pass: returns positive integers (pass=100, invalid=0)
Pass: positive returns positive (pass=100, invalid=103)
Pass: negative returns positive (pass=100, invalid=90)
```

좋다. 이로써 absolute은 눈 깜짝할 사이에 300개의 테스트 케이스를 통과했다. 유효하지 않은 횟수는 테스트 케이스를 버리는 guard 호출 횟수를 말한다. 테스트 값을 보고 싶다면 속성에 show c.args를 삽입하면 된다.

그럼 테스트가 실패하면 어떻게 될까? 이 장의 앞에서 본 power 함수는 예상대로 동작하지 않는 함수로 사용하기에 적합한 함수다. 우리는 당연히 power 함수가 표준 Math.pow 함수처럼 동작할 것이라고 예상할 수 있다(물론 정수에 대해서만).

```
qc.testPure power, [qc.arbInt, qc.arbInt],
  'power == Math.pow for integers',
  (c, base, exponent, result) ->
    result == c.note Math.pow base, exponent
```

testPure를 호출하고 power 함수를 두 개의 정수 인자를 갖는 함수로 설명하면 테스트를 진행할 수 있다. 그런 다음 속성에서는 power의 result가 Math.pow의 결과와 같다고 선언한다. Math.pow가 반환하는 값을 보기 위해 주어진 값을 등록하는 c.note를 호출했다.

```
fail: power == Math.pow for integers
pass=9, invalid=0
shrinkedArgs=3,-2,9,0.1111111111111111
Failed case:
[  -9,
   -9,
   -387420489,
   -2.581174791713197e-9 ]
```

이 테스트는 실패하고 qc는 그 이유를 보여준다. -9와 마지막 줄의 -9는 qc가 테스트 케이스에 대해 생성한 인자를 가리킨다. -387420489는 power의 결과다. 마지막 숫자는 Math.pow의 기록 값으로, 정확한 답인 -9^{-9} = $-\frac{1}{387420489}$의 근사치 값이다.

```
qc.testPure power, [qc.arbWholeNum, qc.arbWholeNum],
  'power == Math.pow for positive integers',
  (c, base, exponent, result) ->
    result == c.note Math.pow base, exponent
```

power 함수가 정수에 대해 제대로 동작하리라 예상한 범위가 지나치게 컸다면, 이번에는 이 함수가 양의 정수에 대해서는 제대로 동작하는지 테스트해보자. 이번에는 어떤 결과가 나올까? 이번에는 guard를 사용해 앞에서처럼 테스트 케이스를 버리는 대신, 인자 설명을 조금 바꾼다. qc에는 각기 다른 다양한 인자 타입(범위, 문자열, 날짜, 목록)이 포함돼 있으며 이 중에는 양의 정수를 나타내는 arbWholeNum도 있다.

```
fail: power == Math.pow for positive integers
pass=28, invalid=0
shrinkedArgs=9,18,150094635296999100,150094635296999140
Failed case:
[   27,
    27,
    4.434264882430377e+38,
    4.434264882430378e+38 ]
```

이번에는 27^{27}에 대한 테스트 케이스에서 마지막 숫자가 다른 점을 제외하고 28개의 테스트 케이스를 통과했다.[3] shrinkedArgs 줄을 주의해서 보자. 테스트가 실패하면 qc는 문제를 재생산하는 좀 더 간단한 테스트를 찾으려고 시도한다. 여기서 '좀 더 간단한'이란 말은 좀 더 짧은 문자열, 목록, 또는 이 경우 좀 더 작은 숫자를 가리킨다. 따라서 qc는 이미 9^{18}에서 결과가 다르다는 것을 알아냈다. 이 경우 power의 결과는 100으로 끝나지만 Math.pow의 결과는 140으로 끝난다. 그럼 둘 중 어떤 게 정확할까? 둘 다 정확하지 않다.[4]

9^{18}은 150094635296999121이다.

> **연습문제 8**
>
> 다음 프로그램을 복사하고 테스트 속성을 통과할 때까지 intensify 함수를 수정하라. arbConst 같은 qc 정의에 대한 설명은 252페이지의 qc 레퍼런스에서 찾을 수 있다. prelude의 c.noteVerbose는 테스트가 실패할 때 결과를 기록하고 테스트 과정 동안 값을 확인하는 데 도움이 된다.
>
> require './prelude'
>
> intensify = (n) ->
>   2

---

3   ECMAScript 표준은 자바스크립트의 편차를 허용하고, 따라서 커피스크립트의 편차도 허용한다. 무제한의 정확도를 갖춘 정수가 필요하다면 서드파티 라이브러리를 사용하거나 Pure처럼 수학적인 성향의 프로그래밍 언어를 사용해야 한다.

4   이 책을 집필하는 데 사용한 LYX 저작 환경은 이 결과의 소스인 맥시마(Maxima)와 연동된다. 맥시마는 심볼릭 및 무한 정밀도 연산을 수행하는 컴퓨터 대수 시스템이다.

```
qc.testPure intensify, [qc.arbInt],
  'intensify grows by 2 when positive',
  (c, arg, result) ->
    c.guard arg > 0
    arg + 2 == result

qc.testPure intensify, [qc.arbInt],
  'intensify grows by 2 when negative',
  (c, arg, result) ->
    c.guard arg < 0
    arg - 2 == result

qc.testPure intensify, [qc.arbConst(0)],
  'only non-zero intensify grows',
  (c, arg, result) ->
    result is 0

qc.test()
```

☑ 풀이

```
intensify = (n) ->
  if n > 0
    n + 2
  else if n < 0
    n - 2
  else
    n
```

함수를 작성하기 전에 테스트 선언을 작성하는 일은 함수를 지정하는 좋은 방법이다. 이들 예제의 테스트 선언은 테스트하는 함수보다도 훨씬 길다. '바이너리 힙' 장에는 좀 더 현실적인 클래스 및 테스트가 들어 있다. 선언적 테스트는 알고리즘 및 재사용 가능한 라이브러리 테스트에 적합하다. 자신의 기호와 수행하는 작업에 따라 선택할 수 있는 테스트 도구도 여럿 있다.[5] 여기서 요점은 코드 작성 과정에는 합리적인 수준의 테스트가 포함된다는 점이다.

---

5 대부분의 자바스크립트 툴은 커피스크립트와 호환되거나 쉽게 적용할 수 있다.

✳ ✳ ✳

다시 함수로 돌아오자. 함수에는 return 명령이 없어도 된다. return 명령이 없는 함수를 만나면 함수는 마지막 명령의 값을 반환한다. prelude의 show 함수는 표현식 내에서 사용할 수 있게 인자를 반환한다. 함수가 undefined를 반환하게 하려면 마지막 명령에 return을 사용하면 된다.

```
yell = (message) ->
  show message + '!!'
  return
yell 'Yow'
```

✳ ✳ ✳

함수의 인자명은 함수 안에서 변수로 사용할 수 있다. 이는 함수를 호출할 때 사용한 인자 값을 가리키며, 함수 내에서 생성한 일반 변수와 마찬가지로 함수 바깥에서는 존재하지 않는다. 최상위 레벨 환경 외에 함수에서 생성한 좀 더 작은 지역 환경도 있다. 함수 안에 있는 변수를 찾을 때는 외부 환경을 먼저 검사하고, 변수가 외부 환경에 존재하지 않을 때만 지역 환경에서 변수가 생성된다.

```
dino = 'I am alive'
reptile = 'I am A-OK'
meteor = (reptile) ->
  show reptile              # 인자
  dino = 'I am extinct'
  reptile = 'I survived'
  possum = 'I am new'
show dino                   # 외부
meteor 'What happened?'
show dino                   # 외부 변수가 변경됨
show reptile                # 외부 변수가 변경되지 않음
try show possum catch e
  show e.message            # undefined 에러
```

이로 인해 함수의 인자가 같은 이름을 갖고 있는 외부 변수를 '가리는' 일이 생길 수 있다. 이런 변수를 처리하는 가장 쉬운 방법은 파일 전체에서 각 변수에 고유한 이름을 사용하는 것이다. 모듈화 장에서는 변수를 별도로 익스포트하지 않는 한 파일 사이에서 최상위 레벨이 공유되지 않는다는 사실을 배울 것이다.

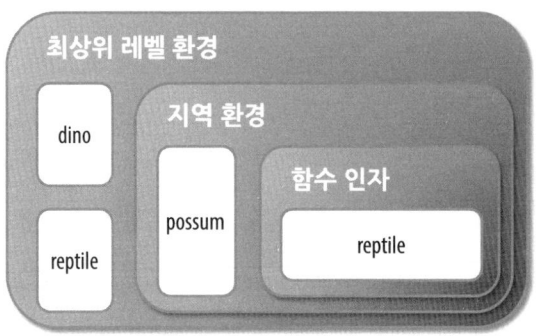

따라서 내부 함수에 있는 변수명이 외부 환경에도 존재한다면 변수는 외부 변수를 참조하며 이는 새로운 정의가 아니다. 따라서 variable = 'something' 같은 표현식은 새 변수의 정의가 될 수도 있고 기존에 정의한 변수에 값을 대입하는 게 될 수도 있다. 최상위 레벨 변수를 사용할 때는 이를 파일 상단에 소개하고 기본값을 지정하는 게 좋다.

```coffeescript
variable = 'first'                    # 정의

showVariable = ->
  show 'In showVariable, the variable holds: ' +
       variable                       # second

test = ->
  variable = 'second'                 # 대입
  show 'In test, the variable holds ' +
       variable + '.'                 # second
  showVariable()

show 'The variable is: ' + variable   # first
test()
show 'The variable is: ' + variable   # second
```

지역 환경에 정의한 변수는 함수 내 코드에서만 접근할 수 있다. 함수가 다른 함수를 호출하면 새로 호출된 함수는 첫 번째 함수 내에 있는 변수를 볼 수 없다.

```
andHere = ->
  try show aLocal                    # 정의되지 않음
  catch e then show e.message
isHere = ->
  aLocal = 'aLocal is defined'
  andHere()
isHere()
```

하지만 함수를 다른 함수 내에 정의하면 내부 함수의 지역 환경이 이 함수를 감싸고 있는 함수의 지역 환경을 기반으로 한다(이는 미묘하지만 매우 유용한 특징이다).

```
isHere = ->
  andHere = ->
    try show aLocal                  # 정의됨
    catch e then show e.message
  aLocal = 'aLocal is defined'
  andHere()
isHere()
```

❋ ❋ ❋

다음은 쉽게 예상하기 힘든 특수 사례다.

```
varWhich = 'top-level'
parentFunction = ->
  varWhich = 'local'
  childFunction = ->
    show varWhich
  childFunction
child = parentFunction()
child()
```

parentFunction은 자신의 내부 함수를 반환하고 하단에 있는 코드는 이 함수를 호출한다. parentFunction이 이 시점에 실행을 마치더라도 변수가 'local' 값을 갖고 있는 지역 환경이 여전히 존재하며 childFunction은 이를 여전히 사용 중이다. 이 현상을 클로저(closure)라고 한다.

✳ ✳ ✳

스코프를 사용하면 함수를 합성할 수 있다. 함수를 감싸는 외부 함수의 변수를 사용함으로써 내부 함수는 다른 작업을 수행할 수 있다. 인자에 2를 더하는 함수와 5를 더하는 함수 등 비슷하지만 각기 다른 함수가 몇 개 필요다고 가정하자.

```
makeAddFunction = (amount) ->
  add = (number) -> number + amount

addTwo = makeAddFunction 2
addFive = makeAddFunction 5
show addTwo(1) + addFive(1)
```

✳ ✳ ✳

각기 다른 함수가 같은 이름의 변수를 포함할 수 있다는 사실과 더불어 이런 스코프 규칙은 함수가 문제를 일으키지 않고 자기 자신을 호출할 수 있게 해준다. 자기 자신을 호출하는 함수를 재귀 함수라고 한다. 재귀를 이용하면 재미있는 내용을 정의할 수 있다.

재귀 함수를 정의할 때는 우선 중단 조건이 필요하다. 중단 조건이 없으면 재귀 함수는 끝없이 실행되기 때문이다. 다음 power 구현체의 코드를 살펴보자.

```
powerRec = (base, exponent) ->
  if exponent == 0
    1
  else
    base * powerRec base, exponent - 1
show 'power 3, 3 = ' + powerRec 3, 3
```

이 코드는 수학자들이 지수를 정의하는 방식에 가까우며 필자가 보기에 이전 버전보다 훨씬 멋지다. 이 함수는 반복되기는 하지만 while이나 for가 없으며 내부적인 부수 효과도 찾아볼 수 없다. 함수 자신을 호출함으로써 함수는 이와 같은 기능을 수행할 수 있다. 종료 조건은 exponent가 0이 될 때로, exponent - 1은 매번 함수를 호출할 때마다 exponent가 0에 점점 가까워지게 한다. 여기서는 exponent가 양수라고 가정한다는 점을 주의하자. 이 사항은 powerRec을 재사용 가능한 라이브러리로 사용할 때 분명히 문서화해야 한다.

❈ ❈ ❈

이런 우아한 코드가 성능에 영향을 미칠까? 이를 확실히 아는 방법은 한 가지뿐이다. 바로 성능을 측정하는 것이다. 아래에 표기한 시간은 필자의 장비에서 측정한 것으로 크게 신뢰해서는 안 된다. CPU, 운영체제, 브라우저의 컴파일러와 인터프리터는 모두 성능에 영향을 미친다. 따라서 가능한 한 대상 환경에 가까운 장비에서 측정하는 게 좋다.

```
timeIt = (func) ->
  start = new Date()
  for i in [0...1000000] then func()
  show "Timing: #{(new Date() - start)*0.001}s"

timeIt -> p = add 9,18              # 0.042초
timeIt -> p = Math.pow 9,18         # 0.049초
timeIt -> p = power 9,18            # 0.464초
timeIt -> p = powerRec 9,18         # 0.544초
```

속도와 우아함 사이의 딜레마는 재미있는 주제다. 이런 딜레마는 꼭 재귀함수를 쓸지 여부를 결정할 때만 찾아오지는 않는다. 많은 경우 우아하고 직관적이며 짧은 해결책을 좀 더 난해하지만 빠른 해결책으로 대체할 수 있다.

power 함수의 경우 덜 우아한 함수도 충분히 단순하며 읽기도 쉽다. 이 함수는 굳이 재귀함수로 바꿀 필요가 없다. 하지만 때로는 프로그램이 다루는 개념이 복잡해짐에 따라 효율성을 조금 포기하고 프로그램을 좀 더 간단하게 만드는 게 좋을 때가 있다.

기본 원칙(많은 프로그래머들이 따르고 있고 필자도 전적으로 동의하는)은 프로그램이 지나치게 느린 게 확연히 보이기 전까지는 효율성에 대해 고민하지 않는 것이다. 프로그램이

지나치게 느릴 때는 어떤 부분이 느린지 찾아내고 해당 영역에서 우아한 코드를 효율적인 코드로 바꾸기 시작하면 된다.

물론 이 원칙은 성능을 무시해도 된다는 말은 아니다. 많은 경우 power 함수에서 볼 수 있듯 '우아한' 접근 방식을 통해 코드가 크게 단순해지지 않는다. 하지만 다른 한편으로 노련한 프로그래머라면 단순한 접근 방식이 충분히 빠르지 않다는 사실도 알 수 있을 것이다.

이 내용을 이렇게 중요하게 다루는 이유는 놀라울 정도로 많은 프로그래머들이 효율성에 지나치게 초점을 맞추고 있기 때문이다. 그 결과 프로그램은 더 커지고, 더 복잡해지며 종종 정확성이 떨어질 뿐더러 간단한 프로그램과 비교해 작성하는 시간이 오래 걸리고 부분적으로만 속도가 개선된다.

간단하고 정확한 구현체를 갖추고 있지만 이 구현체가 지나치게 느리다면 이를 개선된 버전을 테스트하는 참조 구현체로 활용할 수 있다. 이때 우선적으로 고려해야 할 사항은 어떤 자료구조와 알고리즘으로 과제를 처리할지 판단하는 것이다. 10개 항목으로 구성된 목록과 100만 개의 항목으로 구성된 목록을 검색하는 방식 사이에는 큰 차이가 있다. 이런 고려 사항은 '검색' 장에서 자세히 다룬다.

✳ ✳ ✳

앞에서는 재귀에 대해 설명하고 있었다. 재귀와 밀접한 관련이 있는 개념으로 스택이 있다. 함수가 호출될 때는 제어권이 함수의 본체에 있다. 본체가 실행을 마치면 함수를 호출한 코드가 실행을 재개한다. 본체가 실행되는 동안 컴퓨터는 나중에 실행을 재개할 수 있게끔 이 함수를 호출한 함수를 기억해야 한다. 이런 컨텍스트를 저장하는 장소를 스택이라 한다.

이를 스택이라고 부르는 이유는 앞에서 본 것처럼 함수 본체에서 다른 함수를 호출할 수 있다는 사실과 관련이 있다. 매번 함수가 호출되면 또 다른 컨텍스트가 저장된다. 이는 컨텍스트의 스택으로 시각화할 수도 있다. 매번 함수가 호출되면 현재 컨텍스트는 스택 상단으로 올라온다. 함수가 실행을 마치면 상단의 컨텍스트를 스택에서 꺼내 실행을 재개한다.

스택은 컴퓨터의 메모리상에 저장될 공간을 필요로 한다. 스택이 지나치게 커지면 컴퓨터는 'out of stack space' 또는 'too much recursion' 같은 메시지를 뱉어내며 실행을 중단한다. 재귀 함수를 작성할 때는 이런 사실을 염두에 둬야 한다.

```
chicken = ->
  show 'Lay an egg'
  egg()
egg     = ->
  show 'Chick hatched'
  chicken()
try show chicken() + ' came first.'
catch error then show error.message
```

이 예제는 잘못된 프로그램을 보여주는 재미있는 예제임과 동시에 재귀 함수가 항상 자신을 직접 호출할 필요는 없음을 잘 보여준다. 함수가 다른 함수를 호출하고, 이 함수가 직접 또는 간접적으로 첫 번째 함수를 호출하면 이 또한 재귀 함수다. try와 catch 영역은 '에러 처리' 장에서 다룬다.

❋ ❋ ❋

재귀가 항상 순환문보다 효율성이 떨어지는 대체 방식은 아니다. 어떤 문제는 순환문보다 재귀를 사용하는 게 더 풀기 쉽다. 대부분의 경우 이런 문제는 각 가지(branch)가 여러 가지로 이어지는 트리를 탐색하거나 처리하는 문제다.

다음과 같은 퍼즐을 생각해 보자. 숫자 1부터 시작해 반복적으로 5를 더하거나 3을 곱하면 무한한 개수의 새로운 숫자가 나온다. 그럼 특정 숫자가 주어졌을 때 이 숫자를 도출하는 덧셈 및 곱셈의 순서를 찾는 함수는 어떻게 작성할 수 있을까? 예를 들어 숫자 13은 숫자 1에 처음 3을 곱하고 이어서 5를 두 번 더해 도출할 수 있다. 숫자 15는 도달할 수 없는 숫자다.

```
findSequence = (goal) ->
  find = (start, history) ->
    if start == goal
      history
    else if start > goal
      null
    else
      find(start + 5, '(' + history + ' + 5)') ? \
      find(start * 3, '(' + history + ' * 3)')
  find 1, '1'
show findSequence 24
```

이 해법에서는 연산의 가장 짧은 순서를 찾지는 않는다는 점에 주의하자. 여기서는 연산의 순서를 찾는 데 만족한다.

내부 find 함수는 자신을 두 가지 다른 방식으로 호출함으로써 현재 숫자에 5를 더하는 가능성과 3을 곱하는 가능성을 모두 살펴본다. 주어진 숫자를 찾으면 이 함수는 해당 숫자에 도달하기까지 수행한 모든 연산 기록을 저장한 history 문자열을 반환한다. 또 현재 숫자가 goal보다 큰지 비교해 현재 숫자가 goal보다 크면 해당 숫자에 도달할 수 없으므로 탐색을 중단한다.

이 예제에서 ? 연산자는 start에 5를 더해 찾은 해결책을 반환하고 이 방법이 실패하면 start에 3을 곱해서 찾은 해결책을 반환하라는 뜻이다.

❉ ❉ ❉

보통 함수를 정의할 때는 나중에 참조하는 데 사용할 수 있게 이름을 지정한다. 하지만 이는 필수 사항은 아니며 때로는 함수에 이름을 지정하지 않아도 된다. 이 경우 익명 함수를 대신 사용하게 된다.

앞에서 본 makeAddFunction 예제에서 이를 확인할 수 있다.

```
makeAddFunction = (amount) ->
  (number) -> number + amount

show makeAddFunction(11) 3
```

makeAddFunction의 첫 번째 버전에서 add라는 함수는 한 번만 참조하므로 이름이 아무 기능도 하지 않으며, 그냥 함수 값을 직접 반환하는 게 낫다.

💣 연습문제 9

한 개의 숫자를 인자로 받고 테스트를 나타내는 함수를 반환하는 greaterThan 함수를 작성하라. 이 함수에서 반환된 함수는 단일 숫자를 인자로 갖고 호출될 경우 불리언 값을 반환한다. true는 인자로 전달된 숫자가 테스트 함수를 작성할 때 사용한 숫자보다 큼을 나타내고, false는 그 반대를 나타낸다.

☑ 풀이

```
greaterThan = (x) ->
  (y) -> y > x

greaterThanTen = greaterThan 10
show greaterThanTen 9
```

다음 코드를 입력해 보자.

```
yell 'Hello', 'Good Evening', 'How do you do?'
```

이 장에서 앞서 정의한 yell 함수는 한 개의 인자만 받는다. 하지만 이런 식으로 호출하면 컴퓨터는 전혀 불평하지 않고 나머지 인자를 그냥 무시한다.

```
yell()
```

물론 인자를 아예 전달하지 않을 수도 있다. 인자를 전달하지 않으면 함수 내에서 인자 값은 **undefined**가 된다.

다음 장에서는 함수 본체에서 함수로 전달된 인자의 정확한 목록에 접근하는 법을 살펴본다. 이 기법은 함수가 다양한 인자를 받을 수 있게 해주므로 유용하다.

console.log도 이 기법을 활용한다.

```
console.log 'R', 2, 'D', 2
```

물론 이 방식은 고정된 인자 개수가 필요한 함수로 잘못된 개수의 인자를 실수로 전달하고도 이를 까맣게 모를 수 있다는 단점이 있다.

6
자료구조: 객체와 배열

이 장은 몇 가지 간단한 문제를 푸는 데 모두 할애한다. 이 과정에서 배열과 객체라는 두 가지 새로운 타입의 값을 설명하고 이와 관련한 기법을 몇 가지 살펴본다.

다음 상황을 생각해 보자. 고양이를 50마리 넘게 키우는(고양이의 정확한 마리 수는 제대로 셀 수 없었다) 에밀리 이모는 정기적으로 여러분에게 이메일을 보내 고양이에 관한 소식을 알려준다. 이모가 보내는 이메일은 다음과 같다.

조카에게,

네 엄마 말이 네가 요즘 스카이다이빙을 한다는데, 정말이니? 네 몸은 네가 알아서 챙기거라. 이모부가 어떻게 되셨는지 알지? 이모부는 고작 2층에서 그렇게 되셨단다!

그건 그렇고 이곳 생활은 점점 더 재미있어진단다. 이번 주에는 한 주 내내 드레이크 씨의 관심을 얻으려고 애를 썼지. 드레이크 씨는 이웃집에 이사온 멋진 신사분인데, 내 생각엔 고양이를 무서워하는 것 같구나. 아니면 고양이 알레르기가 있거나. 다음 번에는 이고르를 어깨에 올려보려고 생각 중이란다. 어떤 반응을 보일지 궁금하구나.

그리고 저번에 내가 얘기했던 신용 사기 사건은 생각보다 잘 해결되고 있단다. 이미 다섯 번의 납입금을 돌려받았고 한 건만 돌려받지 못했단다. 하지만 요즘은 뒤늦게 좀 언짢은 기분이 들기 시작했단다. 네 말대로 아마 불법적인 일이었던 것 같다.

(… 기타 등등 …)

사랑하는

에밀리 이모가

죽음 27/04/2006: 블랙 르클레르

태어남 05/04/2006 (어미 레이디 페넬로프): 레드 라이언,

닥터 호블즈 3세, 리틀 이로쿼이

여러분은 나이 든 이모에게 말동무가 돼줄 겸 이모가 기르는 고양이의 족보를 챙기려고 한다. 그래서 편지 끝에 '추신: 닥터 호블즈가 이번 주 토요일에 있을 두 번째 생일을 재미있게 보내면 좋겠어요!'라든가 '레이디 페넬로프는 어떻게 지내나요? 지금 5살이죠?' 같은 문구를 적으려고 한다. 물론 실수로 죽은 고양이에 대한 안부를 묻는 일은 없어야 한다. 여러분은 이모에게서 받은 수많은 이메일을 갖고 있으며, 다행히 이모는 새로 태어난 고양이와 죽은 고양이에 대한 정보를 항상 일관된 형태로 편지 말미에 적어둔다.

지금껏 받은 이메일을 모두 직접 볼 엄두가 안 난다. 마침 우리는 예제로 다룰 문제가 필요했으므로 이 작업을 대신 해줄 프로그램을 만들기로 한다. 먼저 지난 번 이메일 이후 아직까지 살아 있는 고양이 목록을 알려주는 프로그램부터 작성하자.

이메일을 처음 보낼 당시 에밀리 이모에게는 스폿이란 고양이 한 마리만 있었다(당시에는 이모도 조금 평범했다).

보통 프로그램을 실제로 작성하기 전에 프로그램이 무슨 일을 할지 정하는 게 도움이 된다. 프로그램에서는 다음과 같은 일을 할 것이다.

1. '스폿'이란 이름만 들어 있는 고양이 이름 세트부터 시작한다.
2. 보관함에 들어 있는 모든 이메일을 시간순으로 검토한다.

3. '태어남' 또는 '죽음'으로 시작하는 단락을 찾는다.

4. '태어남'으로 시작하는 단락에서 이름을 가져와 고양이 이름 세트에 추가한다.

5. '죽음'으로 시작하는 단락에서 이름을 가져와 고양이 이름 세트에서 제거한다.

단락에서 이름을 가져오는 방법은 다음과 같다.

1. 단락에서 콜론을 찾는다.

2. 콜론 이후 영역을 가져온다.

3. 이 영역에서 콤마를 찾아 이름별로 분류한다.

여기서는 에밀리 이모가 항상 같은 형식을 사용하고 고양이 이름을 까먹거나 철자를 잘못 적는 일은 없다는 전제가 필요하다.

❈ ❈ ❈

먼저 속성부터 살펴보자. 커피스크립트에서 많은 값은 자신과 관련된 다른 값을 갖고 있다. 이런 관계를 속성이라고 한다. 모든 문자열은 문자열에 들어 있는 글자의 수를 가리키는 length 속성이 있다.

속성에는 두 가지 방법으로 접근할 수 있다.

```
text = 'purple haze'
show text['length']
show text.length
```

이 중 두 번째 방법은 첫 번째 방법의 축약형으로, 속성명이 유효한 변수명일 때만 제대로 동작한다. 즉 속성명에 공백이나 기호가 없어야 하며 속성명이 숫자로 시작하면 안 된다. 숫자, 불리언, null 값, undefined 값은 아무 속성도 없다. 이런 값에서 속성을 읽으려고 하면 에러가 발생한다. 이런 경우 일어나는 에러 메시지(일부 브라우저에서는 에러 메시지가 암호에 가깝다)가 궁금하다면 다음 코드를 테스트해 보자.

```
nothing = null
show nothing.length
```

문자열 값의 속성은 바꿀 수 없다. 곧 보겠지만 length 외에 많은 속성이 있지만 이런 속성은 하나도 추가하거나 제거할 수 없다.

이는 객체 타입의 값과는 다르다. 객체의 주된 역할은 다른 값을 보관하는 것이다. 이들 객체는 속성 형태로 자신만의 촉수를 갖고 있다고 할 수 있다. 이런 값은 자유롭게 수정하거나 삭제하고 새 값도 추가할 수 있다.

객체는 다음과 같이 작성할 수 있다.

```
cat =
  colour: 'grey'
  name: '스폿'
  size: 46
# 또는 cat = {colour: 'grey', name: '스폿', size: 46}

cat.size = 47
show cat.size
delete cat.size
show cat.size
show cat
```

변수와 마찬가지로 객체에 첨부된 각 속성에는 문자열 라벨이 적용된다. 첫 번째 명령은 'colour' 속성이 'grey' 문자열 값을 갖고, 'name' 속성이 '스폿' 문자열 값을 가지며, 'size' 속성 값이 46인 객체를 생성한다. 두 번째 명령은 size 속성명에 새 값을 지정하는데, 이 과정은 변수를 수정할 때와 방식이 동일하다.

delete 키워드는 속성을 제거한다. 존재하지 않는 속성을 읽으려고 하면 undefined 값이 반환된다.

아직 존재하지 않는 속성을 = 연산자를 사용해 설정하면 속성이 객체에 추가된다.

```
empty = {}
empty.notReally = 1000
show empty.notReally
```

속성명이 유효한 변수명이 아닌 속성은 객체를 생성할 때 속성명을 인용부호로 감싸야 하며 다음과 같이 중괄호를 통해 접근한다.

```
thing = {'gabba gabba': 'hey', '5': 10}
show thing['5']
thing['5'] = 20
show thing[2 + 3]
delete thing['gabba gabba']
show thing
```

이 코드에서 보듯 중괄호 사이에는 아무 표현식이나 사용할 수 있다. 이 표현식은 표현식이 참조하는 속성명을 판단하기 위해 문자열로 변환된다. 또 변수를 사용해 속성명을 지정할 수도 있다.

```
propertyName = 'length'
text = 'mainline'
show text[propertyName]
```

of 연산자는 객체가 특정 속성을 갖고 있는지 판단할 때 사용한다. 이 연산자는 불리언 값을 반환한다.

```
chineseBox = {}
chineseBox.content = chineseBox
show 'content' of chineseBox
show 'content' of chineseBox.content
show chineseBox
```

✻ ✻ ✻

객체 값이 콘솔에 보일 때는 속성 중 처음 몇 개의 계층만 표시된다. 더 많은 계층을 살펴보려면 show 메서드로 depth 추가 인자를 지정하면 된다.

```
abyss = {let:1, us:go:deep:down:7}
show abyss
show abyss, 5
```

💣 연습문제 10

고양이 문제의 풀이에서는 이름 세트에 대해 얘기한다. 세트는 값이 두 번 이상 반복되지 않는 값의 모음이다. 이름이 문자열일 경우 객체를 사용해 이름 세트를 나타낼 수 있는 방법을 찾아라.

이 세트에 이름을 추가하는 방법, 이름을 제거하는 방법, 이름의 포함 여부를 확인할 수 있는 방법을 보여주라.

☑ 풀이

세트의 내용을 객체의 속성으로 저장하면 이 문제를 해결할 수 있다. 이름 추가는 해당 이름을 속성으로 설정해 값을 지정하면 된다. 이름 제거는 이 속성을 제거함으로써 처리할 수 있다. 특정 이름이 세트에 들어 있는지 여부는 of 연산자를 사용해 판단할 수 있다. 이 접근 방식에는 몇 가지 미묘한 문제가 있는데, 이 문제는 '객체지향' 장에서 설명하고 해결한다. 이 장에서는 이 접근법만으로도 충분하다.

```
set = {'스폿': true}
# '화이트 팡'을 세트에 추가
set['화이트 팡'] = true
# '스폿' 제거
delete set['스폿']
# '아소카'가 세트에 있는지 확인
show '아소카' of set
```

당연히 객체 값은 바뀔 수 있다. '기본 커피스크립트'에서 설명한 값 타입은 모두 수정 불가능하며, 이런 타입에 속하는 기존 값은 변경할 수 없다. 이들 값은 서로 병합하고 이를 통해 새로운 값을 도출할 수는 있지만 특정 문자열 값을 가져오면 안에 있는 텍스트는 바뀔 수 없다. 그에 반해 객체의 경우 값의 내용을 속성을 변경해 수정할 수 있다.

120과 120이라는 두 개의 숫자가 있다면 두 숫자는 모두 정확히 같은 숫자로 판단할 수 있다. 객체에서는 같은 객체에 대한 두 개의 참조를 갖고 있는 경우와 같은 속성을 포함하는 두 개의 객체를 갖고 있는 것은 서로 다르다. 다음 코드를 살펴보자.

```
object1 = {value: 10}
object2 = object1
object3 = {value: 10}

show object1 == object2
show object1 == object3

object1.value = 15
show object2.value
show object3.value
```

object1과 object2는 같은 값을 쥐고 있는 두 개의 변수다. 실제 객체는 한 개뿐이며, object1 객체를 수정하면 object2 객체도 수정되는 이유도 이 때문이다. object3 변수는 또 다른 객체를 가리킨다. 이 객체는 처음에는 object1과 같은 속성을 포함하다가 나중에는 다른 삶을 살게 된다. 커피스크립트의 == 연산자는 객체를 비교할 때 두 값이 정확히 같은 값일 때만 true를 반환한다. 내용은 같지만 각기 다른 객체를 비교하면 false가 반환된다. 이 기능은 어떤 상황에서는 유용하지만 때로는 실용적이지 않을 때도 있다.[1]

❋ ❋ ❋

객체 값은 다양한 역할을 할 수 있다. 세트 기능을 하는 것도 이런 여러 역할 중 하나다. 이 장에서는 잠시 후 몇 가지 다른 역할도 살펴보고, '객체지향' 장에서는 객체를 활용하는 또 다른 중요한 방법을 보여준다.

고양이 문제 해법에 대한 계획(사실 계획이라기보다는 알고리즘이라고 부르는 게 더 정확하다. 알고리즘이라고 하면 우리가 말하는 내용을 우리가 알고 있다는 느낌이 강하다)을 세

---

[1] 언더스코어 라이브러리에서는 내용의 모든 계층을 기반으로 두 객체를 비교하는 isEqual 함수를 찾을 수 있다.

우면서 보관함에 있는 이메일을 모두 검토한다는 내용에 대해 얘기한 바 있다. 이 보관함은 어떤 형태일까? 그리고 어디에서부터 올까?

지금은 두 번째 질문에 대해서는 걱정하지 않아도 된다. '모듈화' 장에서는 프로그램에서 데이터를 불러오는 방법에 대해 설명하지만 지금은 이메일이 그냥 마법처럼 바로 존재한다고 가정한다. 컴퓨터에서는 어떤 마법은 정말 쉽게 일어난다.

❋ ❋ ❋

보관함에 저장되는 방식은 여전히 매우 흥미로운 질문이다. 이 안에는 수많은 이메일이 들어 있다. 이메일은 당연히 문자열로 표현할 수 있다. 전체 보관함을 하나의 거대한 문자열에 집어넣을 수도 있지만, 이는 실용적이지 못하다. 우리에게 필요한 건 별도의 문자열 컬렉션이다.

사물의 컬렉션을 모을 때는 객체를 사용한다. 혹자는 다음과 같은 객체를 만들 수 있을 것이다.

```
mailArchive = {
  'the first e-mail': 'Dear nephew, ...'
  'the second e-mail': '...'
  # 기타 등등...
}
```

하지만 이런 객체를 사용하면 처음부터 끝까지 이메일을 검토하기 어렵다(프로그램에서 이들 속성명을 추측해야 한다는 문제가 있다). 이 문제는 좀 더 예측 가능한 속성명을 사용해 해결할 수 있다.

```
mailArchive = {
  0: 'Dear nephew, ... (mail number 1)'
  1: '(mail number 2)'
  2: '(mail number 3)'
}

for current of mailArchive
  show 'Processing e-mail #' + current +
      ': ' + mailArchive[current]
```

다행히 이런 용도로 사용할 수 있는 특수한 종류의 객체가 있다. 이를 배열이라고 한다. 배열은 배열 내 값의 양을 나타내는 length 속성을 비롯해 이런 컬렉션에 도움이 되는 편의 기능을 제공한다.

새 배열은 대괄호([와])를 사용해 생성할 수 있다. 속성과 마찬가지로 배열 요소를 각기 다른 줄에서 지정할 때는 선택적으로 사용할 수 있다. 범위와 for 구문을 사용하더라도 배열을 생성할 수 있다.

```
mailArchive = ['mail one', 'mail two', 'mail three']

for current in [0...mailArchive.length]
  show 'Processing e-mail #' + current +
    ': ' + mailArchive[current]
```

이 예제에서는 요소의 개수를 더는 명시적으로 지정하지 않는다. 첫 번째 요소는 자동으로 숫자 0이 되고 두 번째 요소는 숫자 1이 되는 식이다.

그럼 왜 0부터 시작할까? 사람들은 보통 1부터 세는 경향이 있다. 보기에 따라서는 비직관적으로 보일 수도 있지만 컬렉션의 요소를 0부터 세는 방식은 현실적으로 도움이 된다. 지금은 그냥 이렇게만 알아두자. 자세한 이유는 나중에 보게 될 것이다.

요소를 0부터 시작한다는 말은 X개의 요소가 있는 컬렉션에서 마지막 요소가 X - 1이 된다는 뜻이다. 이 예제의 for 순환문에서 마지막 범위를 포함시키지 않는 0...mailArchive.length를 사용한 것도 이 때문이다. mailArchive.length 위치에는 아무 요소도 없는 만큼 current가 해당 값에 도달하면 바로 순환문을 중단해야 한다.

💣 연습문제 11

양수 한 개를 인자로 받아 0부터 해당 숫자까지 모두 포함하는 배열을 반환하는 range 함수를 작성하라.

빈 배열은 []을 입력해 생성할 수 있다. 또 객체에 속성을 추가하듯이 배열에서 값을 대입할 때도 = 연산자를 사용할 수 있음을 기억하자. length 속성은 요소가 추가되면 자동으로 수정된다.

> ☑ **풀이**

```
range = (upto) ->
  result = []
  i = 0
  while i <= upto
    result[i] = i
    i++
  result
show range 4
```

지금까지 한 것처럼 순환문의 변수명을 counter나 current로 지정하는 대신 이번에는 그냥 i로 썼다. 순환문의 변수에 i, j, k처럼 한 글자를 사용하는 일은 프로그래머들이 널리 사용하는 습관이다. 이런 습관은 대부분 게으름에서 비롯됐다. 우리는 일곱 글자를 입력하는 것보단 한 글자를 입력하는 게 편하고, counter나 current 같은 이름이 사실 변수의 의미를 그다지 명확히 나타내지도 못한다.

프로그래머가 의미 없는 한 글자 변수를 지나치게 많이 사용하면 매우 헷갈릴 수 있다. 필자는 이와 같은 한 글자 변수를 자주 접하는 몇 가지 경우에만 제한적으로 사용한다. 간단한 순환문도 이런 경우 중 하나다. 순환문 안에 다른 순환문이 들어 있고, 이 순환문에서도 i라는 변수를 사용하면 내부 순환문이 외부 순환문이 사용하는 변수를 수정하게 되므로 모든 로직이 망가진다. 내부 순환문에는 j를 사용할 수도 있지만 순환문의 본체가 길다면 좀 더 명확한 의미를 갖춘 변수명을 생각하는 게 좋다.

커피스크립트에서는 결과를 수집하는 for 표현식을 사용하거나 내장 범위를 사용해 풀이를 훨씬 더 간단히 작성할 수 있다.

```
range = (upto) -> i for i in [0..upto]
show range 4
range = (upto) -> [0..upto]
show range 4
```

커피스크립트에서는 대부분의 명령을 표현식으로 사용할 수 있다. 이 말은 예컨대 for 구문의 결과 값을 모두 모아 변수에 저장하고 나중에 사용할 수 있다는 뜻이다.

```
numbers = (number for number in [0..12] by 2)
show numbers
```

문자열과 배열 객체는 모두 length 속성뿐 아니라 함수 값을 참조하는 다양한 속성을 갖고 있다.

```
doh = 'Doh'
show typeof doh.toUpperCase
show doh.toUpperCase()
```

모든 문자열은 toUpperCase 속성을 갖고 있다. 이 속성을 호출하면 모든 글자를 대문자로 변환한 문자열의 복사본이 반환된다. 또 toLowerCase 속성도 있다. 이 속성이 하는 일은 스스로 짐작해보자.

toUpperCase를 호출하면서 아무 인자로 전달하지 않아도 함수는 'Doh'라는 문자열에 접근할 수 있다는 점에 주의하자. 어떻게 이런 일이 일어나는지는 '객체지향' 장에서 설명한다.

함수를 포함하는 속성을 보통 메서드라고 한다. 예를 들어 'toUpperCase는 String 객체의 메서드다'.

```
mack = []
mack.push 'Mack'
mack.push 'the'
mack.push 'Knife'
show mack.join ' '
show mack.pop()
show mack
```

배열과 관련된 push 메서드는 배열에 값을 추가하는 데 사용할 수 있다. 앞의 예제에서 result[i] = i 대신 이 메서드를 사용할 수도 있었다. push에 반대되는 pop 메서드도 있다. 이 메서드는 배열의 마지막 값을 꺼내 반환한다. join은 긴 문자열 배열을 한 개의 단일 문자열로 만들어준다. 이 메서드의 파라미터는 배열 내 요소 값 사이에 첨부된다.

❋ ❋ ❋

다시 고양이 문제로 돌아오자. 이제 우리는 이메일 보관함을 저장하기에 배열이 적합한 수단임을 알게 됐다. 이 책에서는 require 다음에 retrieveMails를 사용해 이 배열을 가져온다(마술처럼). 이 마술은 '모듈화' 장에서 살펴본다. 이제 메일을 하나씩 검토하며 처리하는 것도 더 이상 어렵지 않다.

```
mailArchive = (require "./04-emails").retrieveMails()

for email, i in mailArchive
  show "Processing e-mail ##{i} #{email[0..15]}..."
  # 더 많은 작업 수행...
```

for ... in 명령에서는 배열의 값과 인덱스를 가져올 수 있다. email[0..15]은 각 이메일의 첫 번째 조각을 가져온다. 앞에서 살아 있는 고양이 세트를 나타내는 방법도 이미 결정한 바 있다. 그럼 이제 다음 문제는 '태어남'이나 '죽음'으로 시작하는 이메일의 단락을 찾는 것이다.

❈ ❈ ❈

첫 번째로 단락이 정확히 무엇인지부터 결정해야 한다. 이 경우 문자열 값 자체는 큰 도움이 안 된다. 커피스크립트의 텍스트 개념은 '문자 시퀀스' 개념 이상으로 더 깊이 들어가지 않으므로 먼저 이를 기준으로 단락을 정의해야 한다.

앞에서는 이메일에 새 줄 문자가 들어 있음을 확인했다. 대부분의 사람들은 새 줄 문자를 사용해 단락을 나눈다. 그렇다면 단락은 새 줄 문자로 시작하는 이메일의 영역, 또는 내용의 시작 부분부터 다음 새 줄 문자로 끝나는 곳까지의 영역, 또는 내용의 마지막 부분이다.

문자열을 단락으로 구분하는 알고리즘은 별도로 작성하지 않아도 된다. 문자열에는 이미 split이란 메서드가 있는데, 이 메서드는 배열의 join 메서드와 (거의) 반대 역할을 한다. 이 메서드는 전달된 인자를 사용해 어디에서 문자열을 잘라야 할지 판단해 문자열을 배열로 분리해준다.

```
words = 'Cities of the Interior'
show words.split ' '
```

따라서 새 줄('\n')에서 문자열을 자르면 이메일을 단락으로 나눌 수 있다.

연습문제 12

split과 join은 정확히 반대 메서드는 아니다. string.split(x).join(x)은 항상 원본 값을 반환하지만 array.join(x).split(x)은 그렇지 않다. array.join('').split('')을 사용할 경우 값이 달라지는 배열의 예를 찾아보자.

☑ 풀이

```
array = ['a', 'b', 'c d']
show array.join(' ').split(' ')
```

'태어남'이나 '죽음'으로 시작하지 않는 단락은 프로그램에서 무시한다. 그런데 문자열이 특정 단어로 시작하는지 어떻게 알 수 있을까? charAt 메서드를 사용하면 문자열의 특정 문자를 가져올 수 있다. x.charAt(0)은 첫 번째 문자를 가져오고, x.charAt(1)은 두 번째 문자를 가져오는 식이다. 문자열이 '태어남'으로 시작하는지 확인하는 방법 중 하나는 다음과 같다.

```
paragraph = '태어남 15-11-2003 (어미 스폿): 화이트 팡'
show paragraph.charAt(0) == '태' &&
    paragraph.charAt(1) == '어' &&
    paragraph.charAt(2) == '남' &&
```

하지만 이 방식은 조금 조잡하다. 예컨대 10개의 글자를 이런 식으로 검사한다고 상상해보자. 여기서 한 가지 배워둘 점이 있다. 코드가 지나치게 길면 여러 줄에 걸쳐 있을 수 있다. 새 줄의 시작을 비슷한 기능을 하는 줄의 첫 번째 요소로 맞추면 코드를 좀 더 쉽게 읽을 수 있다. 또 다음 줄에서 줄이 이어짐을 알리기 위해 \로 줄을 끝낼 수도 있다.

문자열에는 slice 메서드도 들어 있다. 이 메서드는 첫 번째 인자로 지정한 위치의 문자부터 두 번째 인자로 지정한 위치 바로 전까지 문자열의 일부를 복사한다. 이는 범위를 인덱스로 사용하는 것과 같다. 이 메서드를 사용하면 검사를 좀 더 간단히 할 수 있다.

```
show paragraph.slice(0, 3) == '태어남'
show paragraph[0...3] == '태어남'
```

연습문제 13

문자열에 해당하는 두 개의 인자를 받는 startsWith 함수를 작성하라. 이 함수는 첫 번째 인자가 두 번째 인자로 시작하면 true, 아니면 false를 반환한다.

☑ 풀이

```
startsWith = (string, pattern) ->
  string.slice(0, pattern.length) == pattern
# 또는
startsWith = (string, pattern) ->
  string[0...pattern.length] == pattern
show startsWith 'rotation', 'rot'
```

charAt, slice 또는 범위를 사용해 존재하지 않는 문자열을 가져오려고 시도하면 어떻게 될까? 그리고 startsWith는 패턴이 비교 대상 문자열보다 길 때도 여전히 동작할까?

```
show 'Pip'.charAt 250
show 'Nop'.slice 1, 10
show 'Pin'[1...10]
```

charAt은 해당 위치에 아무 문자도 없으면 ''을 반환하고, slice나 범위는 존재하지 않는 새 문자열 영역은 그냥 생략한다.

따라서 startsWith는 제대로 동작한다. startsWith 'Idiots', 'Most honoured colleagues'를 호출하면 string에 충분한 글자가 없으므로 slice 호출이 항상 패턴보다 짧은 문자열을 반환한다. 이로 인해 == 비교는 false를 반환하고 이는 올바른 결과다.

프로그램에 대한 비정상적(하지만 유효한) 입력은 항상 고려하는 게 좋다. 이를 보통 코너 케이스라고 부르는데, '정상적인' 입력에 대해서는 완벽히 동작하는 프로그램도 코너 케이스에서는 엉망이 되는 경우가 허다하다.[2]

---

[2] 이 장의 소스코드에는 startsWith에 대한 테스트 케이스가 몇 개 들어 있다.

❋ ❋ ❋

아직 해결하지 못한 고양이 문제의 남은 부분은 단락에서 문자열을 추출하는 방법이다. 이 알고리즘은 다음과 같다.

1. 단락에서 콜론을 찾는다.
2. 콜론 이후 영역을 가져온다.
3. 이 영역에서 콤마를 찾아 이름별로 분류한다.

이 작업은 '죽음'으로 시작하는 단락과 '태어남'으로 시작하는 단락에 모두 적용해야 한다. 이를 함수에 집어넣어 각기 다른 단락을 처리하는 두 코드에서 이 함수를 사용한다면 더 좋을 것이다.

연습문제 14

단락을 인자로 받아 이름을 배열로 반환하는 catNames 함수를 작성하라.

문자열은 문자의 (첫 번째) 위치를 찾거나 문자열 내 하위 문자열을 찾는 indexOf 메서드를 갖고 있다. 또 slice 메서드에 단일 인자를 사용하면 이 메서드는 인자 위치부터 문자열 마지막까지의 영역을 반환한다. 범위를 사용할 때는 'shorthand'[...5] => 'short' 및 'shorthand'[5...] => 'hand'와 같이 시작 또는 끝을 생략할 수 있다.

커피스크립트를 인터랙티브하게 활용해 함수를 살펴보는 것도 도움될 수 있다. 'foo: bar'.indexOf(':')를 테스트해 보고 결과를 확인하자.

☑ 풀이

```
catNames = (paragraph) ->
  colon = paragraph.indexOf ':'
  paragraph[colon+2...].split ', '

show catNames '태어남 20/09/2004 (어미 옐로 베스): ' +
              '닥터 호블 2세, 누그'
```

앞의 알고리즘 설명에서는 무시했지만 이 풀이에서 까다로운 부분은 콜론과 콤마 사이의 공백을 처리하는 방법이다. 여기서는 문자열을 잘라낼 때 +2를 사용해 콜론 자체와 콜론 이후 나오는 공백을 제거했다. split의 인자에는 콤마와 공백이 모두 들어 있는데, 이는 이름이 단순 콤마가 아니라 콤마와 공백으로 구분돼 있기 때문이다.

이 함수는 입력값에 대해 아무런 검사도 수행하지 않는다. 여기서는 입력이 항상 정확하다고 가정한다.

이제 남은 작업은 모든 조각을 한데 맞추는 것뿐이다. 이 작업은 다음과 같이 할 수 있다.

```coffeescript
mailArchive = (require './04-emails').retrieveMails()
livingCats = '스폿': true

for email, i in mailArchive
  paragraphs = email.split '\n'
  for paragraph in paragraphs
    if startsWith paragraph, '태어남'
      names = catNames paragraph
      for name in names
        livingCats[name] = true
    else if startsWith paragraph, '죽음'
      names = catNames paragraph
      for name in names
        delete livingCats[name]

show livingCats
```

이 코드는 꽤 길다. 잠시 후에 이 코드를 좀 더 가볍게 해 볼 참이다. 하지만 그 전에 먼저 결과부터 살펴보자. 이제 어떤 고양이가 살아 있는지 검사할 수 있다.

```coffeescript
if '스폿' in livingCats
  show '스폿 살아 있음!'
else
  show '스폿, 이제 편히 쉬길!'
```

그런데 살아 있는 고양이 목록을 어떻게 나열할 수 있을까? of 키워드를 for와 함께 사용하면 in 키워드와 유사한 기능을 한다.

```
for cat of livingCats
  show cat
```

이런 식으로 순환문을 사용하면 객체 내 모든 속성명을 검토해 세트에 들어 있는 모든 고양이 이름을 나열할 수 있다.

❊ ❊ ❊

어떤 코드는 앞을 볼 수 없는 정글처럼 보인다. 고양이 문제에 대한 연습문제 풀이도 여기에 해당한다. 이런 코드를 좀 더 읽기 쉽게 하는 방법 중 하나는 일부러 빈 줄을 추가하는 것이다. 이렇게 하면 코드를 보는 게 한결 쉽지만 문제가 크게 해결되지는 않는다.

여기서 필요한 해결책은 코드를 분리하는 것이다. 앞서 이미 작은 문제를 해결하는 startsWith와 catNames 헬퍼 함수를 작성한 바 있다. 이제 작업을 계속 해보자.

```
addToSet = (set, values) ->
  for i in [0..values.length]
    set[values[i]] = true

removeFromSet = (set, values) ->
  for i in [0..values.length]
    delete set[values[i]]
```

이들 두 함수는 세트에서 이름을 추가하고 제거하는 일을 책임진다. 이로써 앞의 알고리즘에서 두 개의 내부 순환문을 제거할 수 있게 됐다.

```
livingCats = '스폿': true

for email in mailArchive
  paragraphs = email.split '\n'
```

```
    for paragraph in paragraphs
      if startsWith paragraph, '태어남'
        addToSet livingCats, catNames paragraph
      else if startsWith paragraph, '죽음'
        removeFromSet livingCats, catNames paragraph

    show livingCats
```

이로써 코드가 크게 개선됐다.

그런데 addToSet와 removeFromSet은 왜 세트를 인자로 받을까? 이들 함수는 원한다면 livingCats 변수를 직접 사용할 수도 있는데 말이다. 이렇게 인자를 받게 한 이유는 이들 함수가 현재 문제와 완전히 결합되지 않기 때문이다. addToSet이 livingCats를 직접 수정하면 이 함수는 addCatsToCatSet 또는 유사한 이름으로 불러야 할 것이다. 하지만 지금과 같이 사용하면 좀 더 범용적으로 사용할 수 있다.

이들 함수를 다른 곳에서 사용하는 일이 없더라도(실제 다른 곳에서 사용하지 않을 가능성이 꽤 높다) 함수를 이런 식으로 작성하는 게 도움이 된다. 이런 함수는 '자급자족적'이므로 livingCats 같은 외부 변수에 대해 알 필요 없이 그 자체로 읽고 이해할 수 있다.

이들 함수는 순수하지 않다. 이들 함수는 set 인자로 전달받은 객체를 수정한다. 이는 실제 순수 함수보다 작업을 좀 더 복잡하게 하지만 원하는 대로 아무 값이나 변수를 수정하는 함수보다는 훨씬 덜 헷갈린다.

❈ ❈ ❈

계속해서 알고리즘을 여러 부분으로 떼어내 보자.

```
  findLivingCats = ->
    mailArchive = (require './04-emails').retrieveMails()
    livingCats = '스폿': true

    handleParagraph = (paragraph) ->
      if startsWith paragraph, '태어남'
        addToSet livingCats, catNames paragraph
      else if startsWith paragraph, '죽음'
```

```
      removeFromSet livingCats, catNames paragraph

  for email in mailArchive
    paragraphs = email.split '\n'
    for paragraph in paragraphs
      handleParagraph paragraph

  livingCats

howMany = 0
for cat of findLivingCats()
  howMany++
show 'There are ' + howMany + ' cats.'
```

이제 전체 알고리즘이 함수로 캡슐화됐다. 이 말은 함수를 실행한 후 지저분한 흔적을 남기지 않는다는 뜻이다. livingCats는 이제 최상위 레벨의 변수 대신 지역 변수가 됐으므로 함수가 실행되는 동안만 존재한다. 이 세트를 필요로 하는 코드에서는 findLivingCats를 호출해 반환값을 사용하면 된다.

필자가 보기에 handleParagraph를 별도 함수로 만들면 코드가 좀 더 정돈될 것 같았다. 하지만 이 함수는 고양이 알고리즘과 매우 밀접하게 연관돼 있으므로 다른 상황에서는 별 의미가 없다. 더불어 이 함수는 livingCats 변수에 접근해야 한다. 이로써 이 함수는 함수 내에 중첩된 함수로 정의하기에 적합하다. 이 함수가 findLivingCats 내에 존재하면 handleParagraph 함수가 findLivingCats 함수하고만 관련된 작업을 한다는 것을 쉽게 알 수 있고 부모 함수의 변수에도 접근할 수 있다.

이 방법은 이전 방법보다 실제 규모는 더 크다. 하지만 그럼에도 훨씬 더 깔끔하고 읽기도 더 쉽다.

❋ ❋ ❋

이 프로그램은 이메일에 들어 있는 많은 정보를 여전히 무시한다. 이메일에는 고양이의 생년월일, 고양이가 죽은 날짜, 어미 고양이의 이름이 모두 들어 있다.

먼저 날짜부터 시작하자. 날짜를 저장하는 좋은 방법이 뭐가 있을까? 예컨대 year, month, day라는 세 개의 속성을 갖춘 객체를 생성하고 이 안에 숫자를 저장할 수 있을 것이다.

```
whenWasIt = year: 1980, month: 2, day: 1
```

하지만 커피스크립트는 이런 용도로 사용할 수 있는 객체를 이미 제공한다. 이 객체는 new 키워드를 사용해 다음과 같이 생성할 수 있다.

```
whenWasIt = new Date 1980, 1, 1
show whenWasIt
```

앞에서 본 콜론과 선택 중괄호 표기법과 마찬가지로 new도 객체 값을 생성하는 방법이다. 속성명과 값을 모두 지정하는 대신 이때는 함수를 사용해 객체를 생성한다. 이를 활용하면 객체를 생성하는 표준 절차를 정의할 수 있다. 이와 같은 함수를 생성자라고 하며, '객체지향' 장에서는 생성자를 작성하는 법을 배울 것이다.

Date 생성자는 여러 가지 방식으로 사용할 수 있다.

```
show new Date
show new Date 1980, 1, 1
show new Date 2007, 2, 30, 8, 20, 30
```

이처럼 이들 객체는 날짜뿐 아니라 특정 일자의 시간도 저장할 수 있다. 아무 인자도 지정하지 않으면 현재 시간과 날짜를 나타내는 객체가 생성된다. 인자를 사용하면 특정 날짜와 시간을 지정할 수 있다. 인자의 순서는 연도, 월, 일, 시간, 분, 초, 밀리초 순이다. 마지막 네 개의 인자(시간, 분, 초, 밀리초)는 선택 인자로, 지정하지 않으면 0이 된다.

월의 숫자는 0부터 11까지인데, 이는 혼동하기 쉽다. 특히 일이 1부터 시작하는 것을 감안하면 더욱 그렇다.

❈ ❈ ❈

Date 객체의 내용은 get... 메서드를 사용해 가져올 수 있다.

```
today = new Date();
show "Year: #{today.getFullYear()}
  month: #{today.getMonth()}
  day: #{today.getDate()}"
show "Hour: #{today.getHours()}
  minutes: #{today.getMinutes()}
  seconds: #{today.getSeconds()}"
show "Day of week: #{today.getDay()}"
```

getDay를 제외한 이들 메서드는 모두 Date 객체의 값을 변경하는 데 사용할 수 있는 set... 메서드도 갖고 있다.

객체 내에서 날짜는 1970년 1월 1일을 기준으로 한 밀리초의 양으로 표현한다. 이 숫자가 꽤 큰 숫자라는 것은 쉽게 짐작할 수 있을 것이다.

```
today = new Date()
show today.getTime()
```

날짜로 할 수 있는 유용한 작업 중 하나는 날짜를 서로 비교하는 것이다.

```
wallFall = new Date 1989, 10, 9
gulfWarOne = new Date 1990, 6, 2
show wallFall < gulfWarOne
show wallFall == wallFall
# 하지만
show wallFall == new Date 1989, 10, 9
```

날짜를 <, >, <=, >=로 비교하면 우리가 예상하는 대로 비교가 진행된다. ==를 사용해 날짜 객체를 자신과 비교하면 결과는 true다. 하지만 날짜 객체를 같은 날짜의 다른 객체와 ==를 사용해 비교하면 결과는 false다.

앞에서 언급한 대로 ==는 같은 속성을 포함하더라도 다른 두 개의 객체를 비교할 때는

false를 반환한다. 사람들은 대부분 >=와 ==가 비슷하게 동작할 거라고 생각하기 때문에 이 부분은 오류로 이어지기 쉽다. 두 날짜가 같은지 비교할 때는 다음과 같은 방법을 써야 한다.

```
wallFall1 = new Date 1989, 10, 9
wallFall2 = new Date 1989, 10, 9
show wallFall1.getTime() == wallFall2.getTime()
```

❄ ❄ ❄

날짜와 시간뿐 아니라 Date 객체는 시간대에 대한 정보도 갖고 있다. 암스테르담의 1시는 런던의 정오, 뉴욕의 오전 7시와 같다. 이런 시간은 시간대를 고려할 때만 비교할 수 있다. Date 객체의 getTimezoneOffset 함수는 GMT(그리니치 표준시)와의 분 차이를 반환한다.

```
now = new Date()
show now.getTimezoneOffset()
```

연습문제 15

'죽음 27/04/2006: 블랙 르클레르'

날짜 영역은 단락에서 항상 같은 위치에 있으므로 계산하기 쉽다. 단락을 인자로 받고 날짜를 추출한 후 이를 날짜 객체로 반환하는 extractDate 함수를 작성하라.

☑ 풀이

```
extractDate = (paragraph) ->
  numberAt = (start, length) ->
    Number paragraph[start...start + length]
  new Date numberAt(11, 4),     # 연
           numberAt( 8, 2) - 1, # 월
           numberAt( 5, 2)      # 일

show extractDate '죽음 27-04-2006: 블랙 르클레르'
```

여기서는 굳이 Number를 호출하지 않아도 되지만 앞에서 말한 것처럼 필자는 숫자인 경우 문자열을 사용하지 않는 편이다. 여기서는 Number와 slice를 세 번 반복하지 않아도 되게끔 내부 함수를 사용했다.

달의 숫자에서 -1을 사용한 점에 주의하자. 다른 사람들과 마찬가지로 에밀리 이모도 달을 1부터 세므로 여기서는 Date 생성자에 값을 전달하기 전에 값을 보정해야 한다(Date 객체는 일을 사람들이 세는 것처럼 세므로 일 숫자는 이처럼 보정하지 않아도 된다). '정규식' 장에서는 고정된 구조를 갖고 있는 문자열에서 내용을 추출하는 좀 더 현실적이고 강력한 방법을 살펴본다.

이제부터는 고양이 저장 방식도 달라진다. 단순히 세트에 true 값을 집어넣는 대신 고양이에 대한 정보를 담고 있는 객체를 세트에 저장한다. 고양이가 죽으면 세트에서 고양이를 제거하고, 고양이가 태어난 날짜를 저장하는 객체에 death 속성을 추가한다.

이 말은 addToSet과 removeFromSet 함수가 쓸모없게 됐다는 말이다. 이제 이들 함수와 유사한 함수가 필요하지만, 이 함수에서는 생년월일은 물론 잠시 후 어미 고양이의 이름도 저장해야 한다.

```
catRecord = (name, birthdate, mother) ->
  name: name
  birth: birthdate
  mother: mother

addCats = (set, names, birthdate, mother) ->
  for name in names
    set[name] = catRecord name, birthdate, mother

deadCats = (set, names, deathdate) ->
  for name in names
    set[name].death = deathdate
```

catRecord는 이런 저장 객체를 생성하는 별도 함수다. 이 함수는 스폿을 나타내는 객체를 생성하는 등의 상황에서 유용하게 쓰일 수 있다. 이 함수명에 사용한 'Record'는 이와 같은 객체에 자주 사용하는 용어로, 제한된 개수의 값을 그룹으로 관리하는 데 사용한다.

그럼 단락에서 어미 고양이의 이름을 추출해 보자.

'태어남 15/11/2003 (어미 스폿): 화이트 팡'

이를 할 수 있는 한 가지 방법은 다음과 같다.

```
extractMother = (paragraph) ->
  start = paragraph.indexOf '(어미 '
  start += '(어미 '.length
  end = paragraph.indexOf ')'
  paragraph[start...end]

show extractMother \
  '태어남 15/11/2003 (어미 스폿): White Fang'
```

여기서 '(어미 ' 문자열의 길이 만큼 시작 위치를 보정한 점에 주의하자. 이는 indexOf 메서드가 패턴의 끝이 아니라 패턴의 시작 위치를 반환하기 때문이다.

연습문제 16

extractMother가 수행하는 작업은 좀 더 일반적인 방식으로 표현할 수 있다. 모두 문자열에 해당하는 세 개의 인자를 받는 between 함수를 작성하라. 이 함수는 두 번째와 세 번째 인자 사이에 위치한 첫 번째 인자의 패턴 영역을 반환한다.

즉

```
between '태어남 15/11/2003 (어미 스폿): 화이트 팡',
        '(어미 ', ')'  => '스폿'
between 'bu ] boo [ bah ] gzz', '[ ', ']' => 'bah'
```

와 같다.

두 번째 테스트가 동작하게 하려면 indexOf 메서드의 두 번째 선택 인자를 지정하면 검색을 시작할 위치를 지정할 수 있다는 사실을 아는 게 도움될 것이다.

☑ 풀이

```
between = (string, start, end) ->
  startAt = string.indexOf start
  startAt += start.length
  endAt = string.indexOf end, startAt
  string[startAt...endAt]
show between 'bu ] boo [ bah ] gzz', '[ ', ' ]'
```

between 함수를 작성하고 나면 extractMother를 좀 더 간결하게 표현할 수 있다.

```
extractMother = (paragraph) ->
  between paragraph, '(어미 ', ')'
```

❊ ❊ ❊

새로 개선된 고양이 알고리즘은 다음과 같다.

```
findCats = ->
  mailArchive = (require './04-emails').retrieveMails()
  cats = {'스폿': catRecord '스폿',
    new Date(1997, 2, 5), 'unknown'}
  handleParagraph = (paragraph) ->
    if startsWith paragraph, '태어남'
      addCats cats, catNames(paragraph),
              extractDate(paragraph),
              extractMother(paragraph)
    else if startsWith paragraph, '죽음'
      deadCats cats, catNames(paragraph),
               extractDate(paragraph)

  for email in mailArchive
    paragraphs = email.split '\n'
    for paragraph in paragraphs
      handleParagraph paragraph
  cats
```

```
catData = findCats()
show catData
```

이제 추가 데이터를 갖췄으니 에밀리 이모가 말하는 고양이에 대한 단서를 마침내 얻을 수 있다. 이때 다음과 같은 함수가 도움될 것이다.

```
formatDate = (date) -> "#{date.getDate()}/" +
                       "#{date.getMonth() + 1}/" +
                       "#{date.getFullYear()}"
catInfo = (data, name) ->
  unless name of data
    return "#{name}이라는 이름의 고양이는 찾을 수 없음"
  cat = data[name]
  message = "#{name}," +
            " 태어남 #{formatDate cat.birth}" +
            "어미는 #{cat.mother}"
  if "death" of cat
    message += ", 죽음 #{formatDate cat.death}"
  "#{message}."

show catInfo catData, "팻 이고르"
```

catInfo에 있는 return 명령은 함수를 빠져나가는 용도로 사용했다. 고양이에 대한 데이터가 없다면 나머지 함수의 내용이 의미가 없는 만큼 바로 값을 반환해 나머지 코드가 실행되지 않게 한다.

과거 일부 프로그래머들은 여러 개의 return 명령이 있는 함수를 죄악시했다. 이 사람들은 이런 함수는 어떤 코드가 실행되거나 실행되지 않는지 보기 어렵다고 불평했다. '에러 처리' 장에서 다루는 여러 기법으로 인해 지금은 이런 생각이 구식이 됐지만 지금도 '단축' return 명령을 사용하는 것을 비난하는 사람들을 종종 만날 수 있다.

💣 연습문제 17

catInfo에서 사용한 formatDate 함수는 월이나 일자가 한 자리 숫자일 때 앞에 0을 붙여주지 않는다. 이 작업을 수행하는 새 함수를 작성하라.

☑ 풀이

```
formatDate = (date) ->
  pad = (number) ->
    if number < 10
      "0" + number
    else
      number
  "#{pad date.getDate()}/" +
  "#{pad date.getMonth() + 1}/" +
  "#{date.getFullYear()}"

show formatDate new Date 2000, 0, 1
```

지금까지 우리가 사용한 속성 '점' 접근자는 존재 연산자와 함께 편리하게 사용할 수 있다. object.element 대신 우리는 object가 정의돼 있을 경우 object?.element를 사용해 예전과 똑같이 값을 가져올 수 있다. 하지만 객체가 null이라면 에러 대신 undefined를 얻게 된다.

● 연습문제 18

고양이를 포함하고 있는 객체를 인자로 받으면 가장 나이가 많은 고양이를 반환하는 oldestCat 함수를 작성하라.

☑ 풀이

```
oldestCat = (data) ->
  oldest = null
  for name of data
    cat = data[name]
    unless 'death' of cat
      if oldest is null or oldest.birth > cat.birth
        oldest = cat
  oldest?.name
show oldestCat catData
```

unless/if에 들어 있는 조건이 조금 어려워 보일 수도 있다. 이 조건은 'oldest가 죽지 않았고 null이거나 현재 고양이보다 나중에 태어난 고양이일 때만 oldest 변수에 현재 고양이를 저장하라'는 뜻이다.

```
for cat, info of catData # 죽은 고양이 검사
  delete catData[cat] unless 'death' of info
show oldestCat catData
```

이 함수는 data에 살아 있는 고양이가 없을 때 undefined를 반환한다는 점에 주의하자. 독자들이 작성한 풀이는 이런 경우 어떻게 처리할지 궁금하다.

이제 배열에 익숙해졌으니 배열과 관련된 작업을 살펴보자. 함수가 호출될 때는 arguments라는 이름의 특수 변수가 함수 본체가 실행되는 환경에 추가된다. 이 변수는 배열과 닮은 객체를 참조한다. 이 객체의 0번째 속성은 첫 번째 인자이고, 1번째 속성은 두 번째 인자 등으로, 함수에서 받은 인자를 하나씩 가리키는 속성을 갖고 있다. 또 이 객체는 length 속성도 갖고 있다.

하지만 이 객체는 실제 배열이 아니다. 이 객체는 push 같은 메서드가 없으며 뭔가를 추가하더라도 자동으로 length 속성을 업데이트하지 않는다. 왜 그런지 원인은 모르겠지만 하여튼 이는 사용자가 주의할 점이다.

```
argumentCounter = ->
  show "#{arguments.length}개의 인자를 전달."

argumentCounter "Death", "Famine", "Pestilence"
```

어떤 함수는 임의의 인자를 모두 받을 수 있다. 이런 함수는 보통 arguments 객체의 값을 모두 순회해 이를 가지고 작업을 수행한다. show 함수를 사용해 각 인자 값을 출력하는 print 함수는 다음과 같이 작성할 수 있다.

```
print = -> show arg for arg in arguments

print 'From here to', 1/0
```

어떤 함수는 함수를 호출한 코드에서 인자를 전달하지 않을 경우 적당한 기본값을 지정하는 선택 인자를 받을 수 있다.

```
add = (number, howmuch) ->
  if arguments.length < 2
    howmuch = 1
  number + howmuch

show add 6
show add 6, 4
```

💣 연습문제 19

73페이지의 range 함수를 확장해 두 번째 선택 인자를 받게 하라. 한 개의 인자만 전달되면 기존과 같이 0부터 해당 숫자까지의 범위를 생성한다. 두 개의 인자를 지정하면 첫 번째 인자를 범위의 시작으로, 두 번째 인자를 범위의 끝으로 사용한다.

☑ 풀이

```
range = (start, end) ->
  if arguments.length < 2
    end = start
    start = 0
  result = []
  for i in [start..end]
    result.push i
  result

show range 4
show range 2, 4
```

이 예제에서는 선택 인자가 위에 있는 add 예제와 똑같은 방식으로 동작하지 않는다. 선택 인자를 지정하지 않으면 첫 번째 인자가 end 역할을 하고 start는 0이 된다.

커피스크립트에는 인자를 가지고 작업을 수월하게 만들어주는 몇 가지 기능이 있다. 인자 목록에서 인자의 기본값을 설정할 수도 있다. show 함수는 다음과 같이 정의돼 있다.

```
show = (obj, depth = 2, showHidden = false,
        colors = useColors) ->
  # 본문
```

이 함수를 호출하면서 depth 이후의 인자 값을 넘겨주지 않으면 = 다음에 있는 값이 사용된다. 인자 값을 사용하는 본문에서는 별도로 인자를 검사하지 않는다.

변수 인자로 ...을 사용할 수도 있다. 이와 같은 말줄임 표시는 함수 정의 및 함수 호출에서의 추가 인자를 나타낸다. testPure 함수가 기억날 것이다. 이 함수는 한 개의 인자를 받는 absolute 함수와 두 개의 인자를 받는 power 함수에 모두 사용했다. 이 함수의 정의에서 (c, a...)는 a...가 변수 인자 목록임을 나타낸다. 변수 인자는 func 호출과 property 호출에 총 두 번 사용됐다.

```
prelude.qc.testPure = (func, types, name, property) ->
  prelude.qc.declare name, types, (c, a...) ->
    c.assert property c, a..., c.note func a...
```

끝으로 or= 연산자를 options || (options = defaults)의 단축 구문으로 options or= defaults에 사용할 수 있다.

💣 연습문제 20

소개에서 본 다음 코드 줄을 기억할 것이다.

```
show sum [1..10]
```

이 코드가 제대로 동작하게 하려면 sum 함수만 작성하면 된다. 이 함수는 숫자 배열을 받아서 그 합을 반환한다. 이 함수를 작성하라. 또 range를 사용해 이 함수가 제대로 동작하는지 확인하라.

☑ 풀이

```
sum = (numbers) ->
  total = 0
```

```
    for num in numbers
      total += num
    total

  show sum [1..10]
  show sum range 1, 10
```

앞 장에서는 Math.max과 Math.min 함수를 살펴봤다. 지금까지 배운 내용을 바탕으로 max와 min은 사실 Math라는 이름의 객체에 저장된 속성이란 사실을 눈치챘을 것이다. 이는 객체가 수행할 수 있는 또 다른 역할이다. 즉 객체는 다양한 관련 값을 보관하는 창고 역할을 한다.

Math 안에는 수많은 값이 있으며, 이를 전역 환경에 직접 보관한다면 매번 Math를 호출할 때마다 값이 지저분해질 것이다. 사용하는 이름이 많을수록 실수로 기존 변수 값을 대체할 확률은 더 커진다. 예를 들어 max라는 이름의 변수를 정의하는 상황은 어렵지 않게 생각할 수 있다.

대부분의 언어는 이미 사용 중인 이름의 변수를 정의하려고 할 때 이를 정의하지 못하게 하거나 최소한 경고해준다. 하지만 자바스크립트는 그렇지 않다.

어떤 상황에서든 Math 안에서는 수학 함수와 상수를 찾을 수 있다. 이 안에는 삼각 함수(cos, sin, tan, acos, asin, atan)와 모두 대문자로 쓴 π와 e(PI 및 E)도 들어 있다(한때는 상수임을 나타내기 위해 이런 식으로 모두 대문자를 사용했다). pow 함수는 앞서 작성한 power 함수를 대체할 수 있는 함수로 음수와 분수 값도 인자로 받을 수 있다. sqrt는 루트를 계산해준다. max와 min은 두 값 중 최댓값과 최솟값을 구한다. round, floor, ceil은 가장 가까운 정수, 바로 아래 있는 정수, 바로 위에 있는 정수를 각각 반환한다.

Math 안에는 그 밖의 다양한 값이 있지만 이 책은 소개서이지 레퍼런스가 아니므로 이를 모두 다룰 수는 없다. 프로그래밍 언어에서 제공하는 기능이 있는 것 같은데, 이름이나 사용법을 모른다면 레퍼런스를 참조해 정확히 어떻게 동작하는지 살펴봐야 한다. Math 같은 객체에 미리 정의된 전역 객체의 레퍼런스로는 모질라 개발자 네트워크가 있다.

재미있는 점은 이 레퍼런스에서 Array 객체를 보면 forEach 같은 많은 정의에 자바스크립트 1.6 필요 또는 다른 버전 번호가 표시돼 있다는 점이다. 자바스크립트 1.5는 1999년 12월 이래로 ECMA-262 3번째 개정판에 속한다.

이로부터 10년이 지난 지금도 대부분의 자바스크립트 엔진이 구현하는 표준은 자바스크립트 1.5다. 여기에는 자바스크립트를 통해 커피스크립트를 네이티브 기기 코드로 컴파일하는 V8 엔진도 포함된다. 따라서 자바스크립트는 아주 느린 속도로 발전하고 있다고 말할 수 있다. 다행히 커피스크립트와 언더스코어는 자바스크립트의 발전 과정에 맞춰 기존 브라우저나 엔진이 업그레이드될 때까지 기다리지 않아도 바로 사용할 수 있게끔 언어 및 라이브러리 개선 사항을 제공해준다.

※ ※ ※

독자들 중에는 Math 객체 안에 들어 있는 내용을 다음 코드를 통해 알 수 있으리라 생각하는 사람도 있을 것이다.

```
for name of Math
    show name
```

하지만 아쉽게도 이렇게 하면 아무 내용도 보이지 않는다. 마찬가지로 다음과 같이 하면

```
for name of ['Huey', 'Dewey', 'Loui']
    show name
```

0, 1, 2만 보일 뿐 배열에 정의된 length, push, join은 보이지 않는다. 이처럼 객체의 일부 속성은 숨겨져 있다. 이렇게 하는 데는 다 그럴 만한 이유가 있다. 모든 객체에는 객체를 관련 문자열로 변환하는 toString 메서드 같은 메서드가 몇 개씩 있다. 하지만 예컨대 객체에 저장된 고양이를 검사할 때는 고양이와 함께 이런 메서드가 표시되면 곤란하다.

Math 객체의 속성을 왜 숨겼는지 필자로서는 알 수 없다. 아마도 누군가 이 객체를 비밀스럽게 만들고 싶었을지도 모르겠다. 하지만 show를 사용해 내부 모습을 엿볼 수 있는 방법이 있다. 자세한 사항은 prelude를 참고하자.

```
show Math, 2, true
show ['Huey', 'Dewey', 'Loui'], 2, true
```

여러분의 프로그램이 객체에 추가하는 모든 속성은 볼 수 있다. 이를 숨기는 방법은 없으며, 이는 아쉬운 점이다. '객체지향' 장에서 보겠지만 for/of 순환문에서 보이지 않게끔 객체에 메서드를 추가하면 좋을 때가 종종 있기 때문이다.

❋ ❋ ❋

어떤 속성은 읽기 전용으로, 값을 가져올 수만 있고 바꿀 수는 없다. 예를 들어 문자열 값의 속성은 모두 읽기 전용이다.

또 관찰할 수 있는 속성도 있다. 이들 속성값을 변경하면 뭔가가 일어난다. 예를 들어 배열의 길이를 줄이면 추가 요소는 버려진다.

```
array = ['Heaven', 'Earth', 'Man']
array.length = 2
show array
```

7

에러 처리

좋은 프로그램의 시작은 모든 것이 예상대로 진행될 때 제대로 동작하게 하는 것부터 시작한다. 하지만 예상치 못한 조건을 만날 때도 프로그램이 제대로 동작하게 할 때부터 프로그래밍은 어려워진다.

프로그램이 접할 수 있는 문제 상황은 크게 둘로 나눌 수 있다. 바로 프로그래머의 실수와 실제 문제다. 누군가 함수로 필수 인자를 넘겨주는 것을 잊어버린다면 이는 첫 번째 문제에 해당한다. 그에 반해 프로그램이 사용자에게 이름을 물어봤는데 빈 문자열을 받는다면 이는 프로그래머가 막을 수 있는 행동이 아니다.

일반적으로 프로그래머의 오류는 찾아서 수정함으로써 해결하고, 실제 에러는 코드에서 이를 검사해 적절한 행동(예를 들어 이름을 다시 묻는 등)을 수행하거나 적어도 잘 정의된 깔끔한 방식으로 프로그램이 작업을 중단하게 함으로써 처리한다.

❈ ❈ ❈

이때 어떤 문제가 둘 중 어느 범주에 속하는지 결정하는 게 중요하다. 예를 들어 앞에서 본 power 함수를 생각해 보자.

```
power = (base, exponent) ->
  result = 1
  for count in [0..exponent]
    result *= base
  result
```

누군가 power 'Rabbit', 4처럼 이상하게 호출하려고 하면 이는 분명 프로그래머의 잘못이다. 하지만 power 9, 0.5는 어떨까? 이 함수는 분수를 처리하지 못하지만, 수학적으로 보면 숫자의 1/2승은 충분히 가능하다(Math.pow는 이를 처리할 수 있다). 함수가 받아들이는 입력값이 완전히 명확하지 않은 상황에서는 주석을 통해 함수가 받을 수 있는 인자의 종류를 명시적으로 알리는 게 좋다.

✶ ✶ ✶

자신이 풀 수 없는 문제를 만나면 함수는 어떻게 해야 할까? '자료구조' 장에서는 between 함수를 작성한 바 있다.

```
between = (string, start, end) ->
  startAt = string.indexOf start
  startAt += start.length
  endAt = string.indexOf end, startAt
  string[startAt...endAt]
```

start와 end가 문자열에 없다면 indexOf는 -1을 반환하고 이 between 함수는 의미 없는 값을 반환하게 된다. 예를 들어 between('Your mother!', '{-', '-}')는 'our mother'를 반환한다.

프로그램이 실행되는 동안 이런 식으로 함수가 호출되면 이 함수를 호출한 코드는 문자열 값을 결과로 받고, 계속해서 이 결과를 가지고 작업을 진행한다. 하지만 결과 값이 잘못됐으므로 이 결과를 가지고 하는 작업도 모두 잘못됐다. 운이 없다면 다른 20여 개의 함수를 거친 후에야 비로소 이런 잘못된 결과 값으로 인한 문제가 발생할 수 있다. 이런 경우 문제가 어디에서부터 비롯됐는지 찾기가 몹시 어렵다.

때로는 함수로 잘못된 입력값을 집어넣을 경우 함수가 오동작을 일으킬 것에 대해 걱정하지 않아도 되는 사례가 더러 있다. 예컨대 함수를 특정한 몇 군데에서만 호출한다고 확실히 알고 있고, 이들 위치에서 올바른 입력값을 전달한다는 사실만 증명하면 문제 사례를 처리하기 위해 함수를 더 크고 지저분하게 만들지 않아도 된다.

하지만 대부분은 '조용히' 오류를 일으키는 함수[1]는 사용하기가 어렵고, 심지어 위험하기까지 하다. between 함수를 호출하는 코드에서 모든 게 제대로 동작했는지 알고 싶다면 어떻게 해야 할까? 현재로서는 between이 수행한 작업을 모두 다시 수행하고 자체 결과를 between의 결과와 비교하는 것 외에 알 방도가 없다. 이는 바람직하지 않다. 이를 해결할 수 있는 한 가지 방법은 between에서 작업이 실패하면 false 또는 undefined를 반환하게 하는 것이다.

```
between = (string, start, end) ->
  startAt = string.indexOf start
  if startAt == -1 then return
  startAt += start.length
  endAt = string.indexOf end, startAt
  if endAt == -1 then return
  string[startAt...endAt]
```

이 코드를 보면 에러 검사를 하는 코드는 보통 지저분해진다는 사실을 알 수 있다. 하지만 이제 between을 호출하는 코드는 다음과 같은 일을 할 수 있다.

```
prompt "아무거나 입력하세요", "", (answer) ->
  parenthesized = between answer, "(", ")"
  if parenthesized?
    show "'#{parenthesized}'을/를 괄호로 표시함."
```

❋ ❋ ❋

많은 경우 특수 값을 반환하는 것만으로 충분히 에러를 표시할 수 있다. 하지만 이 방식은 단점이 있다. 우선 함수가 이미 모든 종류의 값을 반환할 경우 문제가 생긴다. 예를 들어 배열에서 마지막 요소를 가져오는 다음 함수를 살펴보자.

---

1 (역자 주) 아무런 예외도 일으키지 않고 조용히 넘어가는 함수를 말한다. 예컨대 try/catch의 catch 절에서 아무 일도 하지 않는 코드가 여기에 해당한다.

```
lastElement = (array) ->
  if array.length > 0
    array[array.length - 1]
  else
    undefined
show lastElement [1, 2, undefined]
```

이 경우 배열에 마지막 요소가 있을까? lastElement가 반환하는 값만 봐서는 이를 판단할 수 없다.

특수 값을 반환하는 방식의 두 번째 문제점은 종종 코드가 지저분해진다는 점이다. 어떤 코드가 between을 10차례 호출한다면 이 코드는 undefined가 반환됐는지 10번 확인해야 한다. 또 함수가 between을 호출하기는 하지만 오류로부터 복구할 수 있는 전략을 갖고 있지 않다면 between의 결과 값을 검사해 이 값이 undefined이면 이 함수는 호출자에게 undefined를 그대로 반환하거나 다른 특수 값을 반환하고, 이 호출자는 또 다시 이 값을 검사해야 한다.

때로는 뭔가 이상한 일이 일어날 때 지금 하고 있는 일을 멈추고 바로 이 문제를 처리할 수 있는 위치로 이동하는 게 도움이 된다.

다행히 많은 프로그래밍 언어는 이런 기능을 제공한다. 이를 보통 예외 처리라고 한다.

❋ ❋ ❋

예외 처리의 배경 이론은 다음과 같다. 코드는 값에 해당하는 예외를 일으킬 수(또는 던질 수) 있다. 예외를 일으키는 일은 함수의 강력한 return 명령과 유사하며, 단순히 현재 함수로부터 벗어날 뿐 아니라 호출 스택을 따라 현재 함수를 실행한 최상위 호출까지 올라가 모든 호출자로부터 벗어난다. 이를 가리켜 '스택을 탄다'고 한다. 함수 호출 스택은 '함수' 장에서 다룬 바 있다. 예외는 이 스택을 타고 내려가며 자신이 만나는 모든 호출 컨텍스트를 던진다.

만일 예외가 스택의 바닥으로 바로 이동한다면 예외는 별로 쓸모가 없고 그냥 프로그램이 오류를 일으켰음을 알려주는 새로운 방법이 될 뿐이다. 하지만 다행히 스택을 따라 예외를 가로막는 장애물을 설정할 수 있다. 이런 장애물은 스택을 타고 아래로 이동하는 동안 예외를 '잡고', 예외를 가지고 뭔가를 할 수 있으며, 이렇게 예외를 처리하면 프로그램은 예외를 잡은 위치에서부터 계속해서 실행된다. 다음은 이를 보여주는 예제다.

```
lastElement = (array) ->
  if array.length > 0
    array[array.length - 1]
  else
    throw '빈 배열의 마지막 요소를 가져올 수 없습니다.'

lastElementPlusTen = (array) ->
  lastElement(array) + 10

try
  show lastElementPlusTen []
catch error
  show '문제가 생겼습니다: ' + error
```

throw는 예외를 일으킬 때 사용하는 키워드다. try 키워드는 예외를 가로막는 장애물을 설정하는 키워드다. 이 블록 안에 있는 코드가 예외를 일으키면 catch 블록이 실행된다. catch 블록에서 catch 다음에 나오는 변수명은 이 블록 내에서 예외 값에 지정하는 이름이다.

lastElementPlusTen 함수는 lastElement가 잘못될 수 있는 가능성을 완전히 무시한다는 점에 주의하자. 이는 예외의 큰 장점이다. 에러 처리 코드는 에러가 일어나고 이를 처리하는 지점에서만 필요하다. 그 사이에 있는 함수는 에러에 대해 신경 쓰지 않아도 된다(적어도 거의 신경 쓸 일이 없다).

✳ ✳ ✳

다음 사례를 고려해 보자. processThing 함수는 본체가 실행되는 동안 다른 함수도 특정 변수에 접근할 수 있게 최상위 레벨 변수인 currentThing을 사용해 특정 대상을 가리키려고 한다. 물론 보통은 이런 대상을 인자로 넘겨주지만 여기서는 일단 이렇게 할 수 없다고 가정한다. 함수가 실행을 마치면 currentThing은 다시 null로 설정해야 한다.

```
currentThing = null

processThing = (thing) ->
  if currentThing != null
    throw '이런! 이미 처리 중입니다!'

  currentThing = thing
  # 복잡한 연산 수행...
  currentThing = null
```

그런데 복잡한 연산을 수행하던 도중 예외가 일어나면 어떻게 될까? 이 경우 processThing에 대한 호출은 예외로 인해 스택을 벗어나게 되고 currentThing는 다시 null로 재설정되지 못한다.

try 명령 다음에는 finally 키워드를 사용할 수 있다. 이 키워드는 '무슨 일이 일어나든 try 블록 안에 있는 코드를 실행한 후 이 코드를 실행하라'는 의미다. 함수가 뭔가 정리 작업을 수행해야 한다면 정리 코드를 보통 finally 블록 안에 집어넣는다.

```
processThing = (thing) ->
  if currentThing != null
    throw 이런! 이미 처리 중입니다!'

  currentThing = thing
  try
    # 복잡한 연산 수행...
  finally
    currentThing = null
```

✼ ✼ ✼

프로그램의 많은 에러는 커피스크립트 환경에서 예외를 일으킨다. 예를 들어 다음 코드를 살펴보자.

```
try
  show Sasquatch
catch error
  show '오류 메시지 : ' + error.message
```

이 경우 특수 에러 객체가 생성된다. 이런 에러 객체는 문제의 설명을 담고 있는 message 속성을 갖고 있다. new 키워드와 Error 생성자를 사용하면 이와 유사한 에러 객체를 생성할 수 있다.

```
throw new Error '불이야!'
```

✼ ✼ ✼

예외가 잡히지 않은 채 스택의 바닥까지 이동하면 이를 환경이 처리한다. 이 말은 브라우저와 엔진에 따라 결과가 다를 수 있다는 뜻으로, 어떤 경우에는 에러 설명이 로그에 출력되는 반면 어떤 경우에는 에러를 나타내는 팝업창이 나타나기도 한다.

커피스크립트 REPL에서 입력한 코드에서 발생한 에러는 콘솔이 잡으며, 스택 트레이스와 함께 표시한다.

✼ ✼ ✼

대다수 프로그래머는 예외를 순수 에러 처리 메커니즘으로 간주한다. 하지만 본질적으로 예외는 프로그램의 제어 흐름에 영향을 줄 수 있는 또 다른 수단이다. 예를 들어 예외는 재귀 함수에서 break 명령의 일종으로 사용할 수 있다. 다음은 객체 및 객체 내에 저장된 객체가 최소 7개의 true 값을 포함하는지 판단하는 조금 이상한 함수다.

```
FoundSeven = {}
hasSevenTruths = (object) ->
  counted = 0
  count = (object) ->
    for name of object
      if object[name] == true
        if (++counted) == 7
          throw FoundSeven
      if typeof object[name] == 'object'
        count object[name]
  try
    count object
    return false
  catch exception
    if exception != FoundSeven
      throw exception
    return true
```

내부 함수인 count는 인자를 구성하는 모든 객체에 대해 재귀적으로 호출된다. counted 변수 값이 7이 되면 더는 계산을 할 필요가 없지만 하위 호출 단계가 존재할 수 있으므로 현재 호출에서 count로 돌아간다고 해서 계산이 끝나지는 않는다. 따라서 여기서는 예외 값을 던짐으로써 제어 흐름이 count에 대한 모든 호출을 벗어나 catch 블록으로 이동하게 한다. 하지만 예외가 발생할 경우 단순히 true 값을 반환하는 것은 정확하지 않다. 뭔가가 추가로 잘못될 수 있으므로 먼저 예외가 이 함수에서 특수 목적으로 생성한 FoundSeven 객체인지 확인한다. 예외가 FoundSeven 객체가 아니라면 catch 블록은 이 예외를 처리하는 법을 알지 못하므로 예외를 다시 일으킨다.

이 패턴은 에러 조건을 처리할 때도 자주 사용한다. catch 블록에서는 이 블록이 처리하는 법을 알고 있는 예외만 처리해야 한다. 이 장의 일부 예제처럼 문자열을 예외 값으로 던지는 것은 좋은 생각이 아니다. 이렇게 하면 예외 타입을 인식하기가 그만큼 어렵기 때문이다. 이보다는 FoundSeven 객체 같은 고유 값을 사용하거나 '객체지향' 장에서 설명하는 새로운 타입의 객체를 도입하는 게 더 좋다.

3부

: 패러다임

- ☑ 함수형 프로그래밍
- ☑ 검색
- ☑ 객체지향
- ☑ 정규식
- ☑ 모듈화

8 함수형 프로그래밍

프로그램이 커지다 보면 점점 복잡하고 이해하기 어려워진다. 물론 우리는 모두 자칭 똑똑하다고 하는 사람들이지만 고작 인간에 불과하며 조금만 무질서해도 쉽게 당황한다. 그리고 한 번 당황하고 나면 걷잡을 수 없게 된다. 제대로 이해하지 못하는 대상을 가지고 하는 작업은 마치 영화에 자주 등장하는 시한폭탄의 전선을 임의로 잘라내는 장면과 같다. 운이 좋다면 시한폭탄을 멈추게 할 선을 잘라낼 수 있지만(여러분이 영화의 주인공이라면) 모든 것을 날려버릴 가능성도 항상 있기 마련이다.

물론 대부분의 경우 프로그램이 실행을 멈춘다고 해서 거대한 폭발이 일어나지는 않는다. 하지만 누군가가 프로그램을 잘못 만져서 수많은 에러를 일으킨다면 이를 제대로 고치려면 어마어마한 노력이 든다. 그리고 때로는 아예 처음부터 다시 프로그램을 작성해야 할 수도 있다.

따라서 프로그래머는 항상 프로그램의 복잡도를 가능한 한 낮추는 방법을 찾는다. 이를 위해 할 수 있는 중요한 방법 중 하나는 코드를 좀 더 추상적으로 작성하는 것이다. 프로그램을 작성할 때는 모든 점에서 지나치게 세부적인 사항에 이끌려 다니기 십상이다. 즉, 작은 이슈를 하나 만나면 이를 처리하고, 다음 문제를 만나면 이를 처리하는 식이다. 이렇게 하다 보면 코드가 할머니의 이야기처럼 된다.

> 애야, 완두콩 수프를 만들려면 마른 완두콩을 까야 된단다. 그런 다음 하룻밤 정도 물에 불려야 하는데, 이렇게 하지 않으면 몇 시간이고 요리해야 한단다. 한 번은 네 아범이 완두콩 수프를 만든다고 하지 않았겠니. 그런데 완두를 불리지 않았더랬지. 그래서 우리 모두 이가 부러질 뻔했단다. 어쨌든 완두콩을 물에 불린 다음에는 한 사람당 한 컵 정도씩 양을 맞추면 되는데, 완두

콩이 물에서 부는 동안 조금 커질 수 있으니까 흘러내리지 않게 주의해야 한단다. 그래서 항상 물은 충분하게 사용하고, 아까 말한 것처럼 마른 완두콩을 한 컵씩 사용해야 하지. 완두콩을 물에 불린 다음에는 마른 콩 한 컵당 네 컵의 물을 사용해 요리를 하면 된단다. 완두콩을 두 시간 정도 약한 불로 데우면 되는데, 이때 뚜껑을 덮어놓고 거의 끓지 않을 정도로 불을 맞추면 돼. 그런 다음 썬 양파와 셀러리, 그리고 당근 한두 개와 햄을 집어넣으면 되지. 그런 다음 몇 분 더 익히면 딱 먹기 좋은 수프가 된단다.

이 요리법을 설명하는 다른 방법은 다음과 같다.

1인당 한 컵의 마른 완두콩, 반으로 썬 양파, 당근 절반, 셀러리, 기호에 따라 햄을 첨가.
하룻밤 동안 완두콩을 물에 불리고 (1인당) 네 컵의 물을 사용해 두 시간 동안 약한 불에 데운 후 야채와 햄을 첨가하고 추가로 10분간 더 요리한다.

이 설명은 훨씬 간결하지만 완두콩을 물에 불리는 법을 알지 못하면 물을 지나치게 적게 부어 요리를 망칠 수 있다. 하지만 완두콩을 물에 불리는 법은 얼마든지 찾아볼 수 있다. 바로 이 점이 중요하다. 즉, 대상 독자에게서 어느 정도의 기본 지식을 가정할 수 있다면 훨씬 더 큰 개념을 다루는 언어로 설명을 진행할 수 있으며, 훨씬 더 짧고 깔끔하게 표현할 수 있다.

추상화도 이런 설명과 다소 비슷하다.

이런 요리법이 프로그래밍과 무슨 관련이 있을까? 사실 요리법 또한 프로그램이다. 더불어 요리하는 사람이 알고 있어야 하는 기본 지식은 프로그래머가 사용할 수 있는 함수 및 기타 구조체에 해당한다. 이 책의 소개에서 다룬 내용을 기억한다면 while 같은 기능을 통해 순환문을 쉽게 만들 수 있었고, '자료구조' 장에서는 다른 기능을 좀 더 짧고 간결하게 할 수 있는 간단한 함수를 작성한 적도 있다. 이런 도구(이 중 일부는 언어 자체에서 제공하고 나머지는 프로그래머가 직접 개발한다)는 나머지 프로그램에서 관심 없는 세부 사항의 양을 줄여주고, 이를 통해 프로그래머가 좀 더 쉽게 작업할 수 있게 해준다.

❋ ❋ ❋

이 장의 주제인 함수형 프로그래밍은 함수를 똑똑하게 결합해 추상화를 적용한다. 기본 함수 레퍼토리로 무장한 프로그래머, 즉 이를 활용할 수 있는 지식을 갖춘 프로그래머는 아무것도 없는 상태에서부터 프로그래밍을 시작하는 사람보다 훨씬 효율적이다. 아쉽게도 표준 커피스크립트 환경에는 핵심 함수가 거의 없는 만큼 우리는 직접 함수를 작성하거나 다른 사람의 코드를 사용해야 한다(자세한 사항은 '모듈화' 장에서 다룬다).

이 장에서는 함수가 어떻게 동작하는지 이해하기 위해 함수를 작성하고 함수 사용법을 이해하기 위해 함수를 가지고 문제를 해결한다. 이후 장에서는 커피스크립트와 함께 제공되는 언더스코어 라이브러리의 더 방대한 함수를 활용하는 법을 다룬다.

함수 외에 추상화를 위한 다른 인기 있는 접근 방식도 있다. 이 중 특히 '객체지향' 장의 주제인 객체지향 프로그래밍을 살펴볼 만하다.

※ ※ ※

프로그래밍에서 단위 작업은 배열의 각 요소별로 행동을 수행한다. 많은 프로그래밍 언어는 C 프로그래밍 언어에서 이 방식을 빌려왔다.

```
size_t i;
size_t N = sizeof(thing) / sizeof(thing[0]);
for (i = 0; i < N; ++i) {
  do_something(thing[i]);
}
```

이 코드는 매우 지저분하며 보기 안 좋다. 이런 방식은 C++과 자바스크립트 같은 파생 언어에서 개선됐다. 다른 프로그래밍 언어는 매우 다른 접근 방식을 사용한다.[1] 커피스크립트에서는 이 방식이 매우 깔끔하다.

```
for i in [0...thing.length] then doSomething thing[i]
# 또는
for element in thing then doSomething element
```

---

1   Mathematica에서는 함수를 listable로 설정할 수 있다. 이로 인해 순환문이 없어도 된다.
    f[x_] := If[x > 0, Sqrt[x], Sqrt[-x]]; SetAttributes[f, Listable];
    f[{3, 0, -2}] => {√3, 0, √2}

그런데 이 작업을 매번 반복해야 할까? 아니면 이 작업을 추상화할 수 있을까? 문제는 대부분의 함수가 값을 인자로 받고 이를 결합하고 뭔가를 반환하는 반면 이런 순환문은 항상 실행해야 하는 코드를 담고 있다는 점이다. 배열을 순회하고 각 요소를 출력하는 함수는 쉽게 작성할 수 있다.

```
printArray = (array) ->
  for element in array
    show element
  return
```

그런데 단순 출력 외에 뭔가를 해야 한다면 어떨까? '뭔가를 한다'는 행동은 함수로 표현할 수 있고, 함수는 값이 될 수 있으므로 다음과 같이 행동을 함수 값으로 넘겨줄 수 있다.

```
forEach = (array, action) ->
  for element in array
    action element
  #return
forEach ['Wampeter', 'Foma', 'Granfalloon'], show
```

커피스크립트에서 대부분의 명령은 값을 반환하는 표현식이며, for 명령도 이에 해당한다. forEach 끝에 있는 return 명령은 undefined를 반환하게 한다. 여기서 forEach는 값을 반환할 수 있는데, 그 이유는 나중에 map 함수를 다루면서 살펴본다.

익명 함수를 활용하면 for 순환문 같은 내용을 다음과 같이 작성할 수 있다.

```
sum = (numbers) ->
  total = 0
  forEach numbers, (number) -> total += number
  total
show sum [1, 10, 100]
```

여기서 total 변수는 스코프 규칙에 따라 익명 함수 내에서도 접근할 수 있다는 점에 주의하자. 또 이 버전은 for 순환문보다 거의 짧지 않다는 점도 참고하자.

여기서는 배열 내 현재 요소에 해당하는 변수인 number를 얻으므로 더는 numbers[i]를 사용하지 않아도 되며, 특정 표현식을 해석해 이 배열이 생성되면 forEach로 직접 전달되므로 이를 변수에 저장하지 않아도 된다.

'자료구조' 장의 고양이 코드에는 다음과 같은 코드가 담겨 있다.

```
paragraphs = email.split '\n'
for paragraph in paragraphs
  handleParagraph paragraph
```

이제 이 코드를 다음과 같이 작성할 수 있다.

```
forEach email.split('\n'), handleParagraph
```

전반적으로 좀 더 추상화된(또는 '고수준') 구조체를 사용하면 좀 더 많은 정보를 좀 더 간편하게 보여줄 수 있다. 이제 sum에 있는 코드는 '0으로 시작하는 변수가 있고, 이 변수는 numbers라는 배열의 길이에 도달할 때까지 값이 하나씩 증가하며, 이 변수의 각 값에 대응되는 배열 요소를 찾아 이를 합계에 더하라' 대신 'numbers의 각 숫자별로 이 숫자를 합계에 더하라'는 뜻으로 읽힌다.

❋ ❋ ❋

forEach가 하는 일은 알고리즘(이 경우 '배열 순회 알고리즘')을 가지고 이를 추상화하는 것이다. 알고리즘의 부족한 부분(이 경우 각 요소별로 수행하는 작업)은 알고리즘 함수의 인자로 넘긴 함수가 채워준다.

다른 함수를 대상으로 작업하는 함수를 고차 함수라고 한다. 함수를 가지고 작업하면 함수는 전혀 새로운 수준에서 행동을 다룰 수 있다. '함수' 장에서 살펴본 **makeAddFunction** 함수도 고차 함수다. 이 함수는 인자를 받는 대신 새 함수를 도출한다.

고차 함수는 일반 함수가 쉽게 나타낼 수 없는 많은 알고리즘을 일반화하는 데 사용할 수 있다. 이들 함수의 레퍼토리를 갖추고 있으면 코드에 대해 좀 더 명확하게 판단하는 데 도움이 된다. 지저분한 변수와 순환문을 사용하는 대신 알고리즘을 이름을 통해 호출하는 몇 개의 알고리즘 조합으로 구성함으로써 같은 내용을 반복해서 입력하는 수고를 덜 수 있다.

작업을 수행하는 방식(how)이 아니라 하려는 작업(what)을 작성할 수 있다면 높은 추상화 수준에서 작업하고 있음을 뜻한다. 현실적으로 이 말은 좀 더 간결하고, 명확하며, 작업하기 좋은 코드를 가리킨다.

❊ ❊ ❊

또 다른 유용한 형태의 고차 함수는 주어진 함수 값을 수정한다.

```
negate = (func) ->
  (x) -> not func x

isNotNaN = negate isNaN
show isNotNaN NaN
```

negate가 반환한 함수는 자신이 전달받은 인자를 본래 호출하려던 함수인 **func**로 넘겨준 다음 결과를 반대로 적용한다. 그런데 결과를 역으로 적용하려는 함수가 둘 이상의 인자를 받으면 어떻게 해야 할까? **arguments** 배열을 사용하면 함수로 전달된 모든 인자에 접근할 수 있지만 갖고 있는 인자의 개수를 알지 못한다면 어떻게 함수를 호출할 수 있을까?

함수[2]가 **apply**라는 메서드를 갖고 있다. 이 메서드는 이런 상황에서 사용할 수 있는 메서드다. 이 메서드는 두 개의 인자를 받는다. 첫 번째 인자의 역할은 '객체지향' 장에서 설명하기로 하고 일단은 **null** 값을 사용하면 된다. 두 번째 인자는 함수에 적용할 인자를 담고 있는 배열이다. **arguments**의 메커니즘은 앞에서 이미 배운 바 있다. 또 ...의 사용법도 기억할 것이다.

---

2 아쉽지만 적어도 기존 인터넷 익스플로러 브라우저에서는 alert 같은 많은 내장 함수가 실제로는 함수가 아니다. 익스플로러에서는 이들 함수에 typeof 연산자를 사용하면 타입이 'object'로 나타나며, 이들 객체는 apply 메서드를 갖고 있지 않다. 여러분이 작성하는 커스텀 함수는 이런 문제가 없으며 실제 함수가 된다.

```
show Math.min.apply null, [5, 6]

negate = (func) ->
  -> not func.apply null, arguments

negate = (func) ->
  (args...) -> not func args...
```

❋ ❋ ❋

배열과 관련한 기본 알고리즘을 몇 개 더 살펴보자. 사실 sum 함수는 reduce 또는 foldl이라고 하는 알고리즘의 변종일 뿐이다.

```
reduce = (array, combine, base) ->
  forEach array, (element) ->
    base = combine base, element
  base

add = (a, b) -> a + b
sum = (numbers) -> reduce numbers, add, 0
show sum [1, 10, 100]
```

reduce는 배열의 요소를 병합하는 함수를 반복적으로 사용해 배열을 단일 값으로 합친다. 이는 sum이 수행하는 기능과 정확히 같으므로 앞의 코드는 reduce...를 사용해 더 짧게 만들 수 있다. 다만 커피스크립트에서 덧셈은 함수가 아니고 연산자이므로 먼저 이를 함수에 집어넣어야 한다.

💣 연습문제 21

숫자 배열을 인자로 받아 배열 안에 들어 있는 0의 개수를 반환하는 countZeroes 함수를 작성하라. 이 연습문제에서는 reduce를 사용해야 한다.

그런 다음 배열과 테스트 함수를 인자로 받는 count 고차 함수를 작성하고 테스트 함수가 true를 반환하는 배열에 대해 요소의 양을 반환하라. 이 함수를 사용해 countZeroes 를 재구현하라.

☑ 풀이

```
countZeroes = (array) ->
  counter = (total, element) ->
    total++ if element is 0
    total
  reduce array, counter, 0

bits = [1, 0, 1, 0, 0, 1, 1, 1, 0]
show countZeroes bits
```

다음은 count 함수를 사용하는 풀이다. 이 풀이에서는 최종 countZeroes 함수를 더 간결하게 만들어주는 동등성 테스트를 양산하는 함수를 사용한다.

```
count = (test, array) ->
  reduce array, ((total, element) ->
    total + if test element then 1 else 0), 0

equals = (x) ->
  (element) -> x == element

countZeroes = (array) ->
  count equals(0), array

show countZeroes bits
```

배열과 관련해서 또 다른 유용한 '단위 알고리즘'으로 map이 있다. map은 forEach와 마찬가지로 배열을 순회하며 각 요소에 함수를 적용한다. 하지만 함수에서 반환한 값을 버리는 대신 이들 값을 가지고 새 배열을 만든다.

```
map = (array, func) ->
  result = []
  forEach array, (element) ->
    result.push func element
  result

show map [0.01, 2, 9.89, Math.PI], Math.round
```

여기서 마지막 인자가 function이 아니라 func인 점에 주의하자. 이는 function은 키워드이므로 유효한 변수명이 될 수 없기 때문이다. 이어서 다음 코드를 살펴보자.

```
# forEach가 이미 결과를 반환하므로 결과를 생략
map = (array, func) ->
  forEach array, (element) ->
    func element

# func 인자를 생략
map = (array, func) ->
  forEach array, func

# forEach 인자를 생략
map = forEach
```

이 축약 과정은 함수와 표현식을 활용해 함수를 축약하는 법을 잘 보여준다. forEach의 성능이 신경 쓰인다면 정의 끝에 return을 삽입해 for 구문의 결과를 수집하는 것을 막을 수 있고, 이 경우 map 내에서 구현체를 제공해야 한다.

✻ ✻ ✻

예전에 트란실바니아의 깊은 산 속에 한 은둔자가 살고 있었다. 그는 산 속을 거닐며 나무와 얘기하고 새들과 노래하며 대부분의 시간을 보낸다. 하지만 이따금씩 소나기로 작은 오두막에 갇혀 나가지 못하고 우는 듯한 바람 소리가 들릴 때면 그는 자신이 너무나 작아진 나머지 뭔가를 쓰고 싶은 욕구를 느꼈다. 그럴 때면 그는 자신의 생각을 종이에 쏟아내고 이런 행동을 통해 그 자신보다 더 큰 생각을 키워내고 싶었다.

시, 소설, 철학서를 쓰다 모두 실패한 은둔자는 마침내 기술 서적을 쓰기로 결심했다. 젊었을 때 그는 컴퓨터 프로그래밍을 한 경험이 있고 그 내용에 대해 좋은 책을 쓰기만 하면 명예와 사람들의 인정이 당연히 따라올 거라 생각했다.

그래서 그는 글을 썼다. 처음에는 나무 껍질 조각을 사용했지만 계속 사용하다 보니 별로 실용적이지 못했다. 그래서 가장 가까운 마을로 내려가 노트북을 한 대 구입했다. 몇 장을 쓰고 나니 웹 페이지에 올릴 수 있게 이 책을 HTML 형식으로 작성하는 게 좋겠다는 생각이 들었다...

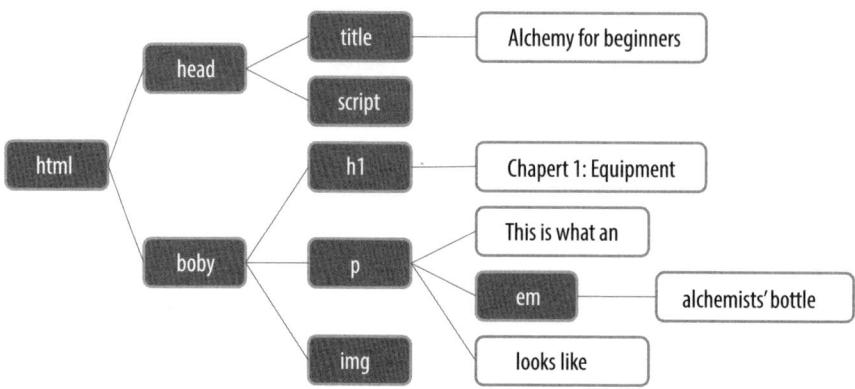

독자들이 HTML을 잘 알고 있는지 궁금하다. HTML은 웹에 마크업을 추가하는 데 사용하는 방식이다. 이 책에서는 몇 차례 HTML을 사용하는 만큼 HTML의 동작 방식을 개론적으로나마 알면 도움이 된다. 독자들이 좋은 학생이라면 이쯤에서 웹을 검색해 HTML 기초 설명을 찾아본 후 다시 책의 내용으로 돌아오는 것도 좋다. 하지만 여러분은 대부분 게으른 학생이므로 여기서 HTML에 대해 짧게 설명하겠다.

HTML은 '하이퍼텍스트 마크업 언어'를 뜻한다. HTML 문서는 모두 텍스트로 이뤄져 있다. HTML은 텍스트의 구조, 어떤 텍스트가 제목인지에 대한 정보, 어떤 텍스트가 보라색인지에 대한 정보 등을 표현할 수 있어야 하므로 커피스크립트 문자열의 역슬래시 같은 일부 문자는 특수 의미로 사용한다. '~보다 작은(<)'과 '~보다 큰(>)' 문자는 '태그'를 생성하는 데 사용한다. 태그는 문서 내 텍스트에 대한 추가 정보를 전달한다. 태그는 페이지 내 그림이 올 위치를 표시하는 등 그 자체로 사용할 수도 있고 단락의 시작과 끝을 표시할 때처럼 텍스트나 다른 태그를 포함할 수도 있다.

어떤 태그는 의무적으로 사용해야 한다. 전체 HTML 문서는 항상 html 태그 안에 들어 있어야 한다. HTML 버전은 브라우저가 제대로 파싱하고 렌더링할 수 있게끔 문서 타입인 DOCTYPE과 함께 첫 줄에서 지정해야 한다. 다음은 HTML5 문서의 예다.

```
<!DOCTYPE HTML>
<html>
    <head>
        <meta charset="utf-8"/>
```

```
            <title>인용문</title>
        </head>
        <body>
            <h1>인용문</h1>
            <blockquote>
                <p>우리가 생각/프로그래밍하는 언어와
                우리가 상상할 수 있는 해법 사이의 연관 관계는
                꽤나 긴밀하다. 이런 이유로 단순히 프로그래밍 오류를
                줄이기 위해 언어의 기능을 제한하는 것은
                기껏해야 위험한 결과를 초래할 뿐이다.</p>
                <p>-- 바야네 스트로스트럽</p>
            </blockquote>
            <p>스트로스트럽은 프로그래밍 언어인
            C++의 창시자이며, 혜안으로 가득한
            사람이다.</p>
            <p>다음은 타조 그림이다.</p>
            <img src="../img/ostrich.jpg"/>
        </body>
    </html>
```

텍스트나 다른 태그를 포함하는 엘리먼트는 먼저 <태그명>으로 열고 그 다음 </태그명>으로 닫는다. html 엘리먼트는 항상 head와 body라는 두 개의 자식을 포함한다. 첫 번째 자식인 head는 문서에 대한 정보를 담고 있고, 두 번째 자식인 body는 실제 문서를 담고 있다.

대부분의 태그명은 알기 힘든 약어로 돼 있다. h1은 '제목 1'로, 가장 큰 제목을 나타낸다. 이보다 크기가 작은 제목으로 사용할 수 있는 태그로 h2부터 h6 태그도 있다. p는 '단락'을 나타내며, img는 '이미지'를 나타낸다. img 엘리먼트는 다른 텍스트나 태그를 포함하지 않지만 src="../img/ostrich.png" 같은 추가 정보를 갖고 있는데, 이를 '어트리뷰트'라고 한다. 이 경우 img 엘리먼트는 문서에서 보여줄 이미지 파일에 대한 정보를 갖고 있다.

HTML 문서에서는 <와 >가 특수 의미가 있으므로 문서 내에서 직접 쓸 수 없다. HTML 문서에서 '5 < 10'을 표현하고 싶다면 '5 < 10'이라고 써야 한다. 여기서 'lt'는 '~보다 작은(less than)'의 약어다. '>'를 표현할 때는 '>'를 사용한다. 코드에서는 앰퍼샌드(&) 문자에도 특수 의미를 부여하므로 일반 '&'는 '&'로 써야 한다.

지금까지 HTML에 대한 기본 지식을 다뤘지만 이 정도만으로도 이 장과 나중에 HTML 문서를 다루는 다른 장을 이해하는 데는 충분하다.

＊ ＊ ＊

prelude에는 HTML 문서를 보는 데 사용할 수 있는 viewURL 함수가 있다. 앞의 예제 문서는 06-Quote.html 파일에 저장돼 있으므로 다음 코드를 실행해 열어볼 수 있다.

```
viewURL '06-Quote.html'
```

또 프로그램이나 인터랙티브 커피스크립트 환경(REPL)에서 간단한 서버를 구동할 수도 있다. 이를 통해 문자열 변수 또는 파일로부터 웹 페이지를 제공할 수 있다. 예컨대 stroustrupQuote 문자열 변수에 웹 페이지를 생성했다면 다음 명령을 입력해 서버를 시작할 수 있다.

```
viewServer stroustrupQuote
```

또는 파일명을 인자로 지정할 수도 있다. 서버 작업이 끝나면 stopServer()를 입력하거나 CTRL-C를 누르면 된다.

＊ ＊ ＊

다시 앞의 이야기를 계속하자면, 은둔자는 HTML 형식으로 책을 만들기로 결심했다. 처음에는 모든 태그를 원고에 직접 기입했으나 나중에는 '~보다 작은'과 '~보다 큰' 기호를 일일이 입력하느라 손이 아팠고 매번 &를 입력해야 할 때마다 &를 쓰는 걸 빼먹기 일쑤였다. 이로 인해 은둔자는 골치가 아파오기 시작했다. 그 후 그는 마이크로소프트 워드에서 책을 쓰고 이 내용을 HTML로 저장해 봤다. 하지만 이렇게 저장한 HTML 문서는 15배나 컸고 필요 이상으로 훨씬 복잡했다. 결국 마이크로소프트 워드도 별 도움이 안 됐다.

결국 그가 최종적으로 내놓은 해결책은 이것이었다. 즉, 책을 일반 텍스트로 작성하되 단락을 구분하고 제목을 보여주는 간단한 규칙을 따르는 것이다. 그런 다음 이 텍스트를 자신이 원하는 HTML 형식으로 정확히 변환하는 프로그램을 작성하는 것이다.

규칙은 다음과 같다.

1. 단락은 공백 줄로 구분한다.
2. '%' 기호로 시작하는 단락은 헤더다. '%' 기호가 많을수록 헤더 크기는 작다.
3. 단락 내에서 텍스트를 강조할 때는 텍스트 사이에 별표(*)를 사용한다.
4. 주석은 괄호로 표시한다.

❋ ❋ ❋

6개월 동안 이 책에 힘들게 매진한 후에도 은둔자는 고작 몇 개의 단락만 마칠 수 있었다. 이 시점에서 그의 오두막은 번개에 맞았고 그는 죽음을 맞이했으며, 책을 남기겠다는 그의 꿈은 영원한 안식에 들어갔다. 까맣게 탄 그의 노트북에서 이 파일을 복원할 수 있었다.

% 프로그래밍 책

%% 두 가지 측면

기기의 표면 아래에서 프로그램은 움직인다.
아무 노력도 없이, 프로그램은 확장하고 수축한다. 엄청난 조화 속에서
전자는 흩어지고 다시 모인다. 모니터의 형태는
물 위에 보이는 파형에 불과하다. 핵심은 보이지 않는
아래에 숨어 있다.

컴퓨터를 만들 때 사람들은
프로세서와 메모리를 집어넣었다. 이로부터 프로그램의
두 가지 측면이 나타난다.

프로세서의 측면은 능동적 물질이다. 이를
제어라고 한다. 메모리의 측면은 수동적
물질이다. 이를 데이터라고 한다.

데이터는 단순히 비트로 이뤄지지만, 복잡한 형태를 취한다.
제어는 단순한 명령으로 구성되지만
어려운 작업을 수행한다. 작고 사소한 것으로부터
크고 복잡한 것이 나온다.

프로그램 소스는 데이터다. 제어는 이로부터 유래한다.

제어는 새 데이터를 생성하게 한다. 전자는
후자로부터 태어나고, 후자는 전자 없이는 무용지물이다.
이것이 바로 데이터와 제어의 조화로운 흐름이다.

그 자체로 데이터와 제어는 아무 구조도 없다.
과거 프로그래머들은 이런 물질만으로 프로그램을 만들었다.
시간이 지나면서 형태가 없는 데이터는
데이터 타입으로 구체화됐고, 혼란스러웠던 제어는
제어 구조와 함수로 제한됐다.

%% 짧은 격언

한 학생이 공자에게 데이터와 제어의 성격에 대해 묻자
공자가 답하기를 '자기 자신을 컴파일하는 컴파일러를 생각하게'
라고 답했다.

학생이 물었다 '과거 프로그래머는 간단한 장비와
아무 프로그래밍 언어가 없어도
아름다운 프로그램을 만들었습니다. 그런데 왜 우리는 복잡한 장비와
프로그래밍 언어를 사용하는 겁니까?' 공자가 대답했다 '옛
사람들은 가지와 진흙만을 사용했지만
아름다운 오두막을 지을 수 있었지.'

한 은둔자가 10년 동안 프로그램을 작성하는 데 시간을 들였다. '제 프로그램은
MS-DOS를 구동하는 286 컴퓨터에서 달의 움직임을 계산할 수 있습니다'라고
그가 자랑스럽게 말했다. '이제 286 컴퓨터를 갖고 있거나
MS-DOS를 사용하는 사람은 아무도 없네.' 공자가 대답했다.

공자가 전역 상태와 손쉬운 편법으로 가득한 프로그램을 작성했다.
이 프로그램을 보고 학생이 물었다.
'스승님은 이런 기법을 경계하셨는데
스승님의 프로그램에는 이런 코드가 있습니다. 어떻게 된 겁니까?' 공자가 답했다
'집에 불이 나지 않았을 때는 물 호스를 가져올 필요가 없느니라.'
{이 부분은 프로그래밍을 대충 하기를 권장하는 내용이 아니라
모범 규칙에 지나치게 집착하는 것을 경계하기
위한 것이다.}

%% 지혜

학생이 디지털 숫자에 대해 불평하고 있었다. '2에

루트를 적용하고 그 결과를 다시 제곱하면
결과가 벌써부터 정확하게 나오지 않아!' 이를 듣고 공자가 웃었다.
'여기 종이가 있지. 2의 제곱근의 정확한 값을
한번 써보게.'

공자가 말했다. '나뭇결의 반대편으로 나무를 벨 때는
많은 힘이 필요하지. 마찬가지로 문제의 결에 반해 프로그램을
작성할 때는 많은 코드가 필요한 법이네.'

자유[3]와 자사[4]가 최신 프로그램의 크기에 대해 자랑하고 있었다.
'내 프로그램은 20만 줄이네' 하고 자유가 말했다.
'물론, 주석은 제외하고!' 그러자 자사가 '제 코드는
이미 백만 줄이 넘습니다' 하고 답했다. 공자가 말하길 '내
최고의 프로그램은 5백 줄이라네.' 이 말을 듣자 자유와
자사는 깨달음을 얻었다.

한 학생이 컴퓨터 뒤에서 몇 시간 째 움직이지 않은 채
어두운 표정으로 앉아 있었다. 그는 어려운 문제에 대한
아름다운 해결책을 작성하고 싶었지만
올바른 접근법을 찾지 못했다. 공자가 그의 뒤통수를
때리며 소리쳤다 '*아무거라도 입력하게!*' 학생은
형편없는 해결책을 작성하기 시작했다. 작업을 마친 후
학생은 갑자기 아름다운 해결책을 깨달을 수 있었다.

%% 나아감

초보 프로그래머는 개미가 집을 짓듯이 한 번에 하나씩
큰 구조를 생각하지 않고 프로그램을 작성한다.
그의 프로그램은 견고하지 않은 모래와도 같다.
잠깐 서 있을 수는 있지만 지나치게 커지면
모두 무너지기 마련이다{내부적 불일치성의 위험과
조직화되지 않은 코드의 중복 구조를 가리킨다}.

이런 문제를 깨달으면 프로그래머는 구조에 대해 생각하며
많은 시간을 보내기 시작한다. 그의 프로그램은
돌 건축물처럼 경직된 구조를 갖게 된다. 이는 단단하기는 하지만
수정해야 할 때는 무력을 써야 한다

---

3   공자의 제자 중 한 명으로 문학에 뛰어났다.
4   공자의 손자 중 한 명이다.

{프로그램이 발전할 수 없게 구조가 제약을 가하는
현실을 가리킨다}.

숙련된 프로그래머는 언제 구조를 적용하고
언제 단순한 형태를 유지할지 알고 있다. 그의 프로그램은
찰흙과 같아서 견고하면서도 유연하다.

%% 언어

프로그래밍 언어를 처음 만들 때는 언어에
구문과 의미를 부여한다. 구문은 프로그램의
형태를 나타내고, 의미는 프로그램의 기능을 나타낸다.
구문이 아름답고 의미가 명확하면
프로그램은 위엄 있는 나무와도 같다. 구문이 어색하고
의미가 혼동스러우면 프로그램은
검은딸기나무 덤불과도 같다.

자사는 자바라는 언어로 프로그램을 작성해달라는
부탁을 받았다. 이 언어는 함수에 매우 원시적으로
접근하는 언어다. 매일 아침 그는 컴퓨터 앞에 앉아
불평하기 시작했다. 그는 하루 종일 욕하며
모든 잘못의 책임을 언어로 돌렸다.
한동안 그의 말을 들은 후 공자는 그를 나무라며 말했다.
'모든 언어는 자신만의 방법이 있는 거라네. 그 형태를 따르고
다른 언어를 사용할 때처럼 프로그래밍을 하려고 하지 말게나.'

❋ ❋ ❋

은둔자를 추모하기 위해 필자는 그를 대신해 HTML 생성 프로그램을 마치려고 한다. 이 문제에 접근하는 방식은 다음과 같다.

1. 공백 줄마다 새로운 단락으로 파일을 분리한다.

2. 헤더 단락에서 '%' 문자를 제거하고 이를 헤더로 표시한다.

3. 일반 영역, 강조 영역, 주석으로 분리해 단락 자체의 텍스트를 처리한다.

4. 모든 주석을 문서 아래로 옮기고, 주석이 원래 있던 자리에 숫자[5]를 남긴다.

5. 각 부분을 정확한 HTML 태그로 감싼다.

6. 모든 내용을 결합해 단일 HTML 문서를 만든다.

이 방식에서는 강조 텍스트 내에 주석을 사용할 수 없고, 그 역도 허용되지 않는다. 이는 다소 임의로 정한 것이긴 하지만 예제 코드를 더 단순하게 하는 데 도움이 된다. 만일 이 장을 마치고 추가로 예제를 작성해보고 싶다면 '중첩' 마크업을 지원하게끔 프로그램을 수정해보는 것도 괜찮다.

전체 원고는 06-RecluseFile.text 파일에 있다. 이 파일은 prelude에 있는 readTextFile 함수를 다음과 같이 호출해 가져올 수 있다.

```
recluseFile = readTextFile '06-RecluseFile.text'
```

❋ ❋ ❋

이 알고리즘의 1단계는 아주 간단하다. 빈 줄은 한 행에 두 개의 새 줄이 있는 곳으로, '자료구조' 장에서 본 문자열이 지원하는 split 메서드를 기억한다면 다음 코드를 통해 이를 처리할 수 있음을 알 수 있다.

```
paragraphs = recluseFile.split "\n\n"
show "Found #{paragraphs.length} paragraphs."
```

💣 연습문제 22

단락 문자열을 인자로 받으면 단락이 헤더인지 검사하는 processParagraph 함수를 작성하라. 단락이 헤더이면 '%' 문자를 제거하면서 그 개수를 센다. 그런 다음 content와 type이라는 두 개의 속성을 갖고 있는 객체를 반환한다. content는 단락 내 텍스트를 담고 있고 type은 이 단락을 감쌀 태그를 담는다. 예컨대 일반 단락에는 'p', 한 개의 '%'가 들어 있는 헤더에는 'h1', X개의 '%'가 들어 있는 헤더에는 'hX'를 사용한다.

---

5 이런 식으로...

> ☑ **풀이**

```
processParagraph = (paragraph) ->
  header = 0
  while paragraph[0] == '%'
    paragraph = paragraph.slice 1
    header++
  type: if header == 0 then 'p' else 'h' + header,
  content: paragraph

show processParagraph paragraphs[0]
```

여기서는 앞에서 본 map 함수를 사용할 수 있다.

```
paragraphs = map recluseFile.split('\n\n'),
             processParagraph
show paragraphs[0..2]
```

이제 타입으로 구분한 단락 객체 배열을 갖추게 됐다. 그런데 알고리즘의 3단계를 건너뛰고 이를 처리했다. 알고리즘의 3단계는 '일반 영역, 강조 영역, 주석으로 분리해 단락 자체의 텍스트를 처리한다'이다.

이 작업은 다음과 같이 나눌 수 있다.

1. 단락이 별표로 시작하면 강조 표시를 제거하고 이를 저장한다.
2. 단락이 여는 중괄호로 시작하면 주석을 제거하고 이를 저장한다.
3. 그 밖의 경우는 첫 번째 강조 영역 또는 주석이 나올 때까지, 또는 문자열의 끝까지 텍스트 영역을 가져와 이를 일반 텍스트로 저장한다.
4. 단락에 남은 내용이 있다면 1단계부터 다시 시작한다.

💣 연습문제 23

단락 문자열을 인자로 받으면 단락 조각 배열을 반환하는 splitParagraph 함수를 작성하라. 단락 조각을 잘 나타낼 방법을 생각하라. 단락에는 모두 type과 content 속성이 필요하다.

문자열의 특정 문자 또는 하위 문자를 검색하는 indexOf 메서드는 검색 위치 또는 문자를 찾지 못할 경우 -1을 반환하므로 이 연습문제에 도움이 된다.

이 알고리즘은 까다로운 알고리즘으로, 자칫 정확하지 않으면서 지나치게 긴 해법을 사용하기 쉽다. 알고리즘을 작성하다 문제가 생기면 알고리즘에 대해 한 번 생각해 보자. 좀 더 작은 작업을 수행하는 내부 함수를 작성해 알고리즘을 보완해 보자.

☑ 풀이

다음은 가능한 풀이 중 하나다.

```
splitParagraph = (text) ->
  #문자 위치 또는 텍스트 끝을 검색
  indexOrEnd = (character) ->
    index = text.indexOf character
    if index == -1 then text.length else index

  # 다음 번 특수 문자 또는 텍스트 끝까지의
  # 텍스트를 반환하고 제거
  takeNormal = ->
    end = reduce map(['*', '{'], indexOrEnd),
                 Math.min, text.length
    part = text.slice 0, end
    text = text.slice end
    part

  # 문자까지의 텍스트를 반환하고 제거
  takeUpTo = (character) ->
    end = text.indexOf character, 1
    if end == -1
      throw new Error 'Missing closing ' +
                      '"' + character + '"'
    part = text.slice 1, end
    text = text.slice end + 1
```

```
      part

  fragments = [];

  while text != ''
    if text[0] == '*'
      fragments.push
        type: 'emphasised',
        content: takeUpTo '*'
    else if text[0] == '{'
      fragments.push
        type: 'footnote',
        content: takeUpTo '}'
    else
      fragments.push
        type: 'normal',
        content: takeNormal()
  fragments
```

이 풀이의 takeNormal 함수에서 map과 reduce를 지나칠 정도로 사용한다는 점에 주목하자. 이 장은 함수형 프로그래밍을 다루는 만큼 프로그램도 함수를 활용해 작성한다. 이 코드의 동작 원리를 이해할 수 있을지 궁금하다. map은 특정 문자를 찾은 위치 또는 문자를 찾지 못한 경우 문자열의 끝 위치에 해당하는 배열을 생성하고, reduce는 이 중 가장 작은 값을 인자로 받는데, 이는 다음으로 살펴볼 문자열 위치에 해당한다.

map과 reduce 함수를 사용하지 않고 이를 직접 작성한다면 아마 다음과 같은 코드를 작성해야 할 것이다.

```
takeNormalAlternative = ->
  nextAsterisk = text.indexOf '*'
  nextBrace = text.indexOf '{'
  end = text.length
  if nextAsterisk != -1
    end = nextAsterisk
  if nextBrace != -1 and nextBrace < end
    end = nextBrace
  part = text.slice 0, end
  text = text.slice end
  part
```

이 코드는 훨씬 더 지저분하다. 대부분의 경우 이어지는 내용을 기반으로 뭔가를 결정해야 할 때는 요소가 단 두개뿐이더라도 별도의 if 구문을 사용하는 대신 이를 배열 연산으로 작성하는 게 모든 값을 더 깔끔하게 처리하는 방법이다(다행히 '정규식' 장에서는 문자열에서 '이 글자 또는 저 글자'가 첫 번째로 나오는 위치를 쉽게 찾는 방법을 설명한다).

단락 조각을 저장하는 splitParagraph 함수를 앞의 방식과 다르게 작성했다면 이 장의 나머지 함수에서는 단락 조각을 type과 content 속성을 갖춘 객체로 간주하므로 이를 조금 수정하는 게 좋을 수 있다.

이제 processParagraph를 사용해 단락 내 텍스트도 분리할 수 있다. 필자가 작성한 코드는 다음과 같이 수정할 수 있다.

```
processParagraph = (paragraph) ->
  header = 0
  while paragraph[0] == '%'
    paragraph = paragraph.slice 1
    header++
  type: if header == 0 then 'p' else 'h' + header,
  content: splitParagraph paragraph
# 즉석 테스트
recluseFile = readTextFile '06-RecluseFile.text'
paragraphs = map recluseFile.split('\n\n'),
                 processParagraph
show paragraphs, 3
```

단락 배열을 매핑하면 단락 객체 배열이 나오고, 이 안에는 단락 조각 객체의 배열이 담겨 있다. 다음으로 할 일은 주석을 가져와 참조 번호를 그 위치에 집어넣는 것이다. 이는 다음과 같이 구현할 수 있다.

```
extractFootnotes = (paragraphs) ->
  footnotes = []
  currentNote = 0
  replaceFootnote = (fragment) ->
    if fragment.type == 'footnote'
      ++currentNote
      footnotes.push fragment
```

```
          fragment.number = currentNote
        type: 'reference', number: currentNote
      else
        fragment

  forEach paragraphs, (paragraph) ->
    paragraph.content = map paragraph.content,
                            replaceFootnote
  footnotes
```

replaceFootnote 함수는 각 단락 조각마다 호출한다. 이 함수는 그 자리에 그대로 남겨둬야 할 단락을 만나면 그 단락을 그냥 반환하지만 주석을 만나면 주석을 footnotes 배열에 집어넣고 주석 대신 참조 번호를 반환한다. 이 과정에서 모든 주석과 참조에 번호를 지정한다.

❋ ❋ ❋

이로써 파일에서 정보를 추출하는 데 필요한 도구를 모두 갖췄다. 이제 남은 일은 올바른 HTML을 생성하는 것뿐이다.

많은 사람들은 문자열을 결합하는 게 HTML을 생성하는 좋은 방법이라고 생각한다. 예를 들어 바둑 게임을 즐길 수 있는 사이트로 연결되는 링크가 있다면 사람들은 다음과 같은 코드를 작성한다.

```
url = "http://www.gokgs.com/"
text = "지금 바둑 두기!"
linkText = "<a href=\"#{url}\">#{text}</a>"
show linkText
```

(여기서 a는 HTML 문서에서 링크를 생성하는 데 사용하는 태그다.) 이 방식은 어색할뿐더러 text 문자열에 꺾쇠 괄호나 앰퍼샌드가 포함될 경우 잘못될 수 있다. 이 경우 웹사이트가 이상하게 동작하고 여러분의 작품은 아마추어처럼 보일 것이다. 우리는 이런 문제가 일어나기를 바라지 않는다. 간단한 HTML 생성 함수는 쉽게 작성할 수 있다. 이제 이런 함수를 작성해 보자.

성공적인 HTML 생성의 비밀은 HTML 문서를 일차원적인 텍스트가 아니라 자료구조로 처리하는 데 있다. 커피스크립트의 객체는 이를 모델링하는 매우 편리한 방법을 제공한다.

```
linkObject =
  name: 'a'
  attributes:
    href: 'http://www.gokgs.com/'
  content: ['지금 바둑 두기!']
```

각 HTML 엘리먼트는 자신이 나타내는 태그의 이름에 해당하는 name 속성을 갖고 있다. 엘리먼트에 어트리뷰트도 있다면 attributes 속성도 들어 있다. 이 속성에는 어트리뷰트가 저장된 객체를 보관한다. 엘리먼트에 내용이 있다면 content 속성도 사용한다. 이 속성은 이 엘리먼트에 포함된 다른 엘리먼트의 배열을 담고 있다. 문자열은 HTML 문서에서 텍스트 역할을 하므로 ['Play Go!'] 배열은 이 링크가 단순 텍스트로 이뤄진 한 개의 엘리먼트만 담고 있음을 의미한다.

이런 객체를 직접 입력하는 것은 번거로우며 직접 하지 않아도 된다. 여기서는 이 작업을 대신 수행해줄 단축 함수를 사용한다.

```
tag = (name, content, attributes) ->
  name: name
  attributes: attributes
  content: content
```

엘리먼트의 어트리뷰트와 내용이 없을 때는 attributes와 content 값이 undefined가 될 수 있으므로 이 함수에서 두 번째와 세 번째 인자는 필요 없을 때 생략할 수 있다는 점을 참고하자.

tag 함수는 여전히 기초적인 기능만 수행하므로 이번에는 링크, 단순 문서의 바깥쪽 구조 같은 공통 엘리먼트에 대한 단축 함수를 작성해 보자.

```
link = (target, text) ->
  tag "a", [text], href: target

show link "http://www.gokgs.com/", "지금 바둑 두기!"

htmlDoc = (title, bodyContent) ->
  tag "html", [tag("head", [tag "title", [title]]),
              tag "body", bodyContent]

show htmlDoc "인용문", "르뤼에에 있는 그의 집에서 죽은 크툴루는 꿈을 꾸며 기다린다."
```

💣 연습문제 24

필요하다면 예제 HTML 문서를 다시 보면서 image 함수를 작성하라. 이 함수는 이미지 파일의 위치를 넘겨주면 img HTML 엘리먼트를 생성하는 함수다.

☑ 풀이

```
image = (src) ->
  tag 'img', [], src: src
```

문서를 생성한 후에는 이를 다시 문자열로 변환해야 한다. 하지만 지금까지 만든 자료구조에서 이런 문자열을 생성하는 것은 아주 간단하다. 여기서 기억해야 할 중요한 점은 문서의 텍스트에서 특수 문자를 변형해야 한다는 점이다.

```
escapeHTML = (text) ->
  replacements = [[/&/g, '&amp;']
                  [/"/g, '&quot;']
                  [/</g, '&lt;']
                  [/>/g, '&gt;']]
  forEach replacements, (replace) ->
    text = text.replace replace[0], replace[1]
  text
```

문자열의 replace 메서드는 첫 번째 인자에 있는 패턴과 일치하는 문자를 모두 두 번째 인자로 대체한다. 따라서 'Borobudur'.replace(/r/g, 'k')의 결과는 'Bokobuduk'이 된다. 지금은 패턴 구문에 대해서는 신경 쓰지 않아도 된다. 이 부분은 '정규식' 장에서 자세히 다룰 것이다.

escapeHTML 함수는 대체해야 할 각기 다른 문자열을 배열에 집어넣고 이를 순회하며 인자에 하나씩 적용한다.

이때 큰 따옴표도 함께 대체하는데, 그 이유는 HTML 태그 내 어트리뷰트에 있는 텍스트에도 이 함수를 사용하기 때문이다. 이들 텍스트는 큰 따옴표로 둘러싸일 예정이므로 안에 큰 따옴표가 없어야 한다.

replace를 네 번 호출한다는 말은 컴퓨터가 전체 문자열을 네 차례 순회하며 내용을 검사해 대체한다는 뜻이다. 이는 별로 효율적이지 않다. 우리가 좀 더 신중한 프로그래머라면 앞에서 본 splitParagraph 함수와 유사한 함수를 작성해 한 번만 검사하게 할 것이다. 하지만 지금은 이런 작업을 하기에는 우리가 너무 게으르다. 거듭 말하지만 '정규식' 장에서는 이를 수행하는 훨씬 더 나은 방법을 보여준다.

❈ ❈ ❈

HTML 엘리먼트를 문자열로 변환하려면 다음과 같은 재귀 함수를 사용하면 된다.

```
renderHTML = (element) ->
  pieces = []

  renderAttributes = (attributes) ->
    result = []
    if attributes
      for name of attributes
        result.push ' ' + name + '="' +
          escapeHTML(attributes[name]) + '"'
    result.join ''

  render = (element) ->
    # 텍스트 노드
    if typeof element is 'string'
```

```
      pieces.push escapeHTML element
    # 빈 태그
    else if not element.content or
              element.content.length == 0
      pieces.push '<' + element.name +
        renderAttributes(element.attributes) + '/>'
    # 내용이 있는 태그
    else
      pieces.push '<' + element.name +
        renderAttributes(element.attributes) + '>'
      forEach element.content, render
      pieces.push '</' + element.name + '>'

  render element
  pieces.join ''
```

이 예제에서 커피스크립트 객체로부터 속성을 추출해 HTML 태그 어트리뷰트를 생성하는 of 순환문을 주의해서 보자. 또 두 곳에서 배열을 사용해 문자열을 합친 후 이를 한 개의 결과 문자열로 결합하는 점도 주의해서 살펴보자. 여기서 왜 그냥 빈 문자열부터 시작한 다음 += 연산자를 사용해 내용을 추가하지 않았을까?

사실 새 문자열, 특히 긴 문자열을 생성하는 일에는 매우 많은 연산이 소요된다. 커피스크립트의 문자열 값은 절대 변하지 않는다는 점을 기억하자. 문자열에 뭔가를 결합하면 새 문자열이 생성되고 기존 문자열은 그대로 있다. 작은 문자열을 많이 결합해 큰 문자열을 만들면 새 문자열이 매 단계마다 생성된 후, 다음 문자열을 추가할 때 바로 버려진다. 그에 반해 모든 문자열을 배열에 저장한 후 이를 합치면 한 개의 큰 문자열만 생성된다.

❋ ❋ ❋

이제 HTML 생성 시스템을 테스트해 보자.

```
show renderHTML link 'http://www.nedroid.com',
                    'Drawings!'
```

프로그램이 제대로 동작하는 것 같다.

```
body = [tag('h1', ['The Test']),
        tag('p', ['Here is a paragraph ' +
                  'and an image...']),
        image('../img/ostrich.jpg')]
doc = htmlDoc 'The Test', body
show renderHTML doc
# 작업을 마친 후에는 `stopServer()`를 입력하거나 Ctrl-C를 누름.
viewServer renderHTML doc
```

이쯤에서 이 방식이 완벽하지는 않다는 점을 미리 말해야 할 것 같다. 사실 이 프로그램이 렌더링하는 것은 XML이다. XML은 HTML과 유사하지만 좀 더 구조화된 형식이다. 앞의 예제처럼 간단한 경우에는 이런 차이로 인해 아무 문제도 생기지 않는다. 하지만 때로는 XML 형식에는 부합하지만 올바른 HTML 형식이 아닌 문서도 있으며, 이로 인해 우리가 생성하는 문서를 브라우저가 제대로 보여주지 못할 수 있다. 예를 들어 문서에 빈 script 태그(페이지에 자바스크립트를 집어넣는 데 사용)가 있다면 브라우저는 이 태그가 비어 있음을 인식하지 못하고 이 태그 다음에 나오는 내용이 모두 자바스크립트라고 생각한다(이 경우 태그 안에 한 개의 공백을 둠으로써 태그를 더는 빈 태그로 만들지 않고 적절한 종료 태그를 사용해 문제를 해결할 수 있다).

연습문제 25

renderFragment 함수를 작성하고 이 함수를 사용해 단락 객체(주석을 이미 걸러낸)를 인자로 받아 올바른 HTML 엘리먼트(이 결과는 단락 객체의 type 속성에 따라 단락 또는 헤더가 될 수 있다)를 반환하는 renderParagraph 함수를 구현하라.

이 함수는 주석 참조를 렌더링하는 데 유용하게 활용할 수 있다.

```
footnote = (number) ->
  tag 'sup',
    [link '#footnote' + number, String number]
```

sup 태그는 내용을 '위첨자'로 보여준다. 위첨자는 다른 텍스트보다 조금 위에, 작은 글씨로 쓴 글자를 말한다. 링크의 타깃은 #footnote1 등이 된다. '#' 문자를 포함하는 링크는 페이지 내 '앵커'를 참조하며, 주석 링크를 클릭하면 독자는 주석이 적힌 페이지 하단으로 바로 이동할 수 있다.

강조 텍스트를 렌더링하는 태그는 em이며, 일반 텍스트는 아무 추가 태그 없이 렌더링할 수 있다.

> ☑ 풀이

```
renderFragment = (fragment) ->
  if fragment.type == 'reference'
    footnote fragment.number
  else if fragment.type == 'emphasised'
    tag 'em', [fragment.content]
  else if fragment.type == 'normal'
    fragment.content

renderParagraph = (paragraph) ->
  tag paragraph.type,
    map paragraph.content, renderFragment

show renderParagraph paragraphs[7]
```

이제 거의 작업이 끝났다. 남은 함수는 주석을 렌더링하는 함수뿐이다. #footnote1 링크가 제대로 동작하려면 모든 주석에 앵커가 포함돼야 한다. HTML에서 앵커에는 링크와 마찬가지로 a 엘리먼트를 사용한다. 다만 앵커의 경우 href 대신 name 어트리뷰트가 필요하다.

```
renderFootnote = (footnote) ->
  anchor = tag "a", [],
    name: "footnote" + footnote.number
  number = "[#{footnote.number}] "
  tag "p", [tag("small",
    [anchor, number, footnote.content])]
```

다음은 올바른 형식의 파일과 문서 제목을 전달하면 HTML 문서를 반환하는 함수다.

```
renderFile = (file, title) ->
  paragraphs = map file.split('\n\n'),
                 processParagraph
  footnotes = map extractFootnotes(paragraphs),
                 renderFootnote
  body = map paragraphs,
           renderParagraph
```

```
    body = body.concat footnotes
    renderHTML htmlDoc title, body

page = renderFile recluseFile, '프로그래밍 책'
show page
# 작업 완료 후 `stopServer()`를 입력하거나 Ctrl-C를 누름.
viewServer page
```

배열의 concat 메서드는 문자열의 + 연산자처럼 다른 배열을 현재 배열과 결합하는 데 사용할 수 있다.

❋ ❋ ❋

이 장 이후에 등장하는 장에서는 언더스코어 라이브러리를 통해 **map**과 **reduce** 같은 고차 함수를 항상 사용할 수 있으며, 코드 예제에서도 이를 사용한다. 이 책에서는 이따금씩 새로운 유용한 도구를 설명하고 추가한다. '모듈화' 장에서는 좀 더 구조화된 접근 방식을 사용해 이와 같은 '기본' 함수를 구현한다.

❋ ❋ ❋

일부 함수형 프로그래밍 언어에서는 연산자도 함수다. 예를 들어 **Pure**에서는 **foldl (+) 0 (1..10);**라는 코드를 작성할 수 있는데, 이는 커피스크립트의 reduce [1..10], ((a, b) -> a + b), 0과 같다. 이를 단축할 수 있는 방법 중 하나는 문자열로 된 연산자를 통해 인덱싱된 객체를 정의하는 것이다.

```
op = {
    '+': (a, b) -> a + b
    '==': (a, b) -> a == b
    '!': (a) -> !a
    # 기타 등등
}
show reduce [1..10], op['+'], 0
```

연산자의 목록이 꽤 긴 만큼 이런 자료구조가 다음 코드와 비교해 코드의 가독성을 개선하는지는 의문의 여지가 있다

```
add = (a, b) -> a + b
show reduce [1..10], add, 0
```

또 인자 중 하나가 이미 값을 갖고 있는 equals나 makeAddFunction 같은 함수가 필요하다면 어떻게 해야 할까? 이 경우 다시 새 함수를 쓰는 방식으로 되돌아와야 한다.

이런 경우 '부분적 적용'이 유용하다. 이때는 일부 인자를 이미 알고 있는 새 함수를 작성하고, 이 함수에서 받는 추가 인자를 고정 인자 다음에 오는 인자로 처리한다. 이를 보여주는 간단한 예제는 다음과 같다.

```
partial = (func, a...) ->
  (b...) -> func a..., b...

f = (a,b,c,d) -> show "#{a} #{b} #{c} #{d}"
g = partial f, 1, 2
g 3, 4
```

partial의 반환값은 a... 인자가 적용된 함수다. 반환된 함수를 호출하면 b... 인자가 func 함수의 인자에 적용된다.

```
equals10 = partial op['=='], 10
show map [1, 10, 100], equals10
```

전통적인 함수 정의와 달리 언더스코어는 행동을 수행하기 전 인자의 순서를 배열로 정의한다. 이 말은 다음과 같은 코드를 사용할 수 없다는 뜻이다.

```
square = (x) -> x * x
show map [[10, 100], [12, 16], [0, 1]],
        partial map, square # 잘못됨
```

square 함수는 내부 맵의 두 번째 인자가 돼야 하므로 이 코드는 잘못됐다. 하지만 인자를 역순으로 지정하는 또 다른 **partial** 함수를 정의할 수는 있다.

```
partialReverse = (func, a) -> (b) -> func b, a

mapSquared = partialReverse map, square
show map [[10, 100], [12, 16], [0, 1]], mapSquared
```

하지만 이 경우 함수를 직접 정의하는 게 프로그램의 의도를 좀 더 분명히 드러내는지 신중하게 판단할 필요가 있다.

```
show map [[10, 100], [12, 16], [0, 1]],
    (sublist) -> map sublist, (x) -> x * x
```

❋ ❋ ❋

함수를 조합하고 싶을 때 사용할 수 있는 유용한 기법은 함수 합성이다. 이 장의 초반부에서는 불리언 부정 연산자를 함수 호출 결과에 적용하는 **negate** 함수를 보여준 바 있다.

```
negate = (func) ->
    (args...) -> not func args...
```

이는 함수 A를 호출한 후 함수 B를 결과에 적용하라는 일반 패턴의 특수 사례다. 합성은 수학에서 자주 사용하는 개념이다. 합성은 다음과 같은 고차 함수를 통해 적용할 수 있다.

```
compose = (func1, func2) ->
    (args...) -> func1 func2 args...

isUndefined = (value) -> value is undefined
isDefined = compose ((v) -> not v), isUndefined
show 'isDefined Math.PI = ' + isDefined Math.PI
show 'isDefined Math.PIE = ' + isDefined Math.PIE
```

isDefined에서는 이름을 지정하지 않고 새 함수를 정의한다. 이는 map이나 reduce 같은 함수에 제공할 간단한 함수를 작성할 때 유용하다. 하지만 함수가 이 예제보다 복잡해진다면 함수를 별도로 정의하고 이름을 지정하는 게 보통 더 간단하고 명료하다.

9

검색

이 장에서는 새로운 함수형 프로그래밍 개념과 이를 통한 문제 해결법을 소개한다. 여기서는 두 가지 문제의 해결책을 다루면서 재미있는 알고리즘과 기법을 살펴본다. 함수형 추상화를 활용해 작업하기 편하게끔 이 장에서는 언더스코어 라이브러리의 함수를 예제에서 직접 사용할 수 있게 했다.

```
require './prelude'
globalize _
```

고립된 환경에서는 전역 함수를 사용하더라도 괜찮지만 나중에 재사용할 라이브러리를 개발하거나 프로젝트에서 작업할 때는 '모듈화' 장에서 설명하는 대로 모든 함수를 완전히 한정해야 한다.

* * *

그럼 첫 번째 문제를 소개하겠다. 이 지도를 살펴보자. 이 지도는 태평양의 작은 열대 섬인 히바오아 섬의 지도다.

검은색은 도로이고 그 옆에 있는 숫자는 각 도로의 길이(length)다. 하바오아섬의 두 점 사이의 최단 경로를 찾는 프로그램이 필요하다고 가정하자. 이 문제에 어떻게 접근해야 할까? 이 문제에 대해 잠시 생각해 보자.

안 된다. 다음 단락을 바로 볼 생각은 하지 말자. 이 문제를 해결할 수 있는 방법을 진지하게 고민하고 각 해결책에서 접할 수 있는 이슈를 고민해 보자. 기술 서적을 읽을 때는 텍스트를 건성으로 읽고 고개를 끄덕인 후 정작 자신이 읽은 내용이 뭔지 까먹는 일이 비일비재하다. 문제를 풀려고 진지하게 노력하면 이 문제는 여러분의 문제가 되며, 그 해결책 또한 더 의미 있을 것이다.

❋ ❋ ❋

이 문제의 첫 번째 측면은 데이터를 표현하는 방식이다. 이 그림에 있는 정보는 컴퓨터에게 별 의미가 없다. 물론 지도를 스캔하고 그 안에 들어 있는 정보를 추출하는 프로그램을 작성할 수도 있겠지만, 이런 프로그램은 무척 복잡하다. 만일 2만 개의 지도를 해석해야 한다면 이런 방식이 좋을 수도 있지만 이 경우에는 우리가 직접 지도를 해석해 이를 좀 더 컴퓨터 친화적인 형식으로 옮겨야 한다.

그럼 프로그램에서는 뭘 알아야 할까? 프로그램에서는 어떤 위치가 연결돼 있고, 둘 사이에 얼마나 많은 길이 있는지 알아야 한다. 섬의 위치와 도로는 수학자들이 말하는 그래프를 형성한다.

그래프를 저장하는 방법은 여러 가지다. 간단한 방법으로 도로 객체의 배열을 저장하고, 각 도로 객체가 두 개의 끝 점과 길이를 담고 있는 속성을 포함하게 할 수 있다.

```
roads = [
  { point1: 'Point Kiukiu', point2: 'Hanaiapa', length: 19 }
  { point1: 'Point Kiukiu', point2: 'Mt Feani', length: 15 }
] # 등등
```

하지만 교차로에서 표지판을 보고 '하나이아파:19km, 피아니 산:15km' 등의 정보를 읽는 사람처럼 프로그램도 경로를 계산하면서 특정 위치에서 시작하는 도로의 전체 목록을 가져와야 하는 일이 많이 있다. 따라서 이런 정보를 쉽게(더불어 빠르게) 가져올 수 있는 게 좋다.

앞에서와 같은 표현 방식을 사용하면 매번 표지판 목록이 필요할 때마다 전체 도로 목록을 순회하며 관련 도로를 찾아야 한다. 이보다는 이 목록을 직접 저장하는 방식이 낫다. 예를 들어 위치명을 표지판 목록과 연계시키는 객체를 사용하는 것이다.

```
roads =
  'Point Kiukiu': [ {to: 'Hanaiapa', distance: 19}
                    {to: 'Mt Feani', distance: 15}
                    {to: 'Taaoa', distance: 15} ]
  'Taaoa': [ ] # 기타 등등
```

이 객체를 갖고 있으면 Point Kiukiu에서 출발하는 도로는 roads['Point Kiukiu']를 살펴봄으로써 쉽게 가져올 수 있다.

✲ ✲ ✲

하지만 이 표현 방식을 사용하면 중복된 정보를 포함하게 된다. 즉 A와 B 사이의 도로가 A와 B 위치명에 모두 들어 있게 된다. 첫 번째 표현 방식을 사용하더라도 입력할 내용이 많은데, 이 방식은 입력해야 할 정보가 더 많다.

다행히 컴퓨터는 이런 반복 작업을 군말 없이 잘 수행한다. 우리는 도로를 한 번만 지정하고 올바른 자료구조를 생성하는 일은 컴퓨터가 하도록 맡기면 된다. 먼저 roads라는 빈 객체를 초기화하고 makeRoad 함수를 작성한다.

```
roads = {}
makeRoad = (from, to, length) ->
  addRoad = (from, to) ->
    roads[from] = [] if not (from of roads)
    roads[from].push to: to, distance: length
  addRoad from, to
  addRoad to, from
```

멋지지 않은가? addRoad 내부 함수가 바깥쪽 함수와 같은 파라미터명(from, to)을 사용한다는 점에 주의하자. 이렇게 하더라도 서로의 파라미터를 방해하지 않는다. addRoad 함수에서는 addRoad 함수의 파라미터를 참조하고, 바깥쪽 함수에서는 makeRoad의 파라미터를 그대로 참조한다.

addRoad 함수의 if 구문은 from 파라미터에서 지정한 위치명과 관련한 목적지 배열이 있는지 확인하고, 목적지 배열이 없으면 빈 배열을 생성한다. 이렇게 하고 나면 다음 줄에서는 항상 배열이 있다고 가정하고 안심하고 새 도로를 배열에 집어넣을 수 있다.

이제 지도 정보는 다음과 같은 형태가 된다.

```
makeRoad 'Point Kiukiu', 'Hanaiapa', 19
makeRoad 'Point Kiukiu', 'Mt Feani', 15
makeRoad 'Point Kiukiu', 'Taaoa', 15
show roads
```

연습문제 26

앞의 설명에서 'Point Kiukiu' 문자열은 한 줄에 여전히 세 번 등장한다. 여러 도로를 한 줄로 지정할 수 있다면 설명을 좀 더 간결하게 줄일 수 있을 것이다.

홀수 개의 인자를 받는 makeRoads 함수를 작성하라. 이 함수의 첫 번째 인자는 항상 도로의 시작점이고, 나머지 인자는 두 개씩 쌍을 이뤄 끝 점과 거리를 나타낸다.

makeRoad의 기능을 중복하지 말고 makeRoads가 makeRoad를 호출해 실제 도로 경로를 구하게 하라.

> ☑ 풀이

```
makeRoads = (start) ->
  for i in [1...arguments.length] by 2
    makeRoad start, arguments[i], arguments[i + 1]
```

이 함수는 start라는 한 개의 네임드 파라미터와 arguments (유사)배열로부터 받은 파라미터들을 사용한다. 여기서는 첫 번째 파라미터는 건너뛰어야 하므로 i가 1부터 시작한다. 또 by 2를 사용해 거리 파라미터를 건너뛴다.

이 코드를 사용한 풀이가 히바오아 섬의 지도와 일치하는 자료구조를 구성하는지 여부는 다음 코드를 통해 확인할 수 있다.

```
roads = {}
makeRoads 'Point Kiukiu',
  'Hanaiapa', 19, 'Mt Feani', 15, 'Taaoa', 15
makeRoads 'Airport',
  'Hanaiapa', 6, 'Mt Feani', 5,
  'Atuona', 4, 'Mt Ootua', 11
makeRoads 'Mt Temetiu',
  'Mt Feani', 8, 'Taaoa', 4
makeRoads 'Atuona',
  'Taaoa', 3, 'Hanakee pearl lodge', 1
makeRoads 'Cemetery',
  'Hanakee pearl lodge', 6, 'Mt Ootua', 5
makeRoads 'Hanapaoa',
  'Mt Ootua', 3
makeRoads 'Puamua',
  'Mt Ootua', 13, 'Point Teohotepapapa', 14
show 'Roads from the Airport:'
show roads['Airport']
```

여기서는 편리한 작업을 정의함으로써 도로 정보에 대한 설명을 상당히 줄일 수 있었다. 이 경우 어휘를 확장함으로써 정보를 간결하게 표현했다고 할 수 있다. 이와 같은 '작은 언어'를 정의하는 일은 종종 매우 강력한 기법으로 활용된다. 어느 때든 자신이 반복 코드나 중복 코드를 작성하고 있다는 생각이 들면 하던 일을 멈추고 이를 더 짧고 함축적으로 나타내는 어휘를 개발하도록 노력해야 한다.

중복 코드는 작성하기 지루할뿐더러 에러를 일으키기도 쉽다. 사람들은 생각할 필요가 없는 일을 할 때는 소홀하기 쉽다. 더불어 반복 코드는 같은 구조를 100번 반복한 경우 100번 수정해야 하므로 한 번 잘못 작성하면 수정하기도 어렵다.

❋ ❋ ❋

앞의 코드를 모두 실행하면 이제 섬의 모든 도로를 포함하는 roads 변수가 생긴다. 특정 장소에서 시작하는 도로가 필요하다면 이제 roads[place]를 사용하면 된다. 하지만 누군가 장소명을 잘못 입력하면(장소명도 이름이므로 얼마든지 잘못 입력할 수 있다) 예상과 달리 배열 대신 undefined를 반환받고 이상한 오류가 생긴다. 이번에는 도로 배열을 조회하는 함수를 사용하고 장소명이 잘못됐을 때는 이를 알려주게 해보자.

```coffeescript
roadsFrom = (place) ->
  found = roads[place]
  return found if found?
  throw new Error "No place named '#{place}' found."

try
  show roadsFrom "Hanaiapa"
  show roadsFrom "Hanalapa"
catch error
  show "Oops #{error}"
```

❋ ❋ ❋

다음은 첫 번째 길 찾기 알고리즘인 도박사의 방식이다.

```coffeescript
gamblerPath = (from, to) ->

  randomInteger = (below) ->
    Math.floor Math.random() * below
```

```
    randomDirection = (from) ->
      options = roadsFrom from
      options[randomInteger(options.length)].to

    path = []
    loop
      path.push from
      break if from == to
      from = randomDirection from
    path

  show gamblerPath 'Hanaiapa', 'Mt Feani'
```

갈림길이 나올 때마다 도박사는 주사위를 던져 어떤 길을 선택할지 결정한다. 주사위가 왔던 길로 되돌아가라고 하면 길을 되돌아간다. 이 섬의 모든 장소는 도로로 연결돼 있으므로 도박사는 언제가 됐든 결국 목적지에 도착한다.

이 코드에서 가장 헷갈리기 쉬운 코드는 아마도 Math.random이 들어 있는 코드일 것이다. 이 함수는 0과 1 사이의 의사 랜덤[1] 숫자를 반환한다. 콘솔에서 이 함수를 몇 차례 호출해 보면 (대부분) 매번 다른 숫자가 나올 것이다. randomInteger 함수는 넘겨받은 인자를 사용해 이 숫자에 값을 곱하고 Math.floor를 사용해 결과를 반내림한다. 따라서 예를 들어 **randomInteger 3**은 결과로 0, 1 또는 2를 도출한다.

❋ ❋ ❋

도박사의 방식은 구조와 계획을 싫어하고 모험을 찾아다니는 사람들에게 적합하다. 하지만 우리는 앞서 두 위치간의 최단 경로를 찾는 프로그램을 작성하기로 한 만큼 뭔가 다른 방법이 필요하다.

이런 문제를 해결하는 매우 간단한 접근 방식을 가리켜 '생산과 검증'이라고 한다. 진행 방식은 다음과 같다.

---

[1] 컴퓨터는 결정론적 기기다. 컴퓨터는 자신이 받는 입력에 항상 동일하게 반응하므로 진정한 의미의 랜덤 값을 생성할 수는 없다. 따라서 우리가 보기엔 랜덤인 것처럼 보이지만 실제로는 복잡한 결정론적 연산의 결과인 숫자일 뿐이다.

1. 모든 가능한 경로를 만든다.
2. 이들 경로 중 실제로 시작점과 끝 점을 연결하는 가장 짧은 길을 찾는다.

2단계는 어렵지 않다. 하지만 1단계는 조금 복잡하다. 경로에 원을 포함시키면 무한한 개수의 경로가 생긴다. 물론 원형 경로는 최단 경로가 되기 어렵고, 또 시작 점에서 시작하지 않는 경로도 고려 대상에서 제외해야 한다. 히바오아 섬 같은 간단한 그래프에서는 특정 위치에서 시작하는 모든 비원형 경로를 생성할 수 있다.

❋ ❋ ❋

하지만 먼저 문제를 좀 더 자연스럽게 처리할 수 있게끔 어휘를 확장해야 한다. 우리에게 필요한 어휘는 커피스크립트와 언더스코어 라이브러리에 들어 있지만 여기서는 이를 구현하는 법을 살펴봄으로써 이들 기능이 어떻게 동작하고 무슨 일을 하는지 배우려고 한다. 예제 구현체는 책의 나머지 영역에서 사용하지 않고 내부적으로만 사용한다는 점을 보여주기 위해 이름 앞에 밑줄을 사용한다. 언더스코어 라이브러리의 구현체와 비교하려면 prelude/underscore.coffee를 열어보면 된다.

첫 번째 함수는 _member 함수로, 어떤 요소가 배열 내에 속하는지 여부를 판단하는 데 사용한다. 경로는 이름 배열로 보관하며, 새 위치에 도착하면 알고리즘은 논리적으로 _member를 호출해 이 장소에 온 적이 있는지 확인할 수 있다. 이 함수는 다음과 같이 작성할 수 있다.

```
_member = (array, value) ->
  found = false
  array.forEach (element) ->
    if element == value
      found = true
  found
show _member [6, 7, "Bordeaux"], 7
```

하지만 이렇게 하면 첫 번째 위치에서 값을 찾았더라도 전체 배열을 모두 검사해야 하므로 낭비가 크다. for 순환문을 사용할 때는 break 명령을 사용해 순환문에서 빠져나올 수 있지만 forEach 구문에서는 순환문의 본체가 함수이고 break 명령은 함수를 빠져나오지 않으므로 이 방식을 쓸 수 없다. 한 가지 해결 방법은 특정 예외를 실행 중단 명령으로 인식하게끔 forEach를 수정하는 것이다. 다음은 이렇게 수정한 _forEach 함수다.

```
_break = toString: -> "Break"
_forEach = (array, action) ->
  try
    for element in array
      action element
  catch exception
    if exception != _break
      throw exception
show _forEach [1..3], (n) -> n*n
# 커피스크립트에서는 이 명령을 다음과 같이 쓸 수도 있다.
show (i*i for i in [1..3])
```

이제 action 함수가 break 예외를 던지면 _forEach는 예외를 받아들이고 순환을 중단한다. _break 변수에 저장한 객체는 순전히 비교 용도로만 사용한다. 이 객체에 toString 속성을 준 이유는 _forEach 밖에서 _break 예외를 만날 경우 처리 중인 값을 확인하는 데 도움을 주기 위해서다. 이제 _member는 다음과 같이 정의할 수 있다.

```
_member = (array, value) ->
  found = false
  _forEach array, (element) ->
    if element == value
      found = true
      throw _Break
  found
```

물론 _forEach를 사용하지 않고 member를 정의할 수도 있다.

```
_member = (array, value) ->
  found = false
  for element in array
    if element == value
      found = true
```

```
      break
    found
```

이 함수는 언더스코어에서 include라는 이름으로 존재하며 contains라고 부르기도 한다. 하지만 이 기능은 매우 자주 수행하는 기능이므로 사실 커피스크립트의 in 연산자에 내장 돼 있다(for … in은 제외). 배열에 속하는지 여부를 검사할 때는 in 연산자를 사용하는 방식을 권장한다.

```
show 7 in [6, 7, "Bordeaux"]
```

❋ ❋ ❋

forEach 순환문을 빠져나올 수 있는 기능은 매우 유용하지만 member 함수의 경우 매번 결과를 별도로 저장하고 나중에 반환해야 하므로 아직 지저분하다. 물론 _return이라는 또 다른 예외를 추가하고 이 예외에 value 속성을 추가해 이런 예외가 일어날 때 _forEach가 이 값을 반환하게 할 수도 있지만 이는 너무 개별적이고 지저분하다. 우리에게 필요한 건 any라고 하는(또는 종종 some이라고 부르는) 고차원 함수다. 이 함수는 언더스코어 라이브러리에서 두 이름으로 모두 존재한다. 이 함수의 정의는 대략 다음과 같다.

```
_any = (array, test) ->
  for element in array
    if test element
      return true
  false

# 언더스코어 사용
show any [3, 4, 0, -3, 2, 1], (n) -> n < 0

# any 함수를 사용해 member 함수 재정의
_member = (array, value) ->
  partial = (func, a...) -> (b...) -> func a..., b...
  any array, partial ((a,b) -> a == b), value
show _member ["Fear", "Loathing"], "Denial"
```

any 함수는 배열 내 요소를 왼쪽에서 오른쪽으로 순회하며 테스트 함수를 요소에 적용한다. 테스트 함수가 첫 번째로 true 값을 반환하면 이 값을 그대로 반환한다. true 값을 찾지 못하면 false를 반환한다. any(test, array)를 호출하면 test(array[0]) || test(array[1]) || ...를 호출하는 것과 거의 같다.

✣ ✣ ✣

&&와 ||가 단짝이듯 any 함수도 every라는 단짝 함수가 있다.

```
_every = (array, test) ->
  for element in array
    if not test element
      return false
  true
show every [1, 2, -1], (n) -> n != 0 # 언더스코어 사용
```

✣ ✣ ✣

필요한 또 다른 함수는 flatten이다. 이 함수는 배열로 이뤄진 배열을 인자로 받아 큰 배열 하나에 전체 배열의 요소를 집어넣는다.

```
_flatten = (array) ->
  result = []
  for element in array
    if isArray element
      result = result.concat _flatten element
    else
      result.push element
  result

# 언더스코어 사용
show flatten [[1], [2, [3, 4]], [5, 6]]
```

💣 연습문제 27

경로를 생성하기 전에 고차 함수가 한 개 더 필요하다. 이 함수는 filter 함수다(언더스코어에서는 이 함수를 select라고 부르기도 한다). map 함수와 마찬가지로 이 함수도 함수와 배열을 인자로 받고 새 배열을 생성한다. 하지만 함수를 호출한 결과를 새 배열에 집어넣는 대신 기존 배열 요소 중 인자 함수에서 true 값을 반환하는 값만으로 새 배열을 생성한다. 이 작업을 수행하는 _filter 함수를 작성하라.

☑ 풀이

```
_filter = (array, test) ->
  result = []
  for element in array
    if test element
      result.push element
  result

show _filter [0, 4, 8, 12], (n) -> n < 5

isOdd = (n) -> n % 2 != 0
show filter [0..6], isOdd # 언더스코어 사용
```

경로를 생성하는 알고리즘의 형태를 상상해 보자. 이 알고리즘은 먼저 시작 위치부터 시작해 이곳에서 출발하는 모든 경로를 생성한다. 각 도로가 끝나는 지점에서는 계속해서 더 많은 경로를 생성해야 한다. 이 알고리즘은 한 길만 따라가는 게 아니라 길의 가지를 쳐야 한다. 이런 점 때문에 이런 알고리즘을 모델링할 때는 재귀를 사용하는 게 자연스럽다.

```
possibleRoutes = (from, to) ->
  findRoutes = (route) ->
    notVisited = (road) ->
      not (road.to in route.places)
    continueRoute = (road) ->
      findRoutes
        places: route.places.concat([road.to]),
        length: route.length + road.distance
```

```
          end = route.places[route.places.length - 1]
          if end == to
            [route]
          else
            flatten map filter(roadsFrom(end), notVisited),
                        continueRoute
    findRoutes {places: [from], length: 0}

  show (possibleRoutes 'Point Teohotepapapa',
                       'Point Kiukiu').length
  show possibleRoutes 'Hanapaoa', 'Mt Ootua'
```

이 함수는 경로 객체의 배열을 반환하며, 각 경로 객체에는 경로가 지나는 위치의 배열과 거리가 들어 있다. findRoutes 함수는 재귀적으로 경로를 따라가고 한 경로에서 뻗어나갈 수 있는 모든 경로의 배열을 반환한다. 경로의 끝이 우리가 가려는 위치이면 더 이상 이 위치를 지나서 계속 갈 필요가 없으므로 바로 해당 경로를 반환한다. 경로의 끝이 목적지가 아닌 다른 위치이면 계속 경로를 따라가야 한다. 아마도 이 함수에서 flatten/map/filter 줄이 가장 이해하기 어려울 것이다. 이 코드는 '현재 위치에서부터 시작하는 모든 길을 따라가고, 이 경로가 이미 지나온 위치는 버린다. 각 길을 계속 따라감으로써 각 길의 최종 경로 배열을 생성하고 이들 경로를 하나의 거대한 배열에 담아 반환한다'는 뜻이다.

이 줄에서는 많은 작업을 수행한다. 바로 이 점이 좋은 추상화 기법이 도움이 되는 점이다. 추상화를 적용하면 많은 코드를 입력하지 않아도 이처럼 복잡한 문제를 표현할 수 있다.

이 함수는 자신을 호출(continueRoute를 통해)해 영원히 재귀 호출되는 것처럼 보일 수 있다. 하지만 그렇지 않다. 어느 시점에는 모든 길이 이미 지나온 위치에 해당하게 되고 filter 배열의 결과가 빈 배열이 된다. 빈 배열을 대상으로 한 매핑 결과는 빈 배열이 되며, 이를 하나의 배열로 결합하더라도 여전히 빈 배열이 된다. 따라서 막다른 길에 대해 findRoutes를 호출하면 빈 배열이 생성되는 만큼 '이 경로를 계속 따라갈 수 없게 된다'.

이 코드에서 경로에 위치를 추가할 때 push 대신 concat을 사용한다는 점에 주의하자. concat 메서드는 새 배열을 생성하는 반면 push 메서드는 기존 배열을 수정한다. 이 함수는 한 개의 부분 경로에서 여러 경로로 가지치기를 할 수 있는 만큼 여기서는 여러 번 사용될 수 있는 원본 경로를 나타내는 배열을 수정해서는 안 된다.

연습문제 28

이제 모든 가능한 경로를 얻게 됐으니 최단 경로를 찾아보자. possibleRoutes과 마찬가지로 시작 위치와 끝 위치명을 인자로 받는 shortestRoute 함수를 작성하라. 이 함수는 possibleRoutes가 결과로 반환하는 단일 경로 타입의 객체를 반환한다.

☑ 풀이

```
shortestRoute = (from, to) ->
  currentShortest = null
  forEach possibleRoutes(from, to), (route) ->
    if not currentShortest or
       currentShortest.length > route.length
         currentShortest = route
  currentShortest
```

'최소화' 또는 '최대화' 알고리즘에서 어려운 점은 빈 배열이 주어지더라도 로직이 제대로 실행되게 하는 것이다. 이 경우 우리는 모든 두 위치 사이에는 적어도 한 개의 길이 있다는 사실을 알고 있으므로 이를 그냥 무시할 수 있다. 하지만 이렇게 되면 로직이 부실해진다. 만일 Puamua에서 Mount Ootua로 가는 가파르고 짙은 길이 폭풍으로 쓸려내려갔다면 어떻게 될까? 이 경우 우리 함수가 제대로 동작하지 않는다면 부끄러운 일이므로 경로를 찾을 수 없을 때는 null을 반환하는 게 좋다. 그럼 함수를 통한 추상화 접근 방식을 얼마든지 적용할 수 있다.

```
minimise = (func, array) ->
  minScore = null
  found = null
  forEach array, ( (element) ->
    score = func element
    if minScore == null || score < minScore
      minScore = score
      found = element )
  found

getProperty = (propName) ->
  (object) -> object[propName]

shortestRoute = (from, to) ->
  minimise getProperty('length'),
           possibleRoutes(from, to)
```

아쉽지만 이 함수는 다른 버전보다 두 배나 길다. 여러 개를 최소화해야 하는 프로그램에서는 이 함수처럼 일반적이고 알고리즘을 작성해 재사용하는 게 좋다. 대부분의 경우 첫 번째 버전만으로도 충분하다.

하지만 getProperty 함수의 경우 함수형 프로그래밍을 객체와 함께 사용하는 게 종종 유용하다는 점을 참고하자.

그럼 우리 알고리즘에서 Point Kiukiu와 Point Teohotepapapa 사이에 어떤 경로를 보여주는지 알아보자.

```
show (shortestRoute 'Point Kiukiu',
    'Point Teohotepapapa').places
```

❋ ❋ ❋

히바오아처럼 작은 섬에서는 모든 가능한 경로를 생성하는 게 별로 큰 일이 아니다. 하지만 벨기에 같은 큰 지도를 대상으로 이 작업을 수행한다면 어마어마한 메모리가 필요함은 물론 엄청나게 많은 시간이 걸린다. 하지만 온라인 지도에서 이런 경로를 보여주는 것을 본 적이 있을 것이다. 이런 프로그램은 단 몇 초 사이에 수많은 도로 사이의 최단 경로를 보여준다. 그럼 대체 어떻게 이 작업을 수행하는 것일까?

주의력이 있는 독자라면 목적지까지 가는 모든 경로를 생성할 필요가 없음을 눈치챘을 것이다. 만일 경로를 생성하는 도중 비교를 시작한다면 많은 경로를 만들지 않아도 되고 목적지까지 가는 단일 경로를 찾은 후에는 이 경로보다 긴 경로는 더 이상 탐색하지 않아도 된다.

❋ ❋ ❋

이를 적용해 보자. 여기서는 지도로 20×20 그리드를 사용한다.

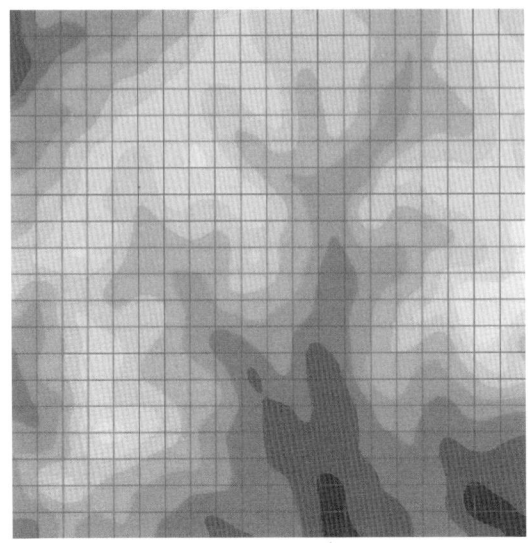

우리가 보게 될 내용은 산 지형의 해발 지도다. 밝은색 점은 봉우리를 나타내고 어두운 점은 계곡을 나타낸다. 영역은 100미터 크기의 사각형으로 나뉘어 있다. 우리는 지도의 임의의 사각형의 높이를 미터로 반환하는 heightAt 함수를 사용할 수 있다. 이 함수에서는 x와 y 속성으로 사각형을 표현한다.

```
show heightAt x: 0, y: 0
show heightAt x: 11, y: 18
```

❋ ❋ ❋

우리는 좌측 상단에서 우측 하단으로 걸어서 이 지형을 지나려고 한다. 그리드는 그래프처럼 접근할 수 있다. 모든 사각형은 노드이며, 주변 사각형으로 연결돼 있다.

우리는 체력 소모를 줄이기 위해 가장 쉬운 경로를 택하려고 한다. 오르막길을 올라가는 일은 비탈길을 내려가는 것보다 무겁고, 비탈길은 평지보다 무겁다.[2] 이 함수는 두 개의 인접한 사각형 사이의 '무게 미터' 양을 계산해 두 사각형 사이를 걷는 게 얼마나 힘든지 나타낸다. 오르막길은 비탈길을 내려가는 것보다 두 배만큼 무겁다.

---

2   정말로 몸이 무겁게 느껴진다는 뜻이다.

```
  weightedDistance = (pointA, pointB) ->
    heightDifference =
      heightAt(pointB) - heightAt(pointA)
    climbFactor = if heightDifference < 0 then 1 else 2
    flatDistance =
      if pointA.x == pointB.x or pointA.y == pointB.y
        100
      else
        141
    flatDistance + climbFactor * Math.abs heightDifference
  show weightedDistance (x: 0, y: 0), (x: 1, y: 1)
```

여기서 flatDistance 계산을 주의해서 보자. 두 점이 같은 행 또는 같은 열에 있다면 두 점은 바로 옆에 있으므로 거리가 100미터다. 이에 해당하지 않으면 두 점은 대각선상에 있다고 가정하고, 이 크기의 두 사각형 사이의 대각선 거리는 100 곱하기 2의 제곱근으로 계산한다. 이 값은 대략 141이다. 이 함수는 한 단계보다 더 먼 사각형에 대해서는 호출할 수 없다(물론 이 함수가 이를 한 번 더 확인할 수도 있지만 이 작업은 하지 않는다).

❉ ❉ ❉

지도상의 점은 x, y 속성을 갖고 있는 객체로 표현한다. 이런 객체를 다룰 때는 다음 세 함수가 유용하다.

```
  point = (x, y) -> {x, y} # {x: x, y: y}와 동일
  addPoints = (a, b) -> point a.x + b.x, a.y + b.y
  samePoint = (a, b) -> a.x == b.x and a.y == b.y

  show samePoint addPoints(point(10, 10), point(4, -2)),
                 point(14, 8)
```

연습문제 29

이 지도상의 경로를 찾으려면 '표지판'을 생성하는 함수와 특정 점에서 갈 수 있는 방향 목록이 필요하다. 점 객체를 인자로 받고 인접한 점 배열을 반환하는 possibleDirections 함수를 작성하라. 우리는 수평 또는 대각선으로 인접한 점으로만 이동할 수 있으며, 따라서 사각형은 최대 8개의 이웃한 사각형을 가질 수 있다. 지도 밖에 있는 사각형을 반환하지 않도록 주의하라. 지도 모서리는 이 세계의 경계를 가리킨다.

☑ 풀이

```
possibleDirections = (from) ->
  mapSize = 20
  insideMap = (point) ->
    point.x >= 0 and point.x < mapSize and
    point.y >= 0 and point.y < mapSize
  directions = [ point(-1, 0), point( 1, 0)
                 point( 0, -1), point( 0, 1)
                 point(-1, -1), point(-1, 1)
                 point( 1, 1), point( 1, -1)]
  partial = (func, a...) -> (b...) -> func a..., b...
  filter (map directions,
          partial addPoints, from), insideMap

show possibleDirections point 0, 0
```

여기서 mapSize 변수를 생성한 이유는 단지 20을 두 번 쓰기 싫어서다. 나중에 이 함수를 다른 지도에 사용하려면 20이 잔뜩 들어 있는 코드를 보고 이를 다른 값으로 고쳐야 하므로 번거로울 것이다. 이 함수를 수정하지 않고 다른 지도에서 쓸 수 있게 mapSize를 possibleDirections의 인자로 만들 수도 있다. 하지만 이 예제에서는 이렇게까지 할 필요는 없다고 판단했고, 이런 수정은 필요할 때 하면 된다. 그럼 왜 마찬가지로 두 번 사용하는 0 값에 대해서는 변수를 사용하지 않았을까? 그 이유는 지도는 항상 0에서부터 시작한다고 가정하고, 이 사실은 변할 일이 없으므로 굳이 변수를 사용하는 게 더 지저분해진다고 판단했기 때문이다.

지도에서 경로를 찾는 시간이 지나치게 오래 걸려서 브라우저가 프로그램 실행을 중단하지 않으려면 아마추어적인 알고리즘 대신 진지한 알고리즘을 구현해야 한다. 과거 이런 문제를 해결하기 위해 많은 연구가 있었고 많은 해결책이 설계됐다(이 중에는 훌륭한 알고리즘

도 있고 쓸모 없는 알고리즘도 있다). 매우 인기 있고 효율적인 알고리즘으로 A*(A 스타라고 발음) 알고리즘이 있다. 이 장의 나머지 내용은 지도에서 A* 경로 탐색 함수를 구현하는 데 할애한다.

알고리즘을 살펴보기 전에 이 알고리즘이 해결하는 문제에 대해 좀 더 얘기하려고 한다. 그래프 경로 탐색에 있어서 문제는 수많은 경로가 있다는 점이다. 히바오아 섬의 경로 탐색 프로그램은 그래프 크기가 작을 경우 지금까지 지나온 경로를 재방문하지 않는 경로만 탐색하면 된다는 사실을 보여줬다. 하지만 새 지도에는 이 방식을 더 이상 쓸 수 없다.

근본적인 문제는 잘못된 경로로 들어설 여지가 지나치게 많다는 점이다. 우리가 목적지를 향해 경로 방향을 조절하지 않으면 주어진 경로를 따라가는 선택이 올바른 방향보다는 잘못된 방향으로 갈 확률이 높다. 만일 이런 경로를 계속 생산한다면 수많은 경로를 낳게 되며, 이 중 하나가 우연히 목적지로 이어지더라도 이 경로가 최단 경로인지 알 방도가 없다.

따라서 우리가 해야 할 일은 최종 목적지에 데려다 줄 확률이 높은 방향을 먼저 탐색하는 것이다. 이 지도 같은 그리드상에서는 경로가 목적지와 얼마나 멀리 떨어져 있고 얼마나 가까운지 계산해 좋은 경로 여부를 판단할 수 있다. 경로 길이와 목적지까지 아직 가야 하는 예상 거리를 추가하면 어떤 경로가 좀 더 목적지에 데려다 줄 확률이 높은지 대략적으로 알 수 있다. 먼저 이런 가능성이 큰 경로부터 확장하면 쓸데없는 경로에 시간을 낭비하는 일을 줄일 수 있다.

✳ ✳ ✳

하지만 이것만으로는 여전히 부족하다. 우리 지도가 완전한 평면이라면 이처럼 가능성이 높은 경로는 거의 항상 최적의 경로가 되며, 앞의 방식을 사용하면 목적지로 바로 걸어갈 수 있다. 하지만 우리 경로를 가로막는 계곡과 오르막길이 있으므로 어떤 방향이 가장 효율적인 경로인지 미리 판단하기가 어렵다. 이런 점 때문에 우리는 여전히 지나치게 많은 경로를 탐색해야 한다.

이 문제를 해결하기 위해 우리는 가장 유망한 경로를 계속해서 먼저 탐색한다는 사실을 현명하게 이용한다. 경로 A가 X 점으로 가는 가장 좋은 길이라고 판단하면 이를 기억해둔다. 그런 다음 나중에 경로 B도 X 점으로 가더라도 이 경로가 최선의 경로가 아니라는 것을 알고 있으므로 이 경로를 더는 탐색하지 않아도 된다. 이를 통해 의미 없는 경로를 계속 탐색하는 것을 막을 수 있다.

✱ ✱ ✱

그럼 알고리즘은 다음과 같이 진행된다.

추적해야 할 데이터는 두 종류가 있다. 하나는 열린 길 목록으로, 탐색해야 할 부분 경로가 들어 있다. 각 경로에는 점수(길이를 목적지와의 예상 거리에 더해 계산)가 들어 있다. 이 예상 값은 항상 낙관적이어야 하며 거리를 과대평가해서는 안 된다. 두 번째로 우리를 현재 위치로 데려다 준 가장 짧은 부분 경로와 더불어 우리가 이미 본 노드가 있다. 이를 도달한 목록이라고 한다. 우리는 시작 노드만을 포함하는 경로를 열린 목록에 추가함으로써 시작하고 이를 도달 목록에 기록한다.

그런 다음 열린 목록에 노드가 남아 있는 동안 가장 낮은(최고의) 점수를 갖고 있는 경로를 꺼내고 이 경로가 연결될 수 있는 길을 찾는다(possibleDirections를 호출). 이 함수가 반환하는 각 노드에 대해 우리는 원본 경로에 새 노드를 추가함으로써 새 경로를 생성하고 **weightedDistance**를 사용해 경로의 길이를 조절한다. 그런 다음 이들 새 경로 각각의 끝 점을 도달 목록에서 찾는다.

노드가 아직 도달 목록에 없다는 것은 아직 이 경로를 보지 않았다는 것이므로 새 경로를 열린 목록에 추가하고 이를 도달 목록에 기록한다. 노드를 이미 봤다면 새 경로의 점수를 도달 목록에 있는 경로의 점수와 비교한다. 새 경로가 더 짧다면 기존 경로를 새 경로로 대체한다. 그렇지 않다면 이미 해당 지점으로 가는 더 좋은 방법을 알고 있으므로 새 경로를 버린다.

이 작업은 열린 목록에서 가져온 경로가 목적지 노드에 도착할 때까지 계속한다. 이때는 경로를 찾은 것이다. 또는 열린 목록이 비어 있을 때까지 계속하는데, 이 경우는 경로가 없는 경우다. 이 예제에서는 지도상에 지날 수 없는 장애물은 없으므로 경로는 항상 있다.

그럼 열린 목록에서 가져온 첫 번째 전체 경로가 가장 짧은 경로인지 어떻게 알 수 있을까? 이는 우리가 가장 점수가 낮은 경로만 살펴본다는 사실로 인한 자연스러운 결과다. 경로의 점수는 실제 길이에 남은 길이의 낙관적인 예상치를 더한 값이다. 이 말은 한 경로가 열린 목록에서 가장 점수가 낮다면 이 경로가 현재 종료점까지 가는 최선의 경로라는 뜻이다. 나중에 다른 경로가 이 점으로 가는 더 좋은 방법을 찾는 것은 불가능하다. 만일 그렇다면 그 경로의 점수가 더 낮았을 것이기 때문이다.

❋ ❋ ❋

왜 이 알고리즘이 제대로 동작하는지에 대한 설명을 읽고도 이해가 안 되더라도 실망하지 말자. 이런 알고리즘을 생각할 때는 과거에 비슷한 것을 본 경험이 도움이 된다. 이런 경험은 비교할 수 있는 참조점이 돼주기 때문이다. 초보 프로그래머는 이런 참조점이 없어서 내용을 놓치기 쉽다. 이 주제는 고급 주제라는 사실을 인정하고 장의 나머지 내용을 모두 읽은 후 어느 정도 정리되면 이 내용을 나중에 다시 읽어보자.

❋ ❋ ❋

여기서는 알고리즘의 한 측면에서 한 번 더 마술을 소환해야 할 것 같다. 열린 목록은 많은 경로를 포함할 수 있어야 하고 그 중 가장 점수가 낮은 경로를 빠르게 찾을 수 있어야 한다. 이를 일반 배열에 저장한 후 매번 이 배열을 검색하면 지나치게 느리므로 여기서는 바이너리 힙이라는 자료구조를 사용한다. 바이너리 힙은 Date 객체와 마찬가지로 new를 사용하고 요소의 점수를 기록하는 데 사용할 함수를 인자로 지정해 생성한다. 결과 객체는 배열과 마찬가지로 push와 pop 메서드를 갖고 있지만 pop 메서드는 마지막으로 push한 요소가 아니라 가장 점수가 낮은 요소를 반환한다.

```
bh = require './A2-BinaryHeap'
globalize bh

heap = new BinaryHeap()
forEach [2, 4, 5, 1, 6, 3], (number) ->
  heap.push number

while heap.size() > 0
  show heap.pop()
```

'바이너리 힙' 장에서는 이 자료구조 구현체에 대해 설명하는데, 이 내용은 꽤나 재미있다. '객체지향' 장을 읽은 후에는 이 장을 살펴보길 권장한다.

여기서는 최대한 효율성을 이끌어내야 하므로 또 다른 방식을 사용한다. 히바오아 알고리즘에서는 위치 배열을 사용해 경로를 저장하고 경로를 확장할 때는 concat 메서드를 사용해 배열을 복제했다. 이번에는 수없이 많은 경로를 탐색해야 하므로 배열을 복사할 여건이 안 된다. 대신 객체 '체인'을 사용해 경로를 저장한다. 체인에 속한 모든 객체는 지도상의 점, 지금까지 경로의 길이 같은 속성을 갖고 있으며, 체인상의 이전 객체를 가리키는 속성도 갖고 있다. 방식은 다음과 같다.

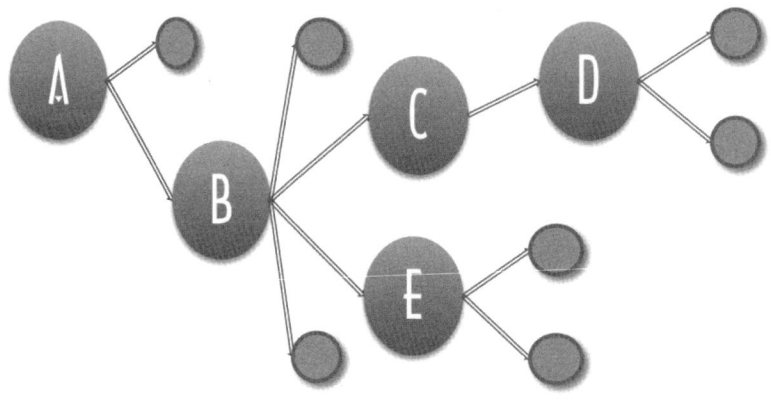

파란색 원은 관련 객체이고 선은 속성을 나타낸다. 종료점은 속성값이다. 여기서 객체 A는 경로의 시작점이다. 객체 B는 새 경로를 개발하는 데 사용되며, A로부터 이어진다. 이 객체는 우리가 from이라고 부르는 속성을 갖고 있으며, 이 속성은 이 경로가 기반으로 하는 점을 가리킨다. 나중에 경로를 재구성해야 할 때는 이들 속성을 따라감으로써 경로가 지나온 점을 모두 찾을 수 있다. 객체 B는 두 경로에 속한다는 점에 주의하자. 이 중 하나는 D에서 끝나고 하나는 E에서 끝난다. 많은 경로가 있을 때는 이 방식이 저장 공간을 크게 절약해준다. 모든 새 경로는 자신을 위한 한 개의 객체만을 필요로 하며, 나머지는 같은 방식으로 시작한 다른 경로와 공유한다.

연습문제 30

두 점 사이의 거리를 낙관적으로 예상하는 estimatedDistance 함수를 작성하라. 이 함수는 높이 데이터를 고려하지 않고 평면 지도를 가정한다. 우리는 수평 또는 수직으로만 이동한다는 점과 두 사각형 사이의 수직 거리는 141로 계산한다는 점을 기억하자.

풀이

```
estimatedDistance = (pointA, pointB) ->
  dx = Math.abs pointA.x - pointB.x
  dy = Math.abs pointA.y - pointB.y
  if dx > dy
    (dx - dy) * 100 + dy * 141
  else
    (dy - dx) * 100 + dx * 141

show estimatedDistance point(3,3), point(9,6)
```

이 이상한 공식은 경로를 수평 영역과 수직 영역으로 분할하는 데 사용된다. 다음과 같은 경로가 있다면

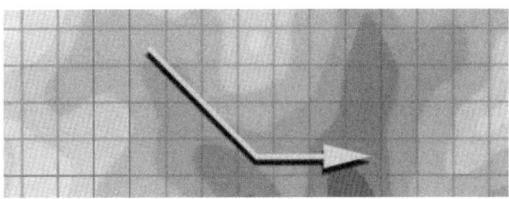

이 경로는 6개의 사각형 너비와 3개의 높이로 이뤄져 있으므로 6 - 3 = 3번의 직선 움직임, 즉 3번의 대각선 움직임이 된다.

만일 점 사이의 피타고라스 거리를 계산하는 함수를 작성한다면 그 방법 또한 괜찮다. 우리에게 필요한 건 낙관적인 예상 거리로, 목표점까지 직접 갈 수 있다고 항상 낙관한다. 하지만 실제 거리와 예상치가 더 가까울수록 프로그램에서 쓸모 없는 경로를 덜 시도하게 된다.

연습문제 31

열린 목록에는 바이너리 힙을 사용한다. 그럼 도달 목록에는 어떤 자료구조가 좋을까? 도달 경로는 x, y 좌표쌍이 주어졌을 때 경로를 조회하는 용도로 사용된다. 가능하면 이 방식은 빠를수록 좋다. makeReachedList, storeReached, findReached라는 세 개의 함수를 작성하라. 첫 번째 함수는 자료구조를 생성하고, 두 번째 함수는 도달 목록, 점, 경로가 주어졌을 때 그 안에 경로를 저장하고, 마지막 함수는 도달 목록과 점이 주어졌을 때 경로를 조회하거나 해당 점에 대해 경로를 찾지 못했음을 알려주기 위해 undefined를 반환한다.

풀이

한 가지 좋은 방법은 안에 객체를 포함하는 객체를 사용하는 것이다. 점의 좌표 중 하나, 이를테면 x는 바깥쪽 객체의 속성명으로 사용하고, 또 다른 나머지 좌표 y는 내부 객체에 사용하는 것이다. 이렇게 하려면 우리가 찾는 내부 객체가 (아직) 없는 경우도 처리할 수 있게끔 관리 작업이 필요하다.

```
makeReachedList = -> {}

storeReached = (list, point, route) ->
  inner = list[point.x]
  if inner is undefined
    inner = {}
    list[point.x] = inner
  inner[point.y] = route

findReached = (list, point) ->
  inner = list[point.x]
  if inner is undefined
    undefined
  else
    inner[point.y]
```

또 다른 방법은 점의 x와 y를 한 개의 속성명으로 병합하고 이를 사용해 단일 객체에 경로를 저장하는 것이다.

```
pointID = (point) ->
  point.x + '-' + point.y

makeReachedList = -> {}
```

```
    storeReached = (list, point, route) ->
      list[pointID(point)] = route
    findReached = (list, point) ->
      list[pointID(point)]
```

이런 구조를 생성하고 처리하기 위해 함수를 통해 자료구조의 타입을 정의하는 방식은 매우 유용한 기법이다. 이를 통해 이런 구조를 활용하는 코드를 구조 자체의 세부 사항과 분리할 수 있다. 여기서 둘 중 어떤 구현체를 사용하든 도달 목록을 필요로 하는 코드가 동일하다는 점을 주목하자. 이 코드는 예상 결과만 같으면 어떤 종류의 객체를 사용하는지 신경 쓰지 않는다.

이 주제는 BinaryHeap 같은 객체 타입을 만드는 법을 배우는 '객체지향' 장에서 자세히 다룬다. 이런 객체는 new를 사용해 생성하고 자신을 조작할 수 있는 메서드를 갖고 있다.

❋ ❋ ❋

이제 실제 경로 탐색 함수를 최종적으로 갖추게 됐다.

```
  findRoute = (from, to) ->

    routeScore = (route) ->
      if route.score is undefined
        route.score = route.length +
          estimatedDistance route.point, to
      route.score

    addOpenRoute = (route) ->
      open.push route
      storeReached reached, route.point, route

    open = new BinaryHeap routeScore
    reached = makeReachedList()
    addOpenRoute point: from, length: 0

    while open.size() > 0
      route = open.pop()
      if samePoint route.point, to
```

```
          return route

      forEach possibleDirections(route.point),
        (direction) ->
          known = findReached reached, direction
          newLength = route.length +
            weightedDistance route.point, direction
          if not known or known.length > newLength
            if known
              open.remove known
            addOpenRoute
              point: direction,
              from: route,
              length: newLength
  return null
```

이 함수는 먼저 필요한 자료구조를 생성한다. 바로 한 개의 열린 목록과 한 개의 도달 목록이다. routeScore는 바이너리 힙에 적용하는 점수 함수다. 이 함수가 결과를 여러 번 계산하지 않아도 되게끔 경로 객체에 결과를 저장하는 것을 주의해서 살펴보자.

addOpenRoute는 새 경로를 열린 목록과 도달 목록에 모두 추가하는 편의 함수다. 이 함수는 경로의 시작을 추가하는 데 바로 사용한다. 경로 객체는 항상 경로의 끝에 있는 지점을 포함하는 point 속성과 경로의 현재 길이를 갖고 있는 length 속성을 갖는다는 점에 주의하자. 한 개의 사각형 길이보다 긴 경로는 이전 경로를 가리키는 from 속성도 갖고 있다.

알고리즘에서 설명한 대로 while 순환문은 열린 목록에서 가장 점수가 낮은 경로를 계속 가져와 이 경로가 목적지로 연결되는지 확인한다. 목적지로 연결되지 않는다면 계속해서 경로를 확장한다. 이 부분은 forEach가 담당한다. 이 코드는 도달 목록에서 이런 새 점을 찾는다. 새 점을 찾을 수 없거나 찾은 노드가 새 경로보다 길이가 길다면 새 경로 객체를 생성하고 이를 열린 목록과 도달 목록에 추가한 후 기존 경로(있다면)를 열린 목록에서 제거한다.

그럼 known에 있는 경로가 열린 목록에 없다면 어떻게 될까? 경로는 종료점으로 가는 최적의 경로일 때만 열린 목록에서 제거되므로 열린 목록에는 항상 있을 수밖에 없다. 바이너리 힙에 들어 있지 않은 값을 바이너리 힙에서 제거하려고 하면 예외가 발생하므로 만일 필자의 추론이 틀렸다면 이 함수를 실행하는 동안 아마도 예외가 발생할 것이다.

의심되는 부분이 생길 정도로 코드가 복잡해질 때는 뭔가 잘못될 때 예외를 일으키는 검사 코드를 추가하는 것도 좋다. 이렇게 하면 '조용히' 이상한 일이 벌어지게끔 내버려두지 않을 수 있으며, 뭔가 잘못되면 바로 잘못된 내용을 확인할 수 있다.

❋ ❋ ❋

이 알고리즘은 재귀를 사용하지 않고도 모든 가지를 탐색할 수 있다는 점에 주의하자. 열린 목록은 히바오아 문제의 재귀 해결책에서 함수 호출 스택이 담당한 역할을 거의 담당한다. 즉, 아직 탐색해야 할 경로를 계속 추적하는 일을 하는 것이다. 모든 재귀 알고리즘은 자료구조를 사용해 '아직 해야 할 일'을 저장함으로써 비재귀적으로 재작성할 수 있다.

❋ ❋ ❋

그럼 경로 탐색 알고리즘을 테스트해 보자.

```
route = findRoute point(0, 0), point(19, 19)
```

위의 코드를 모두 실행하고 아무 에러도 일어나지 않았다면 바로 경로 객체가 반환될 것이다. 이 객체는 내용을 보기가 다소 어렵다. 경로의 좌표 목록을 보여주는 showRoute 함수를 사용하면 내용을 좀 더 쉽게 볼 수 있다.

```
showRoute route
```

showRoute 함수로는 여러 경로를 넘겨줄 수도 있다. 예컨대 전망이 좋은 11, 17을 통과하는 경로를 계획하려고 할 때 이 방식이 도움이 될 수 있다.

```
showRoute findRoute(point( 0,  0), point(11, 17)),
          findRoute(point(11, 17), point(19, 19))
```

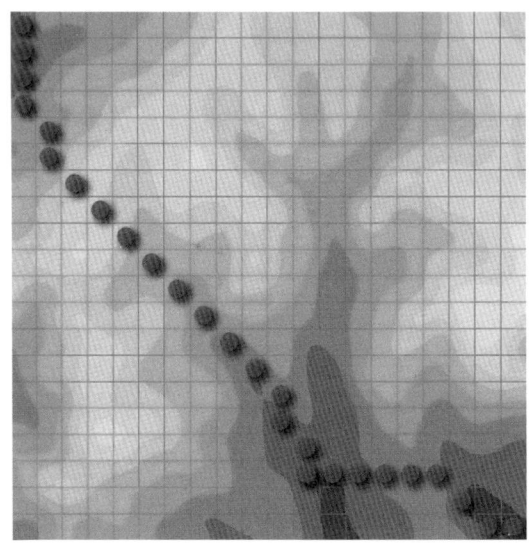

renderRoute를 사용하면 경로를 지도에 표시할 수도 있다. 그럼 지도를 갖춘 웹 페이지가 브라우저에서 보이고 경로점이 캔버스를 사용해 지도 위에 점을 그리는 커피스크립트 코드로 웹소켓을 통해 전달된다.

```
renderRoute findRoute(point( 0, 0), point(11, 17)),
            findRoute(point(11, 17), point(19, 19))
```

❋ ❋ ❋

그래프의 최적 경로를 탐색하는 다양한 알고리즘을 여러 문제에 적용할 수 있다. 이들 중 다수는 물리적인 경로를 찾는 것과 관련이 없다. 예를 들어 제한된 공간 안에 여러 블록을 맞추는 퍼즐을 풀어야 하는 프로그램은 특정 위치에 특정 블록을 집어넣을 수 있는 다양한 '경로'를 탐색해 이 작업을 수행할 수 있다. 모든 블록을 제한된 공간 안에 집어넣을 수 없는 경로는 막다른 경로이며, 모든 블록을 집어넣는 경로는 해결책이 된다.

10 객체지향 프로그래밍

90년대 초반에는 객체지향 프로그래밍이 소프트웨어 산업에서 큰 반향을 일으켰다. 객체지향 프로그래밍의 개념 대부분은 당시 그다지 새로운 개념이 아니었지만 마침내 본격적으로 확산될 수 있는 충분한 모멘텀을 얻는 시기가 그때였다. 그러자 많은 책이 나왔고, 강의가 열렸으며, 프로그래밍 언어도 발전했다. 갑자기 모든 사람이 객체지향의 미덕을 극찬했고 열광적으로 모든 문제에 이를 적용함으로써 스스로에게 올바른 프로그램을 작성한다는 확신을 심어줬다.

이런 일은 자주 일어난다. 프로세스가 어렵고 헷갈리면 사람들은 항상 마술 같은 해결책을 찾는다. 그러다 뭔가가 해결책처럼 보이면 이내 열정적인 지지자가 된다. 많은 프로그래머에게(심지어 오늘날도) 객체지향은(또는 객체지향에 대한 프로그래머들의 관점) 복음이다. 프로그램이 '진정한 객체지향'이 아닐 때는 어떤 프로그램이 됐든 그 프로그램은 열등하다고 생각한다.

하지만 객체지향만큼 오랫동안 인기를 끈 유행도 거의 없다. 객체지향이 이처럼 오랫동안 인기를 누릴 수 있는 원인은 그 핵심 개념이 매우 견고하고 유용하다는 사실로 설명할 수 있다. 이 장에서는 커피스크립트의 (다소 간소한) 객체지향 방식과 더불어 객체지향 개념을 살펴본다. 앞의 단락은 절대 객체지향 개념을 깎아 내리려는 뜻이 아니다. 다만 객체지향에 대한 건강하지 못한 집착을 경계하기 위한 것이다.

❋ ❋ ❋

이름에서 암시하듯 객체지향 프로그래밍은 객체와 관련이 있다. 객체지향의 핵심 개념은 캡슐화, 상속, 고차 프로그래밍(다형성)이다. 지금까지는 값을 모으고 필요할 때마다 속성을 추가하고 변경하는 데만 객체를 사용했다.

객체지향 접근 방식에서 객체는 독립적인 작은 세계로 간주하고, 외부 세계는 제한적이고 잘 정의된 인터페이스, 즉 여러 메서드와 속성을 통해서만 이 세계와 접촉할 수 있다. '검색' 장의 끝에서 우리가 사용한 '도달 목록'은 이를 보여주는 예다. 앞서 우리는 도달 목록과 연동하는 데 makeReachedList, storeReached, findReached라는 세 개의 함수만 사용했다. 이들 함수는 객체의 인터페이스가 된다. 앞에서 본 Date, Error, BinaryHeap 객체도 같은 방식으로 동작한다. 이들 객체는 객체와 연동할 수 있는 일반 함수를 제공하는 대신 new 키워드를 사용해 객체를 생성할 수 있는 방식을 제공하고 나머지 인터페이스를 구성하는 여러 메서드와 속성을 제공한다.

❋ ❋ ❋

객체에 메서드를 지정하는 방법 중 하나는 함수 값을 첨부하는 것이다.

```
rabbit = {}
rabbit.speak = (line) ->
  show "The rabbit says '#{line}'"
rabbit.speak "Well, now you're asking me."
```

대부분의 경우 메서드는 이 메서드가 대상으로 하는 객체를 알고 있어야 한다. 예를 들어 서로 다른 토끼가 있다면 speak 메서드는 어떤 토끼가 말을 하는지 알고 있어야 한다. 이런 용도로 사용할 수 있는 특수 변수로 this가 있다. 이 변수는 함수를 호출할 때마다 사용할 수 있으며, 함수가 메서드로서 호출될 때 관련 객체를 가리킨다. 함수가 객체 속성에 들어 있고 object.method()처럼 바로 호출될 때 함수를 메서드라고 부른다. 객체 내에서는 this를 사용하는 일이 매우 자주 있으므로 this.property나 this.method()를 줄여서 @property 또는 @method()로 표현할 수 있다.

```
speak = (line) ->
  show "#{this.adjective} 토끼가 말한다 '#{line}'"

whiteRabbit = adjective: "흰", speak: speak
fatRabbit = adjective: "뚱뚱한", speak: speak

whiteRabbit.speak "오 큰일났네. 날이 저물고 있어!"
fatRabbit.speak "지금 당근을 사용해야겠는 걸."
```

❋ ❋ ❋

이제 '함수형 프로그래밍' 장에서 항상 null을 사용하면 된다고 설명했던 apply 메서드의 첫 번째 인자에 대해 제대로 설명할 수 있게 됐다. 이 인자는 함수를 적용해야 할 객체를 가리키는 데 사용할 수 있다. 메서드가 아닌 함수에 대해서는 이 인자가 전혀 관련이 없으므로 그냥 null을 사용하면 된다.

```
speak.apply fatRabbit, ['냠냠.']
```

함수는 call 메서드도 갖고 있다. 이 메서드는 apply와 비슷하지만 인자를 배열 형태가 아니라 개별적으로 지정할 수 있다.

```
speak.call fatRabbit, '꺽.'
```

❋ ❋ ❋

객체지향 용어에서는 뭔가의 인스턴스를 객체로 지칭하는 일이 흔하다. whiteRabbit과 fatRabbit은 좀 더 일반적인 Rabbit 개념의 각기 다른 인스턴스로 볼 수 있다. 커피스크립트에서는 이런 개념을 클래스(class)라고 한다.

```
class Rabbit
  constructor: (@adjective) ->
  speak: (line) ->
    show "#{@adjective} 토끼가 말한다 '#{line}'"

whiteRabbit = new Rabbit "흰"
fatRabbit = new Rabbit "뚱뚱한"

whiteRabbit.speak "서둘러!"
fatRabbit.speak "맛있군!"
```

커피스크립트 프로그래머들은 클래스명을 대문자로 시작하는 관례를 주로 사용한다. 이렇게 하면 클래스와 객체 인스턴스 및 함수를 구분하기 쉽다.

❉ ❉ ❉

new 키워드는 객체를 생성하는 편리한 방법을 제공한다. new를 앞에 두고 함수를 호출하면 이 함수의 this 변수는 새 객체를 가리키고 이를 자동으로 반환한다(다른 것을 명시적으로 반환하지 않는 한). 이 함수처럼 새 객체를 생성하는 데 사용하는 함수는 생성자라고 한다.

Rabbit 클래스의 생성자는 constructor: (@adjective) ->이다.

생성자의 @adjective 인자는 두 가지 일을 한다. 먼저 adjective를 this의 속성으로 선언하고 '패턴 매칭', 즉 같은 이름을 사용해 adjective라는 이름의 인자를 this의 adjective 속성에 대입한다. 이를 전체 형태로 쓰면 다음과 같다.

```
constructor: (adjective) -> this.adjective = adjective.
killerRabbit = new Rabbit 'killer '
killerRabbit.speak 'GRAAAAAAAAH!'
show killerRabbit
```

'killer' 인자를 사용해 new Rabbit을 호출하면 인자가 adjective 속성에 대입된다. 따라서 show killerRabbit의 결과는 다음과 같이 된다.

```
{adjective: 'killer'}
```

그럼 왜 new 키워드가 필요할까? 결국 이를 다음과 같이 간단히 쓸 수도 있는데 말이다.

```
makeRabbit = (adjective) ->
  adjective: adjective
  speak: (line) -> show adjective + ': ' + line
blackRabbit = makeRabbit '검은'
```

하지만 둘은 완전히 같지 않다. new는 내부적으로 몇 가지 일을 수행한다. 우선 killerRabbit은 자신을 생성한 Rabbit 함수를 가리키는 constructor라는 속성을 갖고 있다. blackRabbit도 이런 속성을 갖고 있지만 이 속성은 Object 함수를 가리킨다. 또 둘 다 name 속성이 있으니 이 속성값도 비교해 보자. show killerRabbit.constructor.name의 결과는 Rabbit이지만 show blackRabbit.constructor.name의 결과는 Object다.

❋ ❋ ❋

생성된 객체인 whiteRabbit과 fatRabbit는 구체적인 인스턴스다. whiteRabbit은 여러 종류의 흰 토끼가 아니라 그냥 이름이 whiteRabbit인 한 마리의 토끼다. 만일 무게를 알고 있는 토끼 클래스를 생성하고 싶다면 extends 키워드를 사용해 이를 쉽게 만들 수 있다.

```
class WeightyRabbit extends Rabbit
  constructor: (adjective, @weight) ->
    super adjective
  adjustedWeight: (relativeGravity) ->
    (@weight * relativeGravity).toPrecision 2

tinyRabbit = new WeightyRabbit "작은", 1.01
jumboRabbit = new WeightyRabbit "점보", 7.47

moonGravity = 1/6
jumboRabbit.speak "날 업어줘. 내 무게는
```

```
  #{jumboRabbit.adjustedWeight(moonGravity)}이야."
  tinyRabbit.speak "그는 무겁지 않아요. 그는 내 형제이니까."
```

super adjective를 호출하면 인자를 Rabbit의 생성자로 전달한다. 파생 클래스의 메서드는 super를 사용해 부모 클래스에 있는 같은 이름의 메서드를 호출할 수 있다.

※ ※ ※

상속은 각기 다른 타입이 같은 알고리즘 구현체를 공유할 수 있으므로 유용하다. 하지만 이에 따른 대가도 있다. 즉, 파생 클래스가 그만큼 부모 클래스에 묶이는 것이다. 보통 시스템의 각 부분은 최대한 독립적으로 만들어야 한다. 예를 들어 전역 변수를 사용하는 대신 인자를 사용해야 한다. 이렇게 하면 각 부분을 독립적으로 읽고 이해할 수 있으므로 시스템의 다른 부분에 손상을 주지 않으면서 필요한 부분을 수정할 수 있다.

상속으로 인한 강한 결합으로 인해 파생 클래스가 오작동을 일으키지 않게 하면서 부모 클래스를 수정하는 것도 매우 어려울 수 있다. 이를 연약한 기저 클래스 문제라고 한다. 자식 클래스가 없는 클래스는 공개 메서드와 속성을 통해서만 사용되므로 평상시처럼 자유롭게 수정할 수 있다(공개 메서드와 속성이 그대로 있는 한). 하지만 다른 클래스가 한 클래스를 상속하면 자식 클래스는 부모 클래스의 내부 동작에 의존하므로 기저 클래스를 수정하는 게 문제를 일으킬 수 있다.

파생 클래스를 제대로 이해하려면 종종 부모 클래스부터 이해해야 한다. 이때 구현체가 분산될 수 있으므로 함수를 읽어 내려오는 대신 복합적인 로직을 구현하는 위치를 찾기 위해 클래스, 부모 클래스, 그 부모 클래스에서 여러 곳을 살펴봐야 할 수 있다.

```
class Account
  constructor: -> @balance = 0
  transfer: (amount) -> @balance += amount
  getBalance: -> @balance
  batchTransfer: (amtList) ->
    for amount in amtList
      @transfer amount

yourAccount = new Account()
oldBalance = yourAccount.getBalance()
```

```
  yourAccount.transfer salary = 1000
  newBalance = yourAccount.getBalance()
  show "Books balance:
    #{salary == newBalance - oldBalance}."
```

이 클래스는 은행이 계좌를 구현하는 원칙을 담고 있는 클래스다. 계좌는 잔고 0부터 시작하고, 돈은 입금되거나(계좌 잔고가 쌓임), 출금될 수 있다(계좌 잔고가 없어짐). 잔고는 볼 수 있으며, 여러 거래를 처리할 수 있다.

시스템의 다른 부분에서는 이체 내역이 계좌의 변경 사항과 일치하는지 확인해 잔고 정리를 할 수 있다. 아쉽게도 AccountWithFee 클래스의 개발자는 시스템의 해당 영역을 알지 못했다.

```
class AccountWithFee extends Account
  fee: 5
  transfer: (amount) ->
    super amount - @fee
    # feeAccount.transfer @fee

yourAccount = new AccountWithFee()
oldBalance = yourAccount.getBalance()
yourAccount.transfer salary = 1000
newBalance = yourAccount.getBalance()
show "Books balance:
  #{salary == newBalance - oldBalance}."
```

이제 더 이상 잔고 균형이 맞지 않는다. 문제는 AccountWithFee 클래스가 치환 원칙을 위반한 데 있다. 이는 기존 Account 클래스의 한 부분으로, 모든 계좌 클래스가 특정 방식으로 동작한다고 가정하는 프로그램에 문제를 일으키는 원인이 됐다. 수천 개의 클래스가 있는 시스템에서는 이런 작은 부분이 심각한 문제를 일으킬 수 있다. 이런 문제를 예방하려면 상속 클래스가 부모 클래스를 완전히 대체하게 하는 책임을 개발자가 져야 한다.

카드를 분실하거나 도난 당했을 때 지나치게 많은 거래를 할 수 없게끔 은행에서는 하루 출금액 이상을 인출할 수 없게 하는 시스템을 구현했다. LimitedAccount 클래스는 각 transfer를 검사해 @dailyLimit를 줄이고 금액 초과 시 에러를 보고한다.

```
class LimitedAccount extends Account
  constructor: -> super; @resetLimit()
  resetLimit: -> @dailyLimit = 50
  transfer: (amount) ->
    if amount < 0 and (@dailyLimit += amount) < 0
      throw new Error "You maxed out!"
    else
      super amount

lacc = new LimitedAccount()
lacc.transfer 50
show "Start balance #{lacc.getBalance()}"

try lacc.batchTransfer [-1..-10]
catch error then show error.message
show "After batch balance #{lacc.getBalance()}"
```

여러분의 은행은 크게 성장해 이제 batchTransfer의 속도를 더 높여야 한다(실제라면 데이터베이스 업데이트 작업을 수행할 것이다). batchTransfer를 빠르게 하는 작업을 맡은 개발자는 LimitedAccount 클래스가 구현될 당시 휴가 중이었으므로 시스템 내 다른 수천 개의 클래스 속에서 미처 이 클래스를 보지 못했다.

```
class Account
  constructor: -> @balance = 0
  transfer: (amount) -> @balance += amount
  getBalance: -> @balance
  batchTransfer: (amtList) ->
    add = (a,b) -> a+b
    sum = (list) -> reduce list, add, 0
    @balance += sum amtList

class LimitedAccount extends Account
  constructor: -> super; @resetLimit()
  resetLimit: -> @dailyLimit = 50
  transfer: (amount) ->
    if amount < 0 and (@dailyLimit += amount) < 0
      throw new Error "You maxed out!"
```

```
        else
            super amount

lacc = new LimitedAccount()
lacc.transfer 50
show "Starting with #{lacc.getBalance()}"

try lacc.batchTransfer [-1..-10]
catch error then show error.message
show "After batch balance #{lacc.getBalance()}"
```

매번 transfer를 호출하는 이전 구현체와 달리 이제 전체 배치를 추가하고 잔고를 직접 업데이트한다. 이로써 batchTransfer는 훨씬 빨라졌지만 LimitedAccount 클래스에서 문제가 생겼다. 이는 연약한 기저 클래스 문제의 또 다른 예다. 이 예에서는 문제를 찾는 게 쉽지만 대규모 시스템에서는 상당히 골치가 아플 수 있다.

상속을 올바르게 사용하려면 신중하고 사려 깊은 프로그래밍이 필요하다. 자식 클래스가 부모 클래스와 타입이 호환된다면 치환 원칙을 준수하고 있는 것이다. 보통은 소유 방식을 쓰는 게 더 적합하다. 이 방식은 한 클래스가 다른 클래스의 인스턴스를 내부에 갖고 있고, 다른 클래스의 공개 인터페이스를 사용하는 방식이다.

커피스크립트에서는 private으로 간주하는 메서드 앞에 _를 사용하는 관례를 주로 사용한다.

❅ ❅ ❅

constructor 속성은 어디서부터 왔을까? 이 속성은 토끼의 프로토타입의 일부다. 프로토타입은 커피스크립트 객체가 동작 방식에 있어서 강력한(하지만 다소 헷갈리기 쉬운) 부분이다. 모든 객체는 프로토타입을 기반으로 하며, 이런 프로토타입은 상속된 속성을 객체에 제공한다. 간단한 객체는 아주 기본적인 프로토타입을 기반으로 하며, 이 프로토타입은 Object 생성자와 관련이 있다. 사실 {}를 입력하는 것은 new Object()를 입력하는 것과 같다.

```
simpleObject = {}
show simpleObject.constructor
show simpleObject.toString
```

toString은 Object 프로토타입의 일부다. 이 말은 모든 단순 객체가 객체를 문자열로 변환하는 toString 메서드를 갖고 있다는 뜻이다. 토끼 객체는 Rabbit 생성자와 연관된 프로토타입을 기반으로 한다. 생성자의 prototype 속성을 사용하면 프로토타입에 접근할 수 있다.

```
show Rabbit.prototype
show Rabbit.prototype.constructor.name
Rabbit.prototype.speak 'I am generic'
Rabbit::speak 'I am not initialized'
```

Rabbit.prototype.speak 대신 Rabbit::speak으로 쓸 수도 있다. 모든 함수는 자동으로 prototype 속성을 받으며, 이 속성의 constructor 속성은 다시 함수를 가리킨다. 토끼 프로토타입도 객체이므로 Object 프로토타입을 기반으로 하며, toString 메서드를 공유한다.

```
show killerRabbit.toString == simpleObject.toString
```

※ ※ ※

객체가 프로토타입의 속성을 공유하는 것처럼 보이지만, 이런 공유는 단방향으로 진행된다. 프로토타입의 속성은 이 프로토타입을 기반으로 하는 객체에 영향을 주지만, 이 객체의 속성은 프로토타입을 변경하지 않는다. 정확한 규칙은 다음과 같다. 속성값을 조회할 때 커피스크립트는 먼저 객체 자신이 갖고 있는 속성을 살펴본다. 찾고 있는 속성명이 객체에 있으면 이 값을 가져온다. 객체에 이런 속성이 없으면 계속해서 객체의 프로토타입, 프로토타입의 프로토타입 등을 살펴본다. 아무 속성도 찾을 수 없으면 undefined 값이 반환된다. 그에 반해 속성값을 설정할 때 커피스크립트는 프로토타입으로 가지 않고 항상 객체 자체에서 속성을 설정한다.

```
Rabbit::teeth = 'small'
show killerRabbit.teeth
killerRabbit.teeth = 'long, sharp, and bloody'
show killerRabbit.teeth
show Rabbit::teeth
```

이 말은 프로토타입을 사용해 아무 때나 이 프로토타입을 기반으로 하는 모든 객체에 속성 및 메서드를 새로 추가할 수 있다는 뜻이다. 예를 들어 토끼가 춤을 춰야 한다면 다음과 같이 할 수 있다.

```
Rabbit::dance = ->
  show "The #{@adjective} rabbit dances a jig."
killerRabbit.dance()
```

더불어 예상한 독자도 있겠지만 프로토타입은 모든 토끼가 공통으로 갖고 있어야 할 값(예를 들어 speak 메서드 등)을 집어넣기에 가장 좋은 곳이다. 다음은 Rabbit 생성자에 대한 새로운 접근 방식이다.

```
Rabbit = (adjective) ->
  @adjective = adjective

Rabbit::speak = (line) ->
  show "#{@adjective} 토끼가 말한다 '#{line}'"

hazelRabbit = new Rabbit "녹갈색"
hazelRabbit.speak "이제 평화롭군!"
```

❋ ❋ ❋

모든 객체가 프로토타입을 갖고 있고 프로토타입으로부터 속성을 받는다는 사실은 조금 복잡한 결과로 이어질 수 있다. 이 말은 '자료구조' 장에서 고양이를 저장하는 데 사용한 객체가 잘못될 여지가 있다는 뜻이기 때문이다. 예를 들어 'constructor'라는 고양이가 있는지 검사하고 싶다면 다음과 같은 로직을 사용할 것이다.

```
noCatsAtAll = {}
if "constructor" of noCatsAtAll
  show "Yes, there is a cat called 'constructor'."
```

이는 문제를 초래할 수 있다. 이와 관련해 종종 Object와 Array 같은 표준 생성자의 프로토타입을 유용한 함수로 확장하는 게 도움될 때가 있다. 예를 들어, 모든 객체에 **allProperties**라는 메서드를 추가해 객체가 갖고 있는 모든 속성명(숨기지 않은)을 담은 배열을 반환할 수 있다.

```
Object::allProperties = ->
  for property of this
    property

test = x: 10, y: 3
show test.allProperties()
```

하지만 이 방식은 이내 문제를 드러낸다. 이제 Object 프로토타입이 allProperties라는 속성을 갖게 됨에 따라 for와 of를 사용해 객체의 속성을 순회할 때도 이 공유 속성이 표시되기 때문이다. 이는 우리가 원하는 결과는 아니다. 우리는 실제로 객체가 갖고 있는 속성에만 관심이 있기 때문이다.

다행히 속성이 객체 자체에 속하는지 또는 프로토타입 중 하나에 속하는지 알 수 있는 방법이 있다. 모든 객체는 객체가 인자명에 해당하는 속성을 갖고 있는지 여부를 알려주는 hasOwnProperty 메서드를 갖고 있다. 객체의 속성을 순회할 때 커피스크립트는 각 속성별로 if 검사를 하지 않아도 되게끔 own 키워드를 제공한다. own 키워드를 사용하면 ownProperties 메서드를 다음과 같이 작성할 수 있다.

```
Object::ownProperties = ->
  for own property of this
    property

test = 'Fat Igor': true, 'Fireball': true
show test.ownProperties()
```

물론 이를 고차 함수로 추상화할 수도 있다. 이 함수에서 속성명과 객체 내에 들어 있는 속성값을 함께 사용해 action 함수를 호출하는 것을 주의해서 보자.

```
forEachOf = (object, action) ->
  for own property, value of object
    action property, value

chimera = head: "lion", body: "goat", tail: "snake"
forEachOf chimera, (name, value) ->
  show "The #{name} of a #{value}."
```

그런데 hasOwnProperty라는 이름의 고양이를 찾으면 어떻게 해야 할까(이런 고양이가 있을지도 모르는 일이다). 이 고양이는 객체에 저장되고, 다음 번에 고양이 목록을 순회할 때는 이 속성이 더는 함수 값을 가리키지 않으므로 object.hasOwnProperty 호출이 실패한다. 이 문제는 조금 지저분한 방식을 통해 해결할 수 있다.

```
forEachIn = (object, action) ->
  for property of object
    if (Object::hasOwnProperty.call(object, property))
      action property, object[property]

test = name: "Mordecai", hasOwnProperty: "Uh-oh"
forEachIn test, (name, value) ->
  show "Property #{name} = #{value}"
```

여기서는 객체에서 찾은 메서드를 사용하는 대신 Object 프로토타입으로부터 메서드를 가져온 다음 call을 사용해 이 메서드를 올바른 객체에 적용한다. 누군가가 일부러 Object.prototype 메서드를 엉망으로 만들지 않는 한(이렇게 하면 안 된다) 이 방식은 제대로 동작한다.

```
for own property, value of test
  show "Property #{property} = #{value}"
```

다행히 own 키워드는 이런 상황에서도 제대로 동작하므로 이 키워드를 사용하는 게 좋다.

❋ ❋ ❋

hasOwnProperty는 객체가 특정 속성을 갖고 있는지 판단하기 위해 of 연산자를 사용한 경우에서도 사용할 수 있다. 하지만 한 가지 주의할 점이 있다. '자료구조' 장에서 봤듯이 toString 같은 일부 속성은 '숨겨져' 있으므로 for/of를 사용해 속성을 순회할 때는 보이지 않는다. 게코(Gecko) 브라우저(파이어폭스 등)는 객체의 프로토타입을 가리키는 __proto__라는 이름의 숨겨진 속성을 모든 객체에 부여하는 것으로 드러났다. hasOwnProperty는 프로그램에서 명시적으로 속성을 추가하지 않았더라도 이런 속성에 대해 true를 반환한다. 객체의 프로토타입에 접근할 수 있는 기능은 매우 편리하지만 이런 속성을 만드는 것은 별로 좋은 생각이 아니다. 파이어폭스는 폭넓게 사용되는 브라우저인 만큼 웹용 프로그램을 개발할 때는 이런 점에도 주의해야 한다.

여기서 볼 수 있는 충고는 __proto__ 같은 시스템의 내부 변수와 충돌할 수 있으므로 속성명에 절대 밑줄 두 개를 사용하지 말아야 한다는 것이다. 앞에서 말한 것처럼 밑줄 하나로 시작하는 식별자는 문제가 없으며 주로 구현체 내부적으로 사용할 변수를 가리킨다. propertyIsEnumerable 메서드는 숨겨진 속성에 대해 false를 반환하는데, 이 메서드를 사용하면 __proto__ 같은 이상한 속성을 걸러낼 수 있다. 다음과 같은 표현식은 안정적인 작업을 하는 데 사용할 수 있다.

```
obj = foo: 'bar'

# 숨겨진 속성을 걸러내려면 이 검사가 필요하다.
show Object::hasOwnProperty.call(obj, 'foo') and
    Object::propertyIsEnumerable.call(obj, 'foo')
# ... 이 결과는 true를 반환하므로 ...
show Object::hasOwnProperty.call(obj, '__proto__')
# ... 이 결과는 false이어야 한다.
show Object::hasOwnProperty.call(obj, '__proto__') and
    Object::propertyIsEnumerable.call(obj, '__proto__')
```

간단하고 멋지지 않은가? 이 부분은 커피스크립트 내부 시스템에서 잘 설계되지 않은 영역(자바스크립트의 난해한 부분) 중 하나다. 객체는 '메서드를 갖고 있는 값' 역할(이 역할에는 프로토타입이 잘 동작한다)과 '속성 세트' 역할(이 역할에는 프로토타입이 방해만 될 뿐이다)을 모두 수행한다.

속성이 객체에 존재하는지 검사하기 위해 앞에서와 같은 표현식을 매번 작성해야 한다면 이는 현실적이지 못하다. 이를 함수에 집어넣을 수도 있지만 이보다는 이런 상황만을 대상으로 하는 생성자와 프로토타입을 작성함으로써 객체를 속성처럼 접근하는 게 더 좋은 방식이다. 이렇게 하면 이름을 사용해 내용을 바로 조회할 수 있으므로 이런 방식을 Dictionary라고 부른다.

```
class Dictionary
  constructor: (@values = {}) ->

  store: (name, value) ->
    @values[name] = value

  lookup: (name) ->
    @values[name]

  contains: (name) ->
    Object::hasOwnProperty.call(@values, name) and
    Object::propertyIsEnumerable.call(@values, name)

  each: (action) ->
    for own property, value of @values
      action property, value

colours = new Dictionary
  Grover: 'blue'
  Elmo: 'orange'
  Bert: 'yellow'

show colours.contains 'Grover'
colours.each (name, colour) ->
  show name + ' is ' + colour
```

이제 속성 세트를 통해 객체를 접근하는 것과 관련한 모든 내용이 한 개의 생성자와 네 개의 메서드를 갖춘 편리한 인터페이스로 '캡슐화'됐다. 여기서 Dictionary 객체의 values 속성은 이 인터페이스의 일부가 아니며 내부 속성이라는 점에 주의하자. Dictionary 객체를 사용할 때는 이 속성을 직접 사용하지 않아도 된다.

인터페이스를 작성할 때는 하는 일과 사용법을 알 수 있는 주석을 첨부하는 게 좋다. 이렇게 하면 다른 사람(또는 여러분 자신도)이 인터페이스 작성 후 3개월이 지나 코드를 인터페이스와 연동하려고 할 때도 사용법을 쉽게 알 수 있고 전체 프로그램을 다시 살펴보지 않아도 된다.

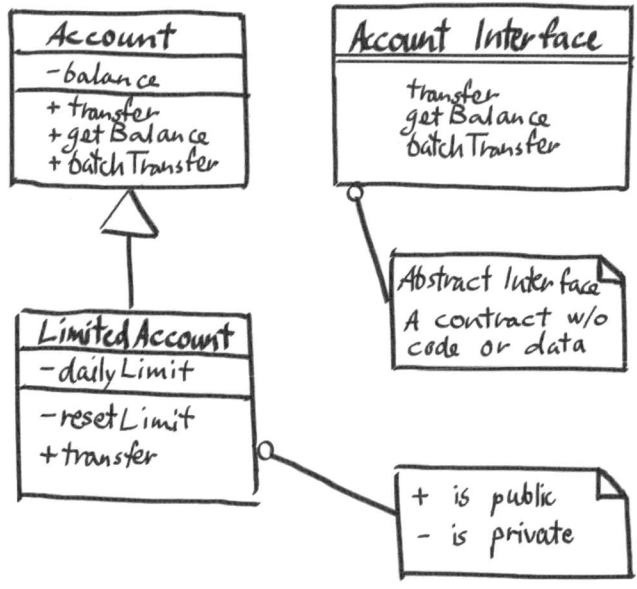

종이, 화이트보드, 또는 여기서처럼 펜과 테블릿을 사용하면 설계를 효과적으로 그릴 수 있다. UML(통합 모델링 언어)과 유사한 표기법을 사용하면 다른 사람과 설계를 공유하는 데 도움될 수 있다. 보통은 툴[1]을 사용하지 않아도 된다(꼭 사용하고 싶거나 대규모 운영 환경에서 일하는 게 아니라면). 웹을 검색하면 UML 표기법을 쉽게 찾을 수 있다. 가장 유용한 다이어그램은 인터랙션 또는 시퀀스 다이어그램이다. 이 다이어그램을 사용하면 각 객체가 서로 어떻게 통신하는지(특히 분산 시스템에서) 보여줄 수 있다. 앞에서 보여준 클래스 다이어그램은 시스템의 정적인 뷰를 보여주므로 초기 설계에 주로 사용한다.

---

1 예를 들어 비주얼 스튜디오 얼티밋 같은 일부 통합 개발 환경에서는 코드를 작성함에 따라 자동으로 다이어그램을 생성해준다. 하지만 이런 개발 환경은 비용이 저렴하지도 않을뿐더러 커피스크립트와 호환되지도 않는다.

대부분의 경우 인터페이스를 설계하다 보면 제약과 문제점을 보게 되고, 이를 수정하기 마련이다. 시간 낭비를 줄이려면 실제로 몇 군데에서 실용적으로 사용한 후에 비로소 인터페이스를 문서화하는 게 좋다. 물론 이렇게 하다 보면 문서화하는 것 자체를 잊어버릴 수도 있다. 개인적으로 필자는 시스템에 대한 '마지막 손질'로 문서 작성 작업을 하는 편이다. 준비가 됐다는 생각이 들면 이를 문서로 옮기고 커피스크립트에서(또는 다른 프로그래밍 언어에서) 하는 일을 제대로 설명하는지 확인한다.

※ ※ ※

객체의 외부 인터페이스와 내부 세부 사항을 구분하는 것은 두 가지 점에서 중요하다. 우선 간결하고 명확하게 기술된 인터페이스는 객체를 사용하기 쉽게 해준다. 이때는 인터페이스만 고려하면 되고, 직접 객체를 변경하지 않는 한 나머지 사항은 신경 쓰지 않아도 된다.

두 번째로 클래스를 좀 더 효율적으로 만들거나 특정 문제를 해결하기 위해 클래스의 내부 구현체와 관련해 종종 뭔가를 수정하는 일이 필요하거나 유용할 때가 있다. 외부 코드가 객체의 모든 속성과 세부 정보에 접근할 경우 뭔가를 업데이트하려면 많은 코드를 수정하지 않으면 안 된다. 외부 코드가 소규모의 인터페이스만 사용한다면 인터페이스를 바꾸지 않는 한 원하는 만큼 얼마든지 수정할 수 있다.

어떤 사람들은 이를 더 적극적으로 적용한다. 예컨대 이런 사람들은 객체의 인터페이스에 속성을 포함시키지 않고 메서드만 포함시킨다. 따라서 예컨대 객체에 length 속성이 있다면 이 속성은 length 속성이 아니라 getLength 메서드를 통해서만 접근할 수 있다. 이렇게 하면 예컨대 길이를 반환하는 내부 배열을 갖춤에 따라 length 속성이 더는 필요 없어지더라도 인터페이스를 수정하지 않고 함수를 업데이트할 수 있다.

하지만 필자는 개인적으로 이렇게까지 할 필요는 없다고 본다. return this.length만 들어 있는 getLength 메서드를 추가하면 의미 없는 코드만 추가될 뿐이며, 필자는 대부분의 상황에서 객체에 대한 인터페이스를 가끔씩 수정하는 것보다 이처럼 의미 없는 코드가 더 큰 문제라고 생각한다.

✳ ✳ ✳

기존 프로토타입에 새 메서드를 추가하면 매우 편리할 수 있다. 특히 커피스크립트의 Array와 String 프로토타입은 많은 기본 메서드를 사용할 수 있다. 예를 들어 forEach와 map 메서드를 배열의 메서드로 추가할 수도 있고 '자료구조' 장에서 작성한 startsWith 함수를 문자열의 메서드로 만들 수도 있다.

하지만 다른 사람들이 라이브러리로 사용할 코드를 개발하거나 웹 페이지에서 for/of를 있는 그대로 사용하는 다른 프로그램(여러분 또는 다른 사람이 작성한)과 함께 실행되는 프로그램에서 사용할 코드를 작성한다면 프로토타입, 특히 Object와 Array 프로토타입에 속성을 추가하는 게 문제를 일으키기 쉽다. 왜냐하면 이들 순환문에서 갑자기 새로운 속성이 보이게 되기 때문이다. 이런 이유로 어떤 사람들은 프로토타입을 아예 건드리지 않는 방식을 선호한다. 물론 주의하기만 한다면, 또 코드가 허술하게 작성된 다른 코드와 함께 사용되지 않는다면 표준 프로토타입에 메서드를 추가하는 것은 아무런 문제가 없는 좋은 기법이다.

11

정규식

지금까지 다룬 장에서는 문자열 값의 패턴을 찾아야 하는 경우가 여러 번 있었다. '자료구조' 장에서는 날짜의 일부분인 숫자를 찾는 위치를 정확히 지정해 문자열로부터 날짜 값을 추출했다. 이후 '함수형 프로그래밍' 장에서는 문자열 내의 특정 타입의 문자(이를테면 HTML로 이스케이프해야 하는 문자)를 찾는 지저분한 코드를 살펴봤다.

정규식은 문자열의 패턴을 기술하기 위한 언어다. 정규식은 별도의 작은 언어를 형성하며, 커피스크립트(및 다른 프로그래밍 언어)에 내장돼 있다. 정규식은 쉽게 읽을 수 형태의 언어는 아니다. 특히 긴 정규식은 거의 읽을 수 없을 정도다. 정규식을 좀 더 읽기 쉽게끔 커피스크립트에서는 정규식을 확장해 각기 다른 영역에 마음대로 주석을 추가할 수 있게 했다. 이런 예제는 앞으로 보게 될 것이다. 물론 여전히 정규식은 읽기 어렵지만 정규식을 활용하면 문자열 처리 프로그램을 매우 간소화할 수 있다.

❋ ❋ ❋

문자열을 따옴표 안에 집어넣듯, 정규식은 슬래시(/) 사이에 집어넣는다. 이 말은 정규식에 들어 있는 슬래시는 이스케이프해야 한다는 뜻이다.

```
slash = /\//;
show 'AC/DC'.search slash
```

search 메서드는 indexOf 메서드와 유사하지만 문자열이 아니라 정규식을 검색한다. 정규식에서 지정한 패턴은 문자열이 할 수 없는 일을 몇 가지 할 수 있다. 먼저 한 글자보다 많은 글자와 일치하는지 여부를 검사할 수 있다. '함수형 프로그래밍'에서는 문서에서 마크업을 추출할 때 문자열 내에서 첫 번째 별표나 여는 중괄호를 찾아야 했다. 정규식을 활용하면 이를 다음과 같이 표현할 수 있다.

```
asteriskOrBrace = /[\{\*]/
story = 'We noticed the *giant sloth*, ' +
        'hanging from a giant branch.';
show story.search asteriskOrBrace
```

[와] 문자는 정규식 내에서 특수 의미를 갖고 있다. 이들 기호는 문자 세트를 감싸며, '이들 문자 중 아무거나'라는 의미로 해석된다. 알파벳이나 숫자가 아닌 대부분의 문자는 정규식 내에서 특별한 의미가 있다. 따라서 이런 문자를 실제 문자로 사용하려면 항상 역슬래시[1]로 이스케이프하는 게 좋다.

❋ ❋ ❋

자주 사용하는 문자 세트를 표현하는 단축 방식이 몇 가지 있다. 점(.)은 '새 줄이 아닌 모든 문자'라는 의미고, 이스케이프 'd'(\d)는 '임의의 숫자', 이스케이프 'w'(\w)는 임의의 알파벳 또는 숫자 문자(어떤 이유에선지 밑줄도 포함), 이스케이프 's'(\s)는 모든 공백(탭, 새 줄, 공백) 문자와 일치한다.

```
digitSurroundedBySpace = /\s\d\s/
show '1a 2 3d'.search digitSurroundedBySpace
```

이스케이프 'd', 'w', 's'는 대문자로 대체해 반대 의미로 사용할 수 있다. 예를 들어 \S는 공백이 아닌 모든 문자와 일치한다.

[와]를 사용할 때는 ^ 문자를 사용해 패턴을 반대로 적용할 수 있다.

---

1 이 경우 문자가 [와]사이에 나오므로 사실 역슬래시가 필요 없지만 한 번 더 생각하지 않아도 되게끔 이스케이프 처리하는 게 더 간편하다.

```
notABC = /[^ABC]/
show 'ABCBACCBBADABC'.search notABC
```

이처럼 정규식이 패턴을 표현하기 위해 문자를 사용하는 방식은 패턴을 매우 간결하게 해주지만, 한편으로 패턴을 매우 읽기 어렵게 한다.

💣 연습문제 32

'XX/XX/XXXX' 형식(여기서 X는 숫자)과 일치하는 날짜 패턴을 정규식으로 작성하라. 이 정규식을 사용해 다음 문자열을 테스트하라.

'태어남 15/11/2003 (어미 스폿): 화이트 팡'

☑ 풀이

```
datePattern = /\d\d\/\d\d\/\d\d\d\d/
show '태어남 15/11/2003 (어미 스폿): 화이트 팡'\
.search datePattern
```

문자열 다음에 나온 역슬래시는 줄을 바꾸고 다음 줄에서 계속 진행하게 한다.

때로는 특정 문자로 시작하거나 끝나는 패턴을 사용해야 할 때가 있다. 이 경우 특수 문자인 ^와 $를 사용한다. 첫 번째 기호는 문자열의 시작 부분과 비교하고, 두 번째 기호는 문자열의 끝 부분과 비교한다.

```
show /a+/.test 'blah'
show /^a+$/.test 'blah'
```

첫 번째 정규식은 a 문자를 포함하는 모든 문자열과 일치하지만 두 번째 정규식은 전체 문자열이 a 문자로 시작하는 문자열에 대해서만 일치한다.

정규식은 객체이며 메서드를 갖고 있다는 점에 주의하자. 정규식의 **test**메서드는 해당 문자열이 정규식과 일치하는지 여부를 나타내는 불리언 값을 반환한다.

\b 코드는 '단어 경계'와 일치한다. 단어 경계는 구두점, 공백, 또는 문자열의 시작점과 끝이 될 수 있다.

```
show /cat/.test 'concatenate'
show /\bcat\b/.test 'concatenate'
```

✳ ✳ ✳

패턴의 일부가 여러 번 반복되게 할 수도 있다. 특정 패턴 요소 다음에 별표(*)를 사용하면 0번 이상 이 요소가 반복되는 패턴을 사용할 수 있다. 더하기(+) 기호도 같은 기능을 하지만 패턴이 최소 한 번은 일어나야 한다. 물음표(?)는 해당 패턴 요소를 '선택 요소'로 만들며, 이 요소는 0번 이상 나타날 수 있다.

```
parenthesizedText = /\(.*\)/
show "Its (the sloth's) claws were gigantic!"\
  .search parenthesizedText
```

필요할 때는 중괄호를 사용해 패턴 요소가 나타나야 하는 횟수를 정확히 지정할 수 있다. 중괄호로 감싼 숫자({4})는 이 패턴이 반복돼야 하는 정확한 횟수를 지정한다. 중괄호 안에 두 개의 숫자({3,10})를 집어넣으면 이 패턴이 최소 첫 번째 숫자만큼 일어나고 최대 두 번째 숫자만큼 일어나야 함을 뜻한다. 마찬가지로 {2,}는 패턴이 두 번 이상 일어나야 함을, {,4}는 4번 이하로 일어나야 함을 가리킨다.

긴 정규식을 읽는 게 좀 더 쉽게끔 커피스크립트는 정규식을 확장했다. 정규식은 ///로 구분하며 각기 다른 영역에 주석을 추가할 수 있다. 정규식은 포맷을 무시하므로 여러 줄로 분리하고 1열로 배치할 수 있다.

```
datePattern = /\d{1,2}\/\d\d?\/\d{4}/
show '태어남 15/11/2003 (어미 스폿): 화이트 팡'\
  .search datePattern
```

```
datePattern = ///
  \d{1,2}    # 날짜
  /          # 구분자
  \d\d?      # 월
  /          # 구분자
  \d{4}      # 연도
///
show '태어남 15/11/2003 (어미 스폿): 화이트 팡'\
.search datePattern
```

/\d{1,2}/와 /\d\d?/ 부분은 모두 '하나 또는 두 개의 숫자'를 표현한다.

💣 연습문제 33

이메일 주소와 일치하는 정규식을 작성하라. 문제를 간단히 하기 위해 @ 이전, 이후 영역에는 알파벳, 숫자, .과 - (점과 대시) 문자만 사용할 수 있으며, 주소의 마지막 영역, 국가 코드 또는 점 이후의 최상위 도메인은 알파벳-숫자 문자만 포함할 수 있고 둘 내지 세 글자 길이이어야 한다고 가정한다.

☑ 풀이

```
mailAddress = /\b[\w\.-]+@[\w\.-]+\.\w{2,3}\b/

mailAddress = ///
  \b[\w\.-]+ # 사용자명
  @
  [\w\.-]+\  # 제공자
  .
  \w{2,3}\b  # 도메인
///

show mailAddress.test 'kenny@test.net'
show mailAddress.test 'I mailt kenny@tets.nets, ' +
                      'but it didn wrok!'
show mailAddress.test 'the_giant_sloth@gmail.com'
```

패턴의 시작과 끝에 있는 ₩b는 두 번째 문자열이 패턴과 일치하지 않게 한다.

괄호를 사용해 정규식의 일부를 그룹으로 지정할 수도 있다. 이렇게 한 다음 * 등을 사용해 두 번 이상 반복되는 문자를 지정할 수도 있다. 예를 들어 다음 코드를 살펴보자.

```
cartoonCrying = /boo(hoo+)+/i
show "Then, he exclaimed 'Boohoooohoohooo '"\
    .search cartoonCrying
```

그런데 정규식의 끝에 있는 i는 어디서부터 왔을까? 슬래시를 닫은 후에는 정규식에 '옵션'을 추가할 수 있다. 여기서 i는 정규식이 대소문자를 구분하지 않는다는 뜻으로, 패턴의 소문자 b는 문자열의 대문자 B와도 일치한다.

파이프 문자(|)는 패턴이 두 요소 중 하나를 선택할 수 있게 하는 데 사용한다. 예를 들어 다음과 같이 사용한다.

```
holyCow = /(sacred|holy) (cow|bovine|bull|taurus)/i
show holyCow.test 'Sacred bovine!'
```

❋ ❋ ❋

때로는 어떤 정보를 추출하기 위한 첫 번째 작업으로 문자열의 패턴을 찾을 때가 있다. 앞에서 본 장에서는 문자열의 indexOf와 slice 메서드를 여러 번 사용해 이런 추출 작업을 수행했다. 이제 정규식을 알게 된 만큼 이 방식 대신 match 메서드를 사용하면 된다. 문자열을 정규식과 비교해 패턴이 일치하지 않으면 null이 반환되고, 일치하면 일치한 문자열을 담고 있는 배열이 반환된다.

```
show 'No'.match /Yes/
show '... yes'.match /yes/
show 'Giant Ape'.match /giant (\w+)/i
```

반환된 배열의 첫 번째 요소는 항상 패턴과 일치하는 문자열의 일부다. 앞의 예제에서 볼 수 있듯 패턴에 괄호 영역이 있으면 이 패턴과 일치하는 영역도 배열에 추가된다.

이를 활용하면 종종 문자열의 요소를 아주 쉽게 추출할 수 있다.

```
quote = "My mind is a swirling miasma " +
        "(a poisonous fog thought to " +
        "cause illness) of titilating " +
        "thoughts and turgid ideas."
parenthesized = quote.match ///
  (\w+)      # 단어
  \s*        # 공백
  \((.*)\)   # 설명
///
if parenthesized isnt null
  show "Word: #{parenthesized[1]} " +
       "Explanation: #{parenthesized[2]}"
```

💣 연습문제 34

'자료구조' 장에서 작성한 extractDate 함수를 재작성하라. 문자열을 전달하면 이 함수는 앞에서 본 날짜 형식을 따르는 문자열을 찾는다. 이런 날짜를 찾을 수 있으면 이를 Date 객체에 집어넣는다. 날짜 패턴을 찾을 수 없으면 예외를 던진다. 날이나 달이 한 개의 숫자로만 이뤄진 날짜를 받을 수 있게끔 함수를 작성하라.

☑ 풀이

```
extractDate = (string) ->
  found = string.match /(\d\d?)\/(\d\d?)\/(\d{4})/
  if found == null
    throw new Error "'#{string}'에서 날짜를 찾을 수 없음"
  new Date Number(found[3]),
           Number(found[2]) - 1,
           Number(found[1])
show extractDate \
  "태어남 5/2/2007 (어미 누그): 롱이어 존슨"
```

이 버전은 기존 버전보다는 조금 더 길지만 실제 검사에만 집중하고, 잘못된 값을 집어넣으면 이를 알려준다는 장점이 있다. 정규식을 사용하지 않으면 이런 작업이 훨씬 더 어렵다. 이때는

indexOf를 여러 번 호출해 숫자가 하나 또는 두 개로 이뤄져 있는지 검사해야 하고 제 위치에 대시가 있는지도 확인해야 한다.

'함수형 프로그래밍' 장에서 살펴본 **replace** 메서드는 첫 번째 인자로 정규식을 지정할 수 있다.

```
show 'Borobudur'.replace /[ou]/g, 'a'
```

여기서 정규식 다음에 나온 g 문자에 주의하자. 이 문자는 '전역(global)'의 약자로, 패턴과 일치하는 문자열의 모든 영역을 대체한다는 뜻이다. g를 생략하면 첫 번째 'o'만 대체된다.

때로는 대체된 문자열 영역을 그대로 유지해야 할 때가 있다. 예를 들어 사람의 이름이 들어 있는 긴 문자열이 있고 한 줄당 '성, 이름' 형태로 한 개의 이름이 나온다고 가정하자. 이 경우 콤마를 제거하고 이름 위치를 바꿔 이름을 '이름 성' 형태로 표시하고 싶다고 해보자.

```
names = '''Picasso, Pablo
Gauguin, Paul
Van Gogh, Vincent'''

show names.replace /([\w ]+), ([\w ]+)/g, '$2 $1'

show names.replace ///
  ([\w ]+) # 성
  ,
  ([\w ]+) # 이름
///g, '$2 $1'
```

$1과 $2 치환 문자열은 패턴 내 괄호 영역을 가리킨다. $1은 괄호의 첫 번째 부분과 일치하는 텍스트로 치환되고, $2는 두 번째 부분과 일치하는 텍스트로 치환되는 식으로 $9까지 사용할 수 있다.

패턴 안에 9개의 괄호보다 많은 영역이 있다면 이 기능이 더는 동작하지 않는다. 하지만 이런 문자열 영역을 대체하는 방법이 하나 더 있다. 이 방식은 다른 까다로운 상황에서 유용하게 쓸 수 있다. replace 메서드의 두 번째 인자로 문자열 대신 함수 값을 지정하면 이 함수는 매번 일치하는 패턴을 찾을 때마다 호출되고, 일치하는 텍스트는 함수에서 반환하는 결과로 대체된다. 이 함수가 받는 인자는 match에서 반환하는 배열 내 값과 마찬가지로 일치한 요소들이다. 첫 번째 인자는 일치하는 전체 영역이고, 그 다음 패턴의 각 괄호 영역별로 인자를 한 개씩 받는다.

```
eatOne = (match, amount, unit) ->
  amount = Number(amount) - 1
  if amount == 1
    unit = unit.slice 0, unit.length - 1
  else if amount == 0
    unit = unit + 's'
    amount = 'no'
  amount + ' ' + unit

stock = '1 lemon, 2 cabbages, and 101 eggs'
stock = stock.replace /(\d+) (\w+)/g, eatOne
show stock
```

💣 연습문제 35

앞에서 보여준 기법을 활용하면 '함수형 프로그래밍' 장에서 다룬 HTML 이스케이프를 좀 더 효과적으로 만들 수 있다. 앞서 작성한 다음과 같은 코드를 기억할 것이다.

```
escapeHTML = (text) ->
  replacements = [[/&/g, '&amp;']
                  [/"/g, '&quot;']
                  [/</g, '&lt;']
                  [/>/g, '&gt;']]
  forEach replacements, (replace) ->
    text = text.replace replace[0], replace[1]
  text
show escapeHTML '< " & " >'
```

이번에는 같은 작업을 하지만 replace를 한 번만 호출하는 escapeHTML 함수를 새로 작성하라.

☑ 풀이

```
escapeHTML = (text) ->
  replacements =
    "<": "&lt;"
    ">": "&gt;"
    "&": "&amp;"
    "\"": "&quot;"
  text.replace /[<>&"]/g, (character) ->
    replacements[character]

show escapeHTML "The 'pre-formatted ' tag " +
                "is written \"<pre >\"."
```

replacements 객체는 각 문자를 이스케이프 버전과 빠르게 연계하기 위한 수단이다. 여기서는 /[<>&"]/ 표현식과 일치하는 속성만을 사용하므로 이 객체를 이런 식으로 사용해도 안전하다(즉 딕셔너리 객체가 필요 없다).

때로는 코드를 작성하는 동안은 비교할 패턴을 알 수 없는 경우가 있다. 예컨대 메시지 게시판에 사용할 아주 간단한 비속어 필터를 개발한다고 가정하자. 우리는 비속어가 들어 있지 않은 메시지만 쓸 수 있게 하려고 한다. 게시판의 관리자는 부적절하다고 판단되는 단어 목록을 지정할 수 있다.

텍스트에서 특정 단어를 검사하는 가장 효율적인 방법은 정규식을 활용하는 것이다. 단어 목록을 배열로 갖고 있다면 다음과 같은 정규식을 작성할 수 있다.

```
badWords = ['ape', 'monkey', 'simian',
            'gorilla', 'evolution']
pattern = new RegExp badWords.join('|'), 'i'
isAcceptable = (text) ->
  !pattern.test text

show isAcceptable 'Mmmm, grapes.'
show isAcceptable 'No more of that monkeybusiness, now.'
```

그런 다음 grapes가 부적절한 단어로 걸러지지 않게끔 각 단어 사이에 \b 패턴을 추가할 수 있을 것이다. 그런데 이렇게 하면 두 번째 문장이 저절한 단어가 되므로 이는 올바른 비속어 필터가 되지 못한다. 비속어 필터를 제대로 구현하기란 매우 어렵다(그리고 대부분 매우 짜증난다).

RegExp 생성자의 첫 번째 인자는 패턴을 포함하는 문자열이고, 두 번째 인자는 대소문자 구분 또는 전역 검사 등을 추가하는 인자다. 패턴을 담고 있는 문자열을 개발할 때는 역슬래시에 주의해야 한다. 보통 문자열을 해석하는 동안 역슬래시가 제거되므로 정규식에서 역슬래시 자체를 표현하려면 항상 이스케이프를 사용해야 한다.

```
digits = new RegExp '\\d+'
show digits.test '101'
```

❊ ❊ ❊

정규식에 대해 알아둬야 할 가장 중요한 사실은 정규식이 존재한다는 것과 정규식을 활용하면 문자열 처리 코드를 훨씬 개선할 수 있다는 점이다. 정규식은 해독하기 어려운 만큼 처음 열 번 정도 사용할 때는 자세한 사항을 매번 찾아봐야 한다. 하지만 이 과정을 참고 견디면 마법 주문 같은 정규식을 자유자재로 표현할 수 있을 것이다.

정규식으로 표현하기에는 작업이 지나치게 복잡하다면 커피스크립트가 어떻게 구현돼 있는지 살펴보자. 커피스크립트는 파서 생성기인 Jison을 사용한다. 이를 사용하면 프로그램이 읽을 수 있는(즉 파싱할 수 있는) 언어에 대한 문법을 정의할 수 있다. Jison은 이 형식으로 된 데이터를 읽을 수 있는 모듈을 생성해준다. 프로그램에서 이 모듈과 연동하면 각기 다른 데이터 영역을 읽어 적절한 행동을 수행할 수 있다. 이 툴은 정규식으로 처리할 수 없는 데이터를 대상으로 사용해야 하는 고급 툴이다.

12 모듈화

이 장에서는 프로그램을 조직화하는 절차를 다룬다. 작은 프로그램에서는 조직화 여부가 거의 문제가 안 된다. 하지만 규모가 커지면서 프로그램은 구조를 유지하고 제대로 해석하기가 점차 어려워진다. 이런 프로그램은 이내 스파게티처럼 되고, 안에 있는 내용이 모두 서로 연결된 것처럼 형태를 분간할 수 없는 지경에 이른다.

하향식 설계에서는 애플리케이션의 전체 구조를 살펴보고 각 영역을 좀 더 작은 영역으로 나눈다. 이를 수행할 수 있는 방법은 여러 가지가 있으며 이 중 하나는 기술적인 영역과 애플리케이션의 특수 영역을 서로 구분하는 것이다. 예를 들어 애플리케이션 활동을 기록하는 명령을 여러 곳에 흩어져 있는 파일에 집어넣는 대신 기술적인 영역(파일 쓰기, 에러 검사 및 일간 로그 처리)을 로깅 유틸리티에 집어넣고 기술 서비스로 활용하는 것이다.

이때 계층화된 접근 방식을 사용하는 게 도움이 된다. 이 설계에서는 하위 레이어가 상위 레이어를 알지 못한다. 예를 들어 프로세스가 서로 통신할 때 저수준 프로토콜을 레이어로 캡슐화하고 데이터가 도착하면(하위 레이어가 상위 레이어에서 데이터를 처리하기 위해 직접 함수를 호출하는 대신) 하위 레이어가 관련 상위 레이어가 수신할 수 있는 이벤트[1]를 전송하는 것이다. 이는 '에러 처리' 장에서 오류 처리 함수가 누가, 어떻게 예외를 처리할지 알지 못하게 한 것과도 유사한 방식이다.

커피스크립트에서 프로그램을 구조화할 때는 두 가지 일을 한다. 먼저 프로그램을 특정 역할을 담당하고 있는 모듈이라는 작은 영역으로 나누고, 이들 영역 사이의 관계를 지정한다.

'검색' 장에서는 경로를 탐색하면서 '함수형 프로그래밍' 장에서 설명한 다양한 함수를 활

---

[1] 표준 커피스크립트 내부의 시스템은 이 작업을 도와줄 수 있는 EventEmitter를 갖고 있다. 자세한 사항은 자신이 사용하는 런타임 시스템과 관련한 문서에서 이벤트를 검색하자.

용했다. 이 장에서는 경로 계획과 특별히 관련이 없는 개념인 flatten, partial, BinaryHeap 타입 등의 개념도 정의했다. 당시 바이너리힙은 블랙박스처럼 다뤘으므로 사용법만 알면 됐고, 내부적으로 어떻게 동작하는지 알 필요가 없었다. 바로 이와 같은 캡슐화가 모듈화 및 객체지향의 핵심이다.

flatten 함수는 언더스코어 라이브러리에서 재사용했다. 우리는 partial 함수가 필요한 환경에 그때그때마다 이 함수를 추가했다. 물론 언더스코어 라이브러리에 partial을 그냥 추가하는 게 더 쉽지만 이렇게 하면 매번 언더스코어 라이브러리 새 버전이 나올 때마다 이 작업을 다시 해줘야 한다.

이 방식 대신 우리는 자신만의 모듈을 만들고 이곳에 부족한 기능을 집어넣은 후 기본 기능을 사용할 때마다 두 라이브러리를 참조하게 할 수 있다. 또는 언더스코어를 포함하고 언더스코어의 함수를 활용하는 함수를 통해 커스텀 모듈을 개발할 수도 있다. 그럼 우리 모듈은 언더스코어에 의존하게 된다. 모듈이 다른 모듈에 의존하면 이 모듈은 해당 모듈의 함수나 변수를 사용하고 의존하는 모듈이 로드될 때만 제대로 동작한다.

의존성이 서로를 순환 참조하지 않게 하는 게 좋다. 순환 참조는 현실적인 문제(모듈 A와 모듈 B가 서로 의존한다면 어떤 모듈을 먼저 로드해야 하나?)와 더불어 모듈 사이의 관계를 복잡하게 만들고 앞서 언급한 것처럼 모듈이 스파게티처럼 꼬이게 할 수 있다.

❋ ❋ ❋

대부분의 현대 프로그래밍 언어는 일정한 모듈 시스템을 내장하고 있다. 커피스크립트에서는 이런 모듈 시스템이 상황에 따라 조금씩 다르다. 표준 커피스크립트 환경에는 CommonJS require를 기반으로 하는 모듈 시스템이 있다. 다른 환경(이를테면 웹 브라우저의 페이지)에서 커피스크립트를 사용할 때는 require가 없고 시스템의 특정 서비스에 의존하거나 우리가 직접 모듈 시스템을 만들어야 한다.[2]

모듈 시스템을 만드는 가장 확실한 방법은 모든 모듈을 각기 다른 파일에 집어넣는 것부터 시작한다. 이렇게 하면 어떤 코드가 어떤 모듈에 속하는지 분명히 알 수 있다. 이 장에서는 '서문'에서 본 '생명의 씨앗' 예제로 돌아가 서버에서 제어하는 애니메이션 버전을 개발한다. 이를 위해 여기서는 드로잉을 수행하는 수학 계산을 추출해 10-MathFix.coffee이라는

---

[2] browserify 같은 프로젝트는 require를 브라우저에서 사용할 수 있게 하는 것을 목적으로 한다.

별도 파일에 집어넣었다. 이 파일에는 단위 원에서 1/6만큼 떨어진 위치를 구할 때 사용할 수 있는 CircularPosition 클래스와 부동 소수 반올림 오류를 수정한 코드가 들어 있다. 또 이 클래스는 prelude도 사용하고 간단한 출력 유틸리티도 갖고 있다. 이 파일은 아직 모듈은 아니지만 점차 서버와 브라우저 환경에서 모두 사용할 수 있게 다듬을 것이다.

```coffeescript
require "./prelude"

Pi2 = Math.PI*2
# 단위 원상의 각도로 이뤄진 배열을 생성
angles = (angle for angle in [0...Pi2] by 1/3*Math.PI)
# 덧셈 작업에 대한 부동 소수 반올림 오류로 인해
# 2*PI가 들어 있다면 마지막 요소를 제거.
epsilon = 1e-14
lastAngle = angles[angles.length - 1]
# 간격 값을 사용해 부동 소수 값 검사
if Pi2 - epsilon < lastAngle < Pi2 + epsilon
  angles.length = angles.length - 1

# (x, y) 좌표쌍의 캡슐화
class Point
  constructor: (@x, @y) ->
  toString: -> "{x:#{@x.toPrecision 4}," +
               " y:#{@y.toPrecision 4}}"

# 0이 아닌 보정값만큼 보정한 단위 원상의 점을 반환하는 수학 클래스
class CircularPosition
  constructor: (@_step = 0) -> @_count = 0
  nextPoint: ->
    index = @_count % angles.length
    angle = angles[index] + @_step * @_count++
    new Point Math.cos(angle), Math.sin(angle)

circ = new CircularPosition 0.01
for i in [0...6]
  show "#{i}: #{circ.nextPoint()}"
```

첫 번째로 제거할 코드는 끝에 있는 출력 유틸리티다.[3] 다음으로 이 책에서 지금껏 prelude를 요긴하게 활용하긴 했지만 prelude는 모듈에 적합하지 않으므로 require './prelude'를 제거해야 한다. prelude에는 다양한 정의가 들어 있으므로 우리는 지금껏 이것저것 신경 쓰지 않고 커피스크립트에만 집중할 수 있었다. 하지만 prelude를 사용하면 이들 정의가 직접적으로 또는 globalize 함수를 통해 공유 네임스페이스에 포함된다. 이 네임스페이스는 프로그램을 구성하는 모든 모듈이 공유하는 네임스페이스이므로, 이 모듈은 다양한 프로젝트에서 재사용하는 게 목적인 만큼 이런 공유 자원을 '오염'시켜서는 안 된다. 다시 말해 새 알고리즘을 실험할 때는 prelude를 사용해도 되지만 재사용 가능한 모듈을 개발할 때는 사용하면 안 된다.

❋ ❋ ❋

환경에 많은 코드가 로드되면 최상위 레벨의 변수명을 많이 사용하게 된다. 관리할 수 있는 것보다 더 많은 코드가 로드되면 다른 곳에 이미 사용 중인 이름을 실수로 사용하기 쉽다. 이렇게 하면 기존 값을 사용하는 코드가 오작동을 일으키게 된다. 최상위 레벨 변수가 이처럼 많은 상황을 네임스페이스 오염이라고 부르며, 이는 자바스크립트(기존 변수를 재정의할 때 경고하지 않는)에서 꽤 심각한 문제다.

커피스크립트는 모듈을 자동으로 캡슐화함으로써 이 문제를 크게 줄여준다. 따라서 우리는 최상위 레벨 변수를 직접 사용하지만 않으면 된다. 특히 모듈은 외부 인터페이스로 노출하지 않는 값에 대해 최상위 레벨 변수를 사용해서는 안 된다.

❋ ❋ ❋

커피스크립트에서 '최상위 레벨' 변수는 모두 한곳에 같이 산다. 브라우저에서 이 위치는 window라는 이름으로 찾을 수 있는 객체다. 이 이름보다는 environment나 top 같은 이름이 좀 더 적절할 수도 있지만, 브라우저는 환경을 창 또는 '프레임'과 연계시키므로 누군가 window라는 이름이 적절하다고 판단한 것 같다. 표준 커피스크립트 환경에서는 이 위치를 global이라고 한다.

---

[3] 별도의 테스트 모듈을 사용하는 법은 '바이너리 힙' 장에서 살펴본다.

```
show global.process.argv[0]
show global.console.log == console.log
show global.global.global.global.global.console
```

세 번째 줄에서 볼 수 있듯 global이란 이름은 자기 자신을 가리키는 이 환경 객체의 속성일 뿐이다.

❋ ❋ ❋

물론 모듈 안에 내부 함수와 변수를 정의할 수 없다면 모듈이 별로 도움이 안 될 것이다. 다행히 이를 극복하는 방법이 있다. 모듈에서 사용할 모든 코드를 함수 내에 작성한 후 모듈의 인터페이스에 속하는 변수를 최상위 레벨 객체에 추가하는 것이다. 모듈의 함수는 모두 같은 부모 내에서 생성되므로 서로 접근할 수 있지만 모듈 밖에 있는 코드는 모듈 내 함수에 접근할 수 없다. 커피스크립트에서 함수 내 래핑은 자동으로 이뤄진다. 서버 환경에서는 직접 최상위 레벨 환경에 대입하는 대신 모듈이 정의를 익스포트한다. 브라우저에서는 최상위 레벨 window에 모듈을 지정해야 하는데, 브라우저가 모듈을 로드한 후 최상위 레벨 window는 this와 같다. 따라서 우리는 수학 모듈에 다음 한 줄을 추가하기만 하면 된다.

```
(exports ? this).CircularPosition = CircularPosition
```

exports가 정의됐다면 CircularPosition이 여기에 추가되고, 그렇지 않다면 최상위 레벨 환경 객체에 CircularPosition이 추가된다. 이 코드는 10-Circular.coffee에서도 변경했으며, 이제 이 모듈은 다른 모듈에서 사용할 수 있다. Point 클래스 같은 나머지 정의는 다른 모듈에서는 볼 수 없다. 물론 Point 타입 객체는 nextPoint를 통해 반환될 때는 볼 수 있다. 어떤 정의를 좀 더 내부적으로 보관하고 싶다면 단순히 앞에 '_'를 붙이는 대신 이런 모듈 정보 은닉화 기법을 활용하면 된다. 이는 개별 테스트로도 바로 확인할 수 있다. 이 테스트의 이름은 10-CircularTest.coffee다.

```
cp = require "./10-Circular"
show = console.log

circ = new cp.CircularPosition 0.01
for i in [0...6]
  show "#{i}: #{circ.nextPoint()}"

try
  show "Instantiating a new Point:"
  p = new cp.Point 0, 0
  show "Created a Point"
catch e then show e.message

show "CircularPosition namespace:"
show cp
```

show 함수는 prelude에 정의됐으므로 이제 더는 접근할 수 없다. 내부 환경에는 출력에 사용할 수 있는 console.log 함수가 있다. console.log를 직접 사용하는 대신 show를 별칭으로 정의하면 이런 코드를 console.log가 존재하지 않는 브라우저 같은 다른 환경으로 복사하기가 더 쉽다. show를 여러 번 호출할 때도 이를 한곳에서만 수정하면 alert 또는 다른 디버그 출력 명령을 실행하도록 변경할 수 있다.

우리가 지금까지 다룬 과정(반올림 에러 식별, 구현체를 별도의 모듈로 추출)은 리팩터링이라고 하며, 애플리케이션 개발에서 핵심적인 부분이다. 코드를 살펴보며 기능상 또는 의미상 개선할 수 있는 부분을 찾아 고치면 시스템 전반을 더 좋게 만들 수 있다.

❋ ❋ ❋

모듈 또는 객체 타입에 대한 인터페이스 설계는 프로그래밍의 미묘한 영역 중 하나다. 한편으로 지나치게 많은 세부 정보를 노출해서는 안 된다. 세부 정보는 모듈을 사용하는 데 방해만 될 뿐이다. 하지만 다른 한편으로 지나치게 단순하면서 일반적인 모듈도 바람직하지 않다. 이렇게 되면 모듈을 복잡한 경우나 특화된 경우에서는 사용할 수 없기 때문이다.

때로는 두 개의 인터페이스를 제공하는 게 해결책이 될 수 있다. 즉 복잡한 상황에서 쓸 수 있게 상세 '저수준' 인터페이스를 제공하는 한편, 간편한 상황에서 쓸 수 있게 간단한 '고수준' 인터페이스도 제공하는 것이다. 보통 후자는 전자에서 제공하는 툴을 활용해 쉽게 개발하는 방식을 많이 쓴다.

그 밖의 경우에는 인터페이스의 토대로 사용할 명확한 개념을 찾아야 한다. 좋은 인터페이스 설계 방식을 배우는 가장 좋은 방법은 아쉽게도 나쁜 인터페이스를 사용해보는 것이다. 나쁜 인터페이스에 질리면 이를 개선하는 방법을 궁리하게 되고 이 과정에서 많은 것을 배울 수 있다. 나쁜 인터페이스를 '그러려니 하고' 내버려두지 말자. 이를 고치거나 이를 새 인터페이스로 감싸는 게 더 좋은 방식이다.

❊ ❊ ❊

객체 타입과 마찬가지로 모듈도 인터페이스를 갖고 있다. 언더스코어 같은 함수 컬렉션에서 인터페이스는 주로 모듈 내에 정의된 함수로 이뤄진다. 그 외 다른 경우에서는 모듈의 인터페이스가 모듈 내에 정의된 함수의 일부로 구성될 때도 있다.

예를 들어 '함수형 프로그래밍'에서 다룬 원고-HTML 변환 시스템은 renderFile이라는 단일 함수 인터페이스만 필요로 한다. HTML을 구성하는 하위 시스템은 별도의 모듈로 구성해야 한다. Dictionary 같은 한 개의 객체 타입만 정의하는 모듈에서는 객체의 인터페이스가 모듈의 인터페이스와 같다.

때로는 모듈이 지나치게 많은 변수를 익스포트해, 이를 모두 최상위 레벨 변수에 두는 게 부적절할 때도 있다. 이때는 표준 Math 객체처럼 모듈의 함수와 값을 속성으로 갖고 있는 단일 객체로 모듈을 나타낼 수 있다. 예를 들어 다음과 같이 모듈을 정의할 수 있다.

```
HTML =
  tag: (name, content, properties) ->
    name: name
    properties: properties
    content: content
  link: (target, text) ->
    HTML.tag 'a', [text], {href: target}
  # ... 더 많은 HTML 생성 함수...
```

이런 모듈의 내용이 자주 필요할 때는 계속해서 HTML을 입력하는 게 번거로우므로 **globalize**를 사용해 언제든 이를 최상위 레벨 환경으로 옮겨서 작업할 수 있다.

```
# prelude에 정의된 내용
globalize = (ns, target = global) ->
  target[name] = ns[name] for name of ns

globalize HTML
show link 'http://citeseerx.ist.psu.edu/viewdoc/' +
  'download?doi=10.1.1.102.244&rep=rep1&type=pdf',
  'What Every Computer Scientist Should Know ' +
  'About Floating -Point Arithmetic'
```

또 모듈의 내부 변수를 함수에 집어넣고, 이 함수가 외부 인터페이스를 포함하는 객체를 반환하게 함으로써 함수와 객체 접근 방식을 병행할 수도 있다.

❋ ❋ ❋

Array와 Object 같은 객체의 표준 프로토타입에 메서드를 추가할 때는 네임스페이스 오염과 유사한 문제가 일어날 수 있다. 예컨대 두 모듈이 **Array.prototype**에 **map** 메서드를 추가하기로 했다면 문제가 생긴다. 두 번의 **map**이 모두 내용이 같다면 기능이 제대로 동작하겠지만 이 경우 단지 운이 좋았을 뿐, 제대로 된 방식은 아니다.

❋ ❋ ❋

함수 중에는 많은 인자를 필요로 하는 함수도 있다. 종종 함수 설계를 잘못해 함수가 인자를 많이 받는 경우가 있는데, 이때는 함수를 좀 더 많은 함수로 분할해 문제를 해결할 수 있다. 보통 이렇게 인자가 많을 때는 인자가 적당한 '기본값'을 갖기 마련이다. 예컨대 **range** 함수를 다음과 같이 확장할 수 있을 것이다.

```
range = (start, end, stepSize, length) ->
  if stepSize == undefined
    stepSize = 1
  if end == undefined
```

```
    end = start + stepSize * (length - 1)
  result = []
  while start <= end
    result.push start
    start += stepSize
  result
show range 0, undefined, 4, 5
```

이 경우 어떤 인자가 어디로 가는지 기억하기 어려운 것은 물론 length 인자를 사용할 때는 두 번째 인자로 undefined를 전달해야 하므로 번거롭다. 인자를 객체로 감싸면 이렇게 불친절한 함수에게 인자를 넘겨주는 방식을 좀 더 알기 쉽게 바꿀 수 있다.

```
defaultTo = (object, values) ->
  for name, value of values
    if not object.hasOwnProperty name
      object[name] = value

range = (args) ->
  defaultTo args, {start: 0, stepSize: 1}
  if args.end == undefined
    args.end = args.start +
               args.stepSize * (args.length - 1)
  result = [];
  while args.start <= args.end
    result.push args.start
    args.start += args.stepSize
  result
show range {stepSize: 4, length: 5}
```

defaultTo 함수는 객체에 기본값을 추가하는 유용한 함수다. 이 함수는 두 번째 인자의 속성을 복사해 첫 번째 인자로 전달하고, 이미 값을 갖고 있는 인자는 건너뛴다.

※ ※ ※

'서문'의 생명의 씨앗에서 웹 애플리케이션이 10-Circular.coffee 모듈을 사용하려면 몇 가지 작업을 해줘야 한다. 먼저 첫 번째 줄을 kup = require './prelude/coffeekup'으로 바꿀 수 있다. webpage에 대입한 소스 코드는 '함수형 프로그래밍' 장에서 본 HTML과 구조가 비슷하지만 객체 어트리뷰트나 텍스트 대신 커피스크립트 함수 호출로 이뤄져 있다.

이는 마치 커피스크립트에서 HTML을 확장 언어로 임베드한 것과 유사하다. HTML과 Coffeekup 사이의 대응 관계는 사실상 1:1이므로, 사용할 HTML 태그를 알고 있다면 이를 Coffeekup에서 간단히 작성할 수 있다. 자세한 정보는 Coffeekup 웹사이트나 소스 코드를 통해 확인할 수 있다. 이 소스 코드는 커피스크립트 몇 백 줄에 불과하며 읽기도 아주 쉽다. 표준 배포판에는 예제가 있으며 마크 한이 작성한 '입문자를 대상으로 한 Coffeekup 소개(A Beginner's Introduction to CoffeeKup)'가 들어 있다.

HTML5에는 드로잉 영역을 생성할 수 있는 canvas 태그가 있다. 이 태그를 사용하면 해당 영역에 벡터 그래픽 명령을 사용해 드로잉할 수 있다. 이들 명령은 W3C이 만든 HTML Canvas 2D Context(http://www.w3.org/TR/2dcontext/)에 문서화돼 있다. 벡터 그래픽에 이미 익숙하다면 HTML5 Canvas Cheat Sheet(http://www.nihilogic.dk/labs/canvas_sheet/HTML5_Canvas_Cheat_Sheet.pdf)만으로 커스텀 드로잉을 하는 데 필요한 정보를 모두 찾을 수 있을 것이다. 애플리케이션의 기반 기술을 선택할 때는 벤더 독립적이고, 표준화된 기술부터 찾아야 한다. 이런 기술은 보통 수명이 길어서 계속해서 작업을 하면서 배운 지식을 축적할 수 있다. W3C 캔버스의 대체 기술로는 어도비 플래시가 있다.

브라우저는 웹 페이지의 HTML에서 src 어트리뷰트가 들어 있는 <script> 태그를 보면 자바스크립트 파일을 로드한다. .js 확장자는 주로 자바스크립트 코드를 담고 있는 파일에 사용한다. 물론 coffee 명령행 컴파일러가 자바스크립트 파일을 생성하게 할 수도 있다. 하지만 이렇게 하면 모듈별로 파일이 두 개씩 생기고, 파일을 컴파일하는 것을 잊어버리는 사람이 나올 수 있으므로 나중에 이상한 동작이 일어나거나 찾기 힘든 버그가 생길 수 있다. 따라서 이 방식 대신 커피스크립트 파일을 보관하고 서버가 동적으로 이를 컴파일하게 해보자. 이 말은 웹 페이지가 커피스크립트 파일을 요청하게 하고, 브라우저로는 해당 자바스크립트를 전송한다는 뜻이다.

```
script src: './10-Circular.coffee'
```

type: 'text/coffeescript' 어트리뷰트를 추가하면 클라이언트는 커피스크립트 코드를 예상하고 컴파일한다(커피스크립트 컴파일러가 클라이언트에서 로드됐다면). 이렇게 하는 게 좋아 보일 수도 있지만 이 방식은 몇 가지 문제가 있다. 가장 큰 문제는 **coffeescript** 함수 아래 있는 코드가 실행된 후에야 코드를 사용할 수 있다는 점이다. 하지만 이 함수가 바로 임포트한 모듈의 클래스를 사용하려는 곳이다. 따라서 이 방식에 대해서는 잊어버리고 대신 서버에서 컴파일한다.

```
circ = new CircularPosition()
for i in [0...6]
  pt = circ.nextPoint()
  circle ctx, x+100*pt.x, y+100*pt.y
```

π 및 삼각 함수를 사용한 순환문을 위의 코드로 바꾸는 일이 클라이언트 사이드에서 마지막으로 할 일이다. 겉으로 보기에는 몇 곳만 바뀌었지만 이를 통해 반올림 오류를 제거했고, 이제 클라이언트는 관련 없는 세부 정보를 갖지 않게 됐다. 다음은 **10-SeedLife.coffee**의 클라이언트다.

```
kup = require './prelude/coffeekup'

#캔버스를 사용하는 클라이언트 사이드 웹 페이지
webpage = kup.render ->
  doctype 5
  html ->
    head ->
      meta charset: 'utf-8'
      title 'My drawing | My awesome website'
      style '''
        body {font-family: sans-serif}
        header, nav, section, footer {display: block}
      '''
      # 이 방식은 사용하면 안 된다: type: 'text/coffeescript'
      script src: './10-Circular.coffee'

      coffeescript ->
        draw = (ctx, x, y) ->
          circle = (ctx, x, y) ->
            ctx.beginPath()
```

```
          ctx.arc x, y, 100, 0, 2*Math.PI, false
          ctx.stroke()
        ctx.strokeStyle = 'rgba(255,40,20,0.7)'
        circle ctx, x, y
        circ = new CircularPosition()
        for i in [0...6]
          pt = circ.nextPoint()
          circle ctx, x+100*pt.x, y+100*pt.y
      window.onload = ->
        canvas = document.getElementById 'drawCanvas'
        context = canvas.getContext '2d'
        draw context, 300, 200
  body ->
    header -> h1 'Seed of Life'
    canvas id: 'drawCanvas', width: 600, height: 400
```

✻ ✻ ✻

script 태그를 사용하지 않고 파일의 내용을 직접 가져온 후 eval 함수를 사용해 실행할 수도 있다. 이렇게 하면 스크립트를 바로 로드하므로 더 처리하기 쉽다. evaluate의 약어인 eval은 재미있는 함수다. 이 함수에 문자열 값을 전달하면 문자열의 내용을 코드로 실행한다. 하지만 이 함수는 자바스크립트만을 받아들이며 재사용할 수 있는 커피스크립트 eval 함수를 사용하려면 coffee-script 라이브러리를 참조해야 한다.

```
eval 'function IamJavaScript() {' +
    ' console.log(\"Repeat after me:' +
    ' Give me more {();};.\");};' +
    ' IamJavaScript();'

cs = (require 'coffee -script').CoffeeScript
cs.eval 'show ((a, b) -> a + b) 3, 4'
```

eval 함수를 가지고 재미있는 작업을 할 수 있으리라는 것은 쉽게 상상할 수 있다. 이를 활용하면 코드에서 새 코드를 작성해 실행할 수 있다. 하지만 대부분의 경우 eval을 활용해 풀 수 있는 문제는 익명 함수를 통해서도 해결할 수 있으며, 후자의 방식이 이상한 문제나

보안 문제를 덜 일으킨다. 함수 내에서 eval을 호출하면 모든 새 변수가 이 함수의 지역 변수가 된다.

이 코드에서 require 명령(우리는 CoffeeScript 클래스의 새 인스턴스를 생성하는 데 관심이 있는 게 아니므로 스태틱 eval 메서드만 사용하면 된다)을 주의해서 살펴보자. 이렇게 하면 매번 cs.CoffeeScript.eval을 입력하지 않아도 된다.

✱ ✱ ✱

웹 서버는 웹 브라우저(클라이언트)의 요청에 반응함으로써 기능을 수행한다. '생명의 씨앗'에서 살펴본 최소 구현체는 함수를 인자로 받는 서버를 생성한다. 매번 요청이 들어오면 이 함수가 호출된다. 이런 함수는 이벤트 핸들러 또는 콜백에서 호출한다. 이 함수는 메시지를 출력하고 헤더를 작성해 응답을 생성한 후 응답 내용을 기술하고, 웹 페이지를 응답 본체에 추가한다. 서버는 자신이 리스닝할 수 있는 포트 번호를 지정함으로써 구동된다. 그런 다음 서버는 슬립 모드로 들어가, 클라이언트가 뭔가를 요청할 때까지 기다린다. 웹 브라우저에서 http://localhost:3389/를 입력하면 서버에게 이런 요청을 보낼 수 있다.[4] 서버를 중단하려면 CTRL-C를 누르면 된다. 서버는 다음과 같다.

```coffeescript
# 서버사이드 HTTP 서버
http = require "http"
server = http.createServer (req, res) ->
  show "#{req.client.remoteAddress} " +
      "#{req.method} #{req.url}"
  res.writeHead 200, "Content -Type": "text/html"
  res.write webpage
  res.end()
server.listen 3389
show "Server running at"
show server.address()
```

여기서는 클라이언트가 요청하는 내용에 따라 웹 페이지나 모듈을 전송해야 하므로 서버사이드 코드는 '생명의 씨앗' 애플리케이션에서 사용하기 위한 최소한의 코드로 이뤄져 있

---

[4] 운영체제에 따라 숫자 IP를 사용할 수도 있다. 보통 127.0.0.1은 로컬 장비를 가리킨다. hosts 파일에서는 IP 주소에 이름을 매핑할 수 있는데, hosts 파일의 위치는 운영체제마다 조금씩 다르다.

다. 이 코드를 웹 서버 프레임워크로 대체할 수도 있지만 그다지 도움이 되지는 않는다. 이렇게 바꾸더라도 뭔가를 할 수 있다는 점을 보여줄 뿐, 내부적으로 어떻게 동작하는지는 볼 수 없다.

대신 이번에는 서버가 제대로 동작하는 데 필요한 최소 수준으로 서버를 확장해 보자. 클라이언트/서버 통신은 서버에 show req를 추가해 리버스 엔지니어링할 수 있다. 새 웹 페이지를 사용하면 클라이언트가 세 개의 항목을 요청하는 것을 볼 수 있다. 바로 '/' 웹 페이지, '/10-Circular.coffee' 코드 모듈, 그리고 무시해도 되는 '/favicon.ico'다. 이 정보만으로 코드에 if 명령을 추가하기에는 충분하다.

모듈 요청에 대해서는 파일을 읽고, 커피스크립트를 사용해 컴파일한 후(eval과 같은 모듈 사용) 컴파일된 코드(브라우저가 이해할 수 있는)를 응답으로 반환하면 된다. 그 외의 요청에 대해서는 HTTP 404에 해당하는 '찾을 수 없음' 응답을 내보낸다.

prelude에서 파일을 어떻게 읽는지 살펴보면 서버에서 파일을 읽을 때는 이 방식을 사용할 수 없음을 알 수 있다. prelude는 동기적 함수를 사용하는데, 이는 파일을 다 읽을 때까지 모든 작업을 중단함을 뜻한다. 서버 세계에서는 하드디스크가 느리며 한 요청이 다른 요청을 중단해서는 안 된다. readFile을 사용하면 마지막 인자로 파일을 읽은 후 실행할 함수를 지정함으로써 이 문제를 해결할 수 있다. 이렇게 하면 파일을 읽는 동안 서버가 다른 요청을 처리할 수 있다.

```coffeescript
# 서버사이드 HTTP 서버
show = console.log
http = require "http"
fs = require "fs"
cs = require("coffee-script").CoffeeScript

server = http.createServer (req, res) ->
  show "#{req.client.remoteAddress} " +
      "#{req.method} #{req.url}"
  if req.method is "GET"
    if req.url is "/"
      res.writeHead 200, "Content-Type": "text/html"
      res.write webpage
      res.end()
      return
```

```
      else if req.url is "/10-Circular.coffee"
        fs.readFile ".#{req.url}", "utf8", (err, data) ->
          if err then throw err
          compiledContent = cs.compile data
          res.writeHead 200,
            "Content -Type": "application/javascript"
          res.write compiledContent
          res.end()
        return
    res.writeHead 404, "Content -Type": "text/html"
    res.write "404 Not found"
    res.end()
server.listen 3389
show "Server running at"
show server.address()
```

이 코드를 보면 추상화 및 모듈화 여지가 상당히 많다. if 를 여러 번 사용하는 대신 각 어트리뷰트가 요청을 나타내고 각 값이 요청을 처리하는 함수를 나타내는 객체 인자를 갖춘 함수로 이를 추상화할 수 있을 것이다. 또 이 코드에서는 에러 처리 코드도 들어 있는데, 서버에서 파일을 찾지 못하면 서버는 에러를 던지고 중단한다. 10-SeedLife.coffee의 목적은 웹 페이지에서 모듈을 사용하는 방법을 보여주기 위한 것인 만큼 예제 리팩터링 및 서버 동작을 보완하는 일은 독자들의 몫으로 남기겠다.[5]

작은 모듈을 사용해 프로그램을 개발하다 보면 종종 프로그램이 수많은 파일을 사용하게 된다. 웹 프로그래밍을 할 때 한 페이지에 여러 개의 작은 코드가 들어 있으면 페이지 로딩이 느려지는 경향이 있다. 하지만 이는 큰 문제는 아니다. 여러 작은 파일을 사용해 프로그램을 테스트한 후 실제 웹에 프로그램을 배포할 때는 이들 파일을 하나의 큰 파일에 집어넣으면 되기 때문이다. 커피스크립트 컴파일러는 이를 위한 조인 기능을 갖고 있다.

❊ ❊ ❊

여러 프로그램에서 유용하게 쓸 수 있는 모듈 또는 모듈 그룹은 보통 라이브러리라고 한다. 많은 프로그래밍 언어에는 고품질의 라이브러리가 여러 개 내장돼 있다. 이 말은 프로그

---

5 커스텀 HTTP 서버를 작성하는 법을 이해하고 싶다면 커피스크립트 웹 서버로 쉽게 변환할 수 있는 마누엘 키에슬링의 튜토리얼(http://www.nodebeginner.org/)을 참고하자.

래머가 매번 아무것도 없는 상태에서부터 시작할 필요가 없다는 뜻으로, 프로그래머의 생산성을 크게 높여준다.

아쉽게도 커피스크립트에서는 사용할 수 있는 라이브러리의 수가 많지 않다. 하지만 자바스크립트 라이브러리를 임시방편으로 사용할 수 있다. 언더스코어는 map과 clone처럼 유용한 '기본' 툴을 갖춘 좋은 라이브러리의 예다. 다른 언어는 보통 내장 표준 기능을 통해 이런 유용한 기능을 제공하지만 커피스크립트에서는 직접 기능을 개발하거나 라이브러리를 사용해야 한다.

이 중 라이브러리를 사용하는 방식을 권장한다. 라이브러리를 사용하면 작업량을 줄일 수 있고 보통 라이브러리의 코드는 우리가 작성하는 코드보다 더 철저한 테스트를 통과한 코드다.

라이브러리를 선택할 때 확인할 사항으로는 기능, 충분한 문서화, 필요할 때 소스코드를 읽을 수 있는지 여부(더불어 직접 이해하고 버그를 수정할 수 있을 정도로 라이브러리가 작은지 여부) 등이 있다.

❉ ❉ ❉

모듈과 프로그램 개념 너머에는 각기 다른 장비에서 실행 중인 프로세스가 작업을 해결하기 위해 서로 협력하고 거의 실시간으로 서로 상호작용하는 분산 프로그래밍의 세계가 있다. 분산 프로그래밍을 가능하게 하는 프로토콜 중 하나는 웹소켓이다.

웹소켓은 양방향이며, TCP 소켓상에서 완전한 양방향 통신 채널을 구현한다. 웹 서버도 이와 동일한 소켓을 사용할 수 있다. 이와 같은 완전한 양방향 지원 기능을 통해 서버와 클라이언트는 서로 동시에 메시지를 주고받을 수 있다. 이는 http만으로는 구현하기 어려웠던 수많은 웹 애플리케이션을 개발할 수 있는 문을 열어준다.

최신 웹 브라우저는 대부분 웹소켓을 지원한다. 일부 브라우저는 프로토콜 초안의 잠재적인 보안 문제로 인해 기본적으로 웹소켓을 비활성화했지만, prelude에서는 파이어폭스와 오페라 브라우저에서 웹소켓 지원 기능을 활성화하는 법을 볼 수 있다. 크롬과 사파리에서는 웹소켓이 활성화돼 있다. 웹 브라우저가 웹소켓을 지원하는지 확인하려면 10-TestWebSocket.coffee를 실행해보면 된다.

✳ ✳ ✳

클라이언트를 웹소켓 서버로 연결하려면 서버를 엔드포인트로 지정해 WebSocket 객체를 생성해야 한다. 이때 http 대신 ws 프로토콜을 사용한다는 점에 주의하자.

```
websocket = new WebSocket 'ws://localhost:8080/'
```

특정 이벤트가 일어날 때 코드가 반응할 수 있게 WebSocket 객체에 함수를 등록할 수도 있다. 이들 함수의 종류는 총 네 가지로, 각각 onopen, onclose, onmessage, onerror다. 서버로 메시지를 보낼 때는 send를 사용한다. 다음 예제를 살펴보자.

```
websocket.onopen = (evt) ->
  writeToScreen 'CONNECTED'
  websocket.send 'WebSocket works!'
```

이 코드는 웹 페이지의 클라이언트에서 웹소켓을 통해 메시지를 보내는 게 얼마나 쉬운지 잘 보여준다. 커피스크립트의 서버사이드 환경에는 아직 웹소켓 지원 기능이 없지만 이 문제는 야첵 베첼라의 ws 라이브러리를 사용해 쉽게 해결할 수 있다. 이 라이브러리는 200줄 이하의 코드로, 커피스크립트로 변환된 라이브러리다. 이 라이브러리는 prelude에 들어 있으며, prelude/ws.coffee를 통해 직접 사용할 수도 있다.

서버를 생성하려면 createServer 메서드로 함수를 넘겨주고, 이벤트를 수신할 메서드를 등록할 수 있는 websocket 객체를 인자로 받으면 된다. 클라이언트로 메시지를 전송하려면 문자열을 사용해 write 메서드를 호출하면 된다. 다음은 이를 활용하는 간단한 코드다.

```
wsHandler = (websocket) ->
  websocket.on 'connect', (resource) ->
    show 'connect: ' + resource
    # ...
  websocket.on 'data', (data) ->
    show data # 데이터 처리
    websocket.write 'Cowabunga!' # 응답
```

```coffeescript
  # ...

wsServer = ws.createServer wsHandler
wsServer.listen 8080
```

❋ ❋ ❋

이제 '생명의 씨앗' 애플리케이션의 애니메이션 버전을 만들 수 있게 됐다.

이 코드는 10-WebSocketLife.coffee에서 볼 수 있으며 원하는 대로 수정해도 된다.

```coffeescript
kup = require './prelude/coffeekup'

# 캔버스와 클라이언트 사이드 웹소켓을 갖춘 웹 페이지
webpage = kup.render ->
  doctype 5
  html ->
    head ->
      meta charset: 'utf-8'
      title 'My animation | My awesome website'
      style '''
        body {font-family: sans-serif}
        header, nav, section, footer {display: block}
      '''
      coffeescript ->
        show = (msg) -> console.log msg
        color = 'rgba(255,40,20,0.7)'
        circle = (ctx, x, y) ->
          ctx.strokeStyle = color
          ctx.beginPath()
          ctx.arc x, y, 100, 0, 2*Math.PI, false
          ctx.stroke()

        addElement = (ni, num, text) ->
          newdiv = document.createElement 'div'
          newdiv.setAttribute 'id', 'div' + num
          newdiv.innerHTML = text
          ni.appendChild newdiv
```

```
          wsUri = 'ws://localhost:8080/'
          websocket = undefined
          num = 0
          socketClient = (buffer, ctx, x, y) ->
            websocket = new WebSocket wsUri
            websocket.onopen = (evt) ->
              show 'Connected'
            websocket.onclose = (evt) ->
              show 'Closed'
            websocket.onerror = (evt) ->
              show 'Error: ' + evt.data
            websocket.onmessage = (evt) ->
              #show evt.data
              addElement buffer, num++, evt.data
              pt = JSON.parse evt.data
              if pt.color? then color = pt.color
              circle ctx, x+100*pt.x, y+100*pt.y

          window.onload = ->
            canvas = document.getElementById 'drawCanvas'
            context = canvas.getContext '2d'
            buffer = document.getElementById 'message'
            socketClient buffer, context, 300, 200

          window.sendMessage = ->
            msg = document.getElementById('entryfield').value
            websocket.send msg

    body ->
      header -> h1 'Seed of Life'
      input id:'entryfield', value:'rgba(40,200,25,0.7)'
      button type: 'button', onclick: 'sendMessage()'
        'Change Color'
      br
      canvas id: 'drawCanvas', width: 600, height: 400
      div id: 'message'

# 서버사이드 웹소켓 서버
ws = require './prelude/ws'
cp = require './10-Circular'
```

```coffeescript
wsHandler = (websocket) ->
  websocket.on 'connect', (resource) ->
    show 'connect: ' + resource
      # 10초 후 연결 닫음
    setTimeout websocket.end, 10 * 1000

  websocket.on 'data', (data) ->
    show data # process data
    blue = 'rgba(40,20,255,0.7)'
    websocket.write JSON.stringify
      color: if data is '' then blue else data

  websocket.on 'close', ->
    show 'closing'
    process.exit 0 # Exit server completely

  circ = new cp.CircularPosition 0.01
  annoy = setInterval (->
    websocket.write JSON.stringify circ.nextPoint()), 20

wsServer = ws.createServer wsHandler
wsServer.listen 8080

# 테스트 서버와 클라이언트 UI 구동
require './prelude'
viewServer webpage
```

❋ ❋ ❋

예시 코드, 예제, 설명을 통해 이제 여러분의 프로젝트에 사용할 수 있는 견고한 기초를 마련했다. 이제 여러분은 공동 작업 웹 애플리케이션, 멀티유저 게임, 아름다운 라이브러리 구현체를 얼마든지 만들 수 있다.

먼저 프로젝트의 주제를 선택하고 깃헙을 통해 지원 코드와 라이브러리를 가져온다. 웹 애플리케이션에 사용하기 적합한 라이브러리로는 Zappa와 SocketStream 등이 있다.

컴퓨터 사이언스에 대한 기초 지식이 풍부하다면 피터 반 로이와 세이프 하리디가 저술한 《Concepts, Techniques, and Models of Computer Programming》을 읽어보자. 이 책은 커피스크립트에 대한 책은 아니지만 많은 혜안을 준다.

Dimidium facti qui coepit habet: sapere aude, incipe

시작이 반이다. 용기 있게 시작하라.

– 퀸투스 호라티우스 플라쿠스

부록

- ☑ 언어 추가 자료
- ☑ 바이너리 힙
- ☑ 성능
- ☑ 명령행 유틸리티

언어 추가 자료

이 책에서는 커피스크립트 언어와 관련한 대부분의 내용을 소개했다. 이 부록에서는 알아두면 편리한 추가적인 언어 구조체와 구문을 다룬다.

❋ ❋ ❋

특정 값을 기준으로 실행할 코드를 선택할 수 있는 switch 명령이 있다. 이 명령 대신 if 명령을 사용하거나 연관 자료구조를 사용할 수도 있다.

```
weatherAdvice = (weather) ->
  show 'When it is ' + weather
  switch weather
    when 'sunny'
      show 'Dress lightly.'
      show 'Go outside.'
    when 'cloudy'
      show 'Go outside.'
    when 'tornado', 'hurricane'
      show 'Seek shelter'
    else
      show 'Unknown weather type: ' + weather
weatherAdvice 'sunny'
weatherAdvice 'cloudy'
weatherAdvice 'tornado'
weatherAdvice 'hailstorm'
```

switch로 연 블록 안에서는 여러 개의 when 라벨을 작성할 수 있다. 프로그램은 switch를 적용한 값에 대응되는 라벨로 바로 이동하거나 일치하는 값을 찾지 못하면 else로 이동한다. 이어서 다음 번 when이나 else 명령이 나올 때까지 이어지는 블록 내 명령을 실행한다. 다른 언어와 달리 when 사이에는 명령을 빠져나갈 수 있는 구문이 없다. 따라서 break 명령도 불필요하다. when 다음에 콤마로 구분한 목록을 지정하면 이들 목록에 사용한 값 중 아무거나 사용해 일치하는 값을 비교할 수 있다.

❄ ❄ ❄

break와 밀접한 관련이 있는 continue 명령이 있다. 두 명령은 같은 위치에 사용할 수 있다. break 명령이 순환문을 벗어나고 프로그램이 순환문 이후 코드를 실행하게 하는 데 반해, continue는 순환문의 다음 번 반복으로 이동한다.

```
for i in [20...30]
  if i % 3 != 0
    continue
  show i + ' is divisible by three.'
```

if만 사용하더라도 이와 유사한 효과를 구현할 수 있지만 때로는 continue를 사용하는 게 더 좋아 보일 때가 있다.

❄ ❄ ❄

이 책에서는 패턴 비교를 다룬 바 있지만 몇 가지 예제를 더 살펴보면서 패턴 비교를 적용할 수 있는 사례를 좀 더 명확히 알아보자. 매칭되는 어트리뷰트명을 갖춘 익명 객체에는 다음과 같이 객체를 대입할 수 있다.

```
class Point
  constructor: (@x, @y) ->
pt = new Point 3, 4

{x, y} = pt
show "x is #{x} and y is #{y}"
```

어트리뷰트명은 익명 객체를 통해서도 접근할 수 있다.

```
firstName = "Alan"
lastName = "Turing"

name = {firstName, lastName}
show name
```

함수는 익명 객체를 인자로 받은 후 어트리뷰트를 변수로 추출할 수 있다.

```
decorate = ({firstName, lastName}) ->
    show "Distinguished #{firstName} " +
        "of the #{lastName} family."
decorate name
```

※ ※ ※

식별자에서는 유니코드를 사용할 수 있다. 이때 알파벳과 혼동하지 않게끔 서양 알파벳과 매우 유사한 글자체는 사용을 삼가야 한다. 유니코드는 서로 다른 키보드 배치로 인해 국제적으로 공유하는 프로젝트에서는 사용하기 어려울 수 있지만 수학이나 지역 언어를 가리킬 때는 유용할 수 있다.

```
pi = π = Math.PI
sphereSurfaceArea = (r) -> 4 * π * r * r
radius = 1
show '4 * π * r * r when r = ' + radius
show sphereSurfaceArea radius
```

※ ※ ※

when 절을 사용해 for 명령을 한정하는 기능은 논리적인 조건을 기준으로 배열이나 객체 요소를 걸러낼 때 활용할 수 있다. 특히 다음과 같은 한 줄 코드에 효과적이다.

```
evens = (n) -> i for i in [0..n] when i % 2 is 0
show evens 6

steppenwolf =
  title: 'Tonight at the Magic Theater'
  warning: 'For Madmen only'
  caveat: 'Price of Admittance: Your Mind.'
  caution: 'Not for Everybody.'

stipulations = (text for key, text of steppenwolf \
  when key in ['warning', 'caveat'])
show stipulations
show ultimatum for ultimatum in stipulations \
  when ultimatum.match /Price/
```

❋ ❋ ❋

해체 대입(Destructuring assignment)은 변수 값을 대체하거나 재지정하는 데 사용할 수 있다. 또 값을 추출하거나 함수에서 여러 값을 반환하는 데도 편리하게 사용할 수 있다.

```
tautounlogical = "the reason is because I say so"
splitStringAt = (str, n) ->
  [str.substring(0,n), str.substring(n)]
[pre, post] = splitStringAt tautounlogical, 14
[pre, post] = [post, pre] # 값을 서로 대체함
show "#{pre} #{post}"
[re,mi,fa,sol,la,ti] = [1..6]
[dal,ra...,mim] = [ti,re,fa,sol,la,mi]
show "#{dal}, #{ra} and #{mim}"

[key, word] = if re > ti then [mi, fa] else [fa, mi]
show "#{key} and #{word}"
```

❋ ❋ ❋

함수는 함수가 정의되는 시점에 효력을 갖는 this 값에 바인딩할 수 있다. 이 기능은 이벤트 핸들러나 제이쿼리 같은 콜백 기반 라이브러리를 사용할 때 유용하게 활용할 수 있다. this를 바인딩할 때는 -> 대신 =>를 사용한다.

만일 다음 예제에서 ->를 사용해 display를 정의한다면 Container에서 호출할 때 a.display는 undefined를 반환한다.

```coffeescript
class Widget
  id: 'I am a widget'
  display: => show @id

class Container
  id: 'I am a container'
  callback: (f) ->
    show @id
    f()

a = new Widget
a.display()
b = new Container
b.callback a.display
```

✻ ✻ ✻

do 명령을 사용하면 네임드 함수나 익명 함수를 호출할 수 있다.

```coffeescript
n = 3
f = -> show "Say: 'Yes!'"
do f
(do -> show "Yes!") while n-- > 0
```

이 코드를 보면 함수를 인자로 받는 함수 구문이 떠오른다.

```
echoEchoEcho = (msg) -> msg() + msg() + msg()
show echoEchoEcho -> "No"
```

do 명령은 환경을 캡처하므로 블록 내에서 환경에 접근할 수 있다. setTimeout 함수는 순환문이 실행을 마친 후 가장 안쪽에 있는 함수를 호출한다. 이렇게 환경을 캡처하지 않았다면 i 변수는 4가 될 것이다.

```
for i in [1..3]
  do (i) ->
    setTimeout (-> show 'With do: ' + i), 0
for i in [1..3]
  setTimeout (-> show 'Without: ' + i), 0
```

B 바이너리 힙

'검색' 장에서는 바이너리 힙을 가장 작은 요소를 빠르게 찾을 수 있는 객체 컬렉션 저장 수단으로 소개한 바 있다. 앞에서 약속한 대로 이 부록에서는 이 자료구조의 내부를 자세히 설명한다.

우리가 풀어야 하는 문제에 대해 다시 한 번 생각하자. A* 알고리즘은 수많은 작은 객체를 생성하고 이를 '열린 목록'에 보관해야 했다. 또 이 목록에서 가장 작은 요소를 계속해서 제거해야 했다. 이 문제를 가장 단순하게 접근하려면 모든 객체를 배열에 보관하고 필요할 때 가장 작은 요소를 찾으면 된다. 하지만 시간이 많지 않다면 이 방식으로는 불충분하다. 정렬되지 않은 배열에서 가장 값이 작은 요소를 찾으려면 전체 배열을 순회해 각 요소를 비교해야 한다.

물론 다음으로 생각할 수 있는 해결책은 배열을 정렬하는 것이다. 커피스크립트 배열은 무거운 작업을 해줄 수 있는 멋진 sort 메서드를 제공한다. 하지만 배열 요소를 제거할 때마다 전체 배열을 재정렬하는 작업은 정렬하지 않은 배열에서 최솟값을 찾는 것보다 더 무거운 작업이다. 물론 전체 배열을 재정렬하지 않고 새 값을 이미 정렬된 배열 내 올바른 위치에 삽입하는 기법을 활용할 수도 있다. 이 방식은 바이너리 힙이 이미 사용 중인 방식에 좀 더 가깝지만, 값을 배열 중간에 삽입한다는 말은 삽입한 위치 이후의 모든 요소를 하나씩 옮겨야 한다는 의미로, 여전히 지나치게 느리다.

또 다른 방법은 배열을 전혀 사용하지 않고 값을 서로 연결된 객체 세트에 저장하는 것이다. 이를 보여주는 간단한 형태는 모든 객체가 한 개의 값을 갖게 하고 다른 객체에 대한 두 개(또는 그보다 작은)의 링크를 갖게 하는 것이다. 여기에는 가장 작은 값을 갖고 있는 한 개의 루트 객체가 있고, 이 객체를 사용해 다른 모든 객체에 접근할 수 있다. 링크는 더 큰 값을 갖고 있는 객체를 항상 가리키며, 전체 구조는 다음과 같다.

이런 구조는 가지가 진행되는 방식을 따서 보통 트리라고 부른다. 이제 가장 값이 작은 요소가 필요하면 최상위 요소를 가져와 최상위 요소의 자식 중 하나(가장 작은 값을 갖고 있는)가 새로운 최상위 요소가 되게끔 트리를 재정렬하기만 하면 된다. 새 요소를 삽입할 때는 새 요소보다 값이 낮은 요소가 나올 때까지 트리를 내려간 후 값을 삽입하면 된다. 이 방식은 정렬된 배열보다 검색을 훨씬 적게 하지만 많은 객체를 생성한다는 단점이 있고, 이로 인해 역시 속도가 느리다.

❋ ❋ ❋

바이너리 힙은 정렬된 배열을 활용하지만, 이 배열은 앞의 트리처럼 부분적으로만 정렬된다. 또 다음 그림에서 볼 수 있듯이 트리를 구성하는 데 객체를 사용하는 대신 배열의 위치를 활용한다.

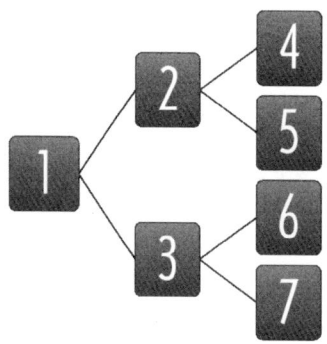

배열 요소 1은 트리의 루트이고, 배열 요소 2와 3은 그 자식이다. 이를 일반화하면 배열 요소 X는 X*2와 X*2+1을 자식으로 갖는다.

이제 이 구조를 '힙'이라고 부르는 이유를 이해할 수 있을 것이다. 커피스크립트 배열이 0부터 시작하는 데 반해 이 배열은 1부터 시작한다는 점에 주의하자. 힙은 항상 가장 작은 요소를 1 위치에 보관하고 X 위치에 있는 모든 배열 요소에 대해 X/2(반내림)에 있는 요소가 더 작은 값이 되게 한다.

이제 가장 값이 작은 요소를 찾으려면 1 위치에 있는 요소를 가져오면 된다. 하지만 이 요소를 제거할 때는 배열 내 빈 곳이 없도록 힙 정리 작업을 해야 한다. 이를 위해 배열에서 가장 마지막 요소를 가져와 이를 시작 위치로 옮기고 위치 2와 3에 있는 자식 요소와 이 요소를 비교한다. 이 요소는 이들 요소보다는 대부분 값이 크므로 이 중 하나로 대체하고, 자식이 더 큰 위치가 나오거나 자식이 없는 위치가 나올 때까지 계속해서 새 위치에 대해 자식과 비교하는 작업을 진행한다.

```
[2, 3, 5, 4, 8, 7, 6]
# 2를 꺼내고 6을 앞으로 옮긴다.
[6, 3, 5, 4, 8, 7]
# 6은 첫 번째 자식인 3보다 크므로 3과 6의 위치를 바꾼다.
[3, 6, 5, 4, 8, 7]
# 이제 6은 4와 8이라는 자식(위치 4와 5)을 갖는다.
# 6은 4보다 크므로 다시 한 번 위치를 바꾼다.
[3, 4, 5, 6, 8, 7]
# 6은 4 위치에 있고 더는 자식이 없다.
# 이제 힙 순서가 다시 정리됐다.
```

마찬가지로 힙에 요소를 추가할 때는 배열 끝에 요소를 추가하고 새 노드보다 값이 작은 부모가 나올 때까지 부모와 계속해서 비교해 노드가 위로 올라가게 한다.

```
[3, 4, 5, 6, 8, 7]
# 요소 2를 추가할 때는 끝부터 시작한다.
[3, 4, 5, 6, 8, 7, 2]
# 2는 7 위치에 있고 부모는 3 위치에 있는 5이다.
# 5는 2보다 크므로 위치를 서로 바꾼다.
```

```
[3, 4, 2, 6, 8, 7, 5]
# 3 위치에 있는 요소의 부모는 1 위치에 있다.
# 이번에도 위치를 바꾼다.
[2, 4, 3, 6, 8, 7, 5]
# 요소는 1위치에서 더 이상 앞으로 갈 수 없으므로
# 모든 작업이 끝났다.
```

요소를 추가하거나 삽입하는 동안 배열 내 모든 요소를 비교하지 않아도 된다는 점에 주의하자. 사실 부모와 자식 사이의 이동 횟수는 배열이 클수록 커지므로 이런 장점은 배열 요소가 많을 때 특히 도움이 된다.[1]

❋ ❋ ❋

다음은 바이너리 힙 구현체의 전체 코드다. 여기서는 두 가지 점을 주의해서 봐야 한다. 우선 힙에 집어넣는 요소를 직접 비교하는 대신 먼저 함수(scoreFunction)를 요소에 적용함으로써 직접 비교할 수 없는 객체를 저장할 수 있게 한다. 기본적으로 동등성 비교를 하는 함수를 사용한다.

또 커피스크립트 배열은 0부터 시작하지만 부모/자식 계산은 1부터 시작하므로 이를 보정하는 이상한 계산을 몇 개 볼 수 있다.

```
class BinaryHeap

  # Public
  #--------
  constructor: (@scoreFunction = (x) -> x) ->
    @content = []

  push: (element) ->
    # 새 요소를 배열 끝에 추가
    @content.push element
    # 새 요소가 위로 올라가게 함
    @_bubbleUp @content.length - 1
```

---

[1] 최대로 필요한 비교 및 대체 횟수는 힙 내의 요소의 양의 로그(베이스 2)를 사용해 계산할 수 있다.

```
pop: ->
  # 나중에 반환할 수 있게 첫 번째 요소를 저장
  result = @content[0]
  # 배열 끝에 있는 요소를 가져옴
  end = @content.pop()
  # 남은 요소가 있다면 마지막 요소를 시작 위치에 집어넣고
  #아래로 내려가게 함
  if @content.length > 0
    @content[0] = end
    @_sinkDown 0
  result

size: -> @content.length

remove: (node) ->
  len = @content.length
  # 값을 제거하려면 먼저 배열에서
  # 값을 찾아야 한다.
  for i in [0...len]
    if @content[i] == node
      # 값을 찾으면 빈 공간을 메울 때까지
      # 'pop'에서 본 과정을 반복한다.
      end = @content.pop()
      if i != len - 1
        @content[i] = end
        if @scoreFunction(end) < @scoreFunction(node)
          @_bubbleUp i
        else
          @_sinkDown i
      return
  throw new Error 'Node not found.'

# Private
#---------
_bubbleUp: (n) ->
  # 옮겨야 할 요소를 가져온다.
  element = @content[n]
  # 0 위치에 있을 때는 요소가 더 이상 위로 올라가지 않는다.
  while n > 0
    # 부모 요소 인덱스를 계산하고 가져온다.
```

```
      parentN = Math.floor((n + 1) / 2) - 1
      parent = @content[parentN]
      # 부모가 더 크면 요소 위치를 서로 바꾼다.
      if @scoreFunction(element) < @scoreFunction(parent)
        @content[parentN] = element
        @content[n] = parent
        #새 위치에서 계속하기 위해 'n'을 업데이트
        n = parentN
      # 더 값이 작은 부모를 찾음.
      # 더 이상 움직일 필요 없음
      else
        break
  return

_sinkDown: (n) ->
  # 타깃 요소와 점수를 찾음
  length = @content.length
  element = @content[n]
  elemScore = @scoreFunction element
  loop
    # 자식 요소의 인덱스를 계산
    child2N = (n + 1) * 2
    child1N = child2N - 1
    #요소의 새 위치를 저장하는 데 사용
    swap = null
    # 첫 번째 자식이 존재한다면(배열 내 있다면)
    if child1N < length
      # 요소를 찾고 점수를 비교
      child1 = @content[child1N]
      child1Score = this.scoreFunction child1
      # 점수가 우리 요소보다 작다면
      # 위치를 서로 바꿔야 함
      if child1Score < elemScore
        swap = child1N
    # 다른 자식에 대해서도 같은 검사를 수행
    if child2N < length
      child2 = @content[child2N]
      child2Score = @scoreFunction child2
      compScore = if swap == null
        elemScore
```

```
              else
                child1Score
          if child2Score < compScore
            swap = child2N
        #요소 위치를 옮겨야 한다면
        # 위치를 서로 바꾸고 계속해서 진행
        if swap != null
          @content[n] = @content[swap]
          @content[swap] = element
          n = swap
        # 그렇지 않다면 작업 종료
        else
          break
    return

(exports ? this).BinaryHeap = BinaryHeap
```

다음은 이를 테스트하는 테스트 케이스다.

```
sortByValue = (obj) -> sortBy obj, (n) -> n
buildHeap = (c, a) ->
    heap = new BinaryHeap
    heap.push number for number in a
    c.note heap

declare 'heap is created empty', [],
  (c) -> c.assert (new BinaryHeap).size() == 0

declare 'heap pop is undefined when empty', [],
  (c) -> c.assert isUndefined (new BinaryHeap).pop()

declare 'heap contains number of inserted elements',
  [arbArray(arbInt)], (c, a) ->
    c.assert buildHeap(c, a).size() == a.length

declare 'heap contains inserted elements',
  [arbArray(arbInt)], (c, a) ->
    heap = buildHeap c, a
    c.assert isEqual sortByValue(a), \
      sortByValue(heap.content)
```

```
declare 'heap pops elements in sorted order',
  [arbArray(arbInt)], (c, a) ->
    heap = buildHeap c, a
    for n in sortByValue a then c.assert n == heap.pop()
    c.assert heap.size() == 0

declare 'heap does not remove non-existent elements',
  [arbArray(arbInt), arbInt],
  expectException (c, a, b) ->
    if b in a then c.guard false
    heap = buildHeap c, a
    heap.remove b

declare 'heap removes existing elements',
  [arbArray(arbInt), arbInt], (c, a, b) ->
    if not (b in a) then c.guard false
    aSort = sortByValue without a, b
    count = a.length - aSort.length
    heap = buildHeap c, a
    heap.remove b for i in [0...count]
    for n in aSort then c.assert n == heap.pop()
    c.assert heap.size() == 0
```

성능

커피스크립트의 문제 해결 및 고속 자료 처리에 대한 상대적인 성능을 알아보려면 이를 CPython과 비교해보면 된다. 먼저 백만 개의 부동 소수 숫자에 대한 간단한 연산 테스트다.

```coffeescript
# 커피스크립트
show = console.log

start = new Date()

N = 1000000
a = Array(N)
for i in [0...N]
  a[i] = Math.random()

s = 0
for v in a
  s += v

t = 0
for v in a
  t += v*v
t = Math.sqrt t

duration = new Date() - start
show "N: #{N} in #{duration*0.001} s"
show "Result: #{s} and #{t}"
```

```python
# CPython
import time
import random
import math

start = time.clock()
N = 1000000
a = [random.random()
    for i in range(N)]

s = 0
for v in a:
  s += v

t = 0
for v in a:
  t += v*v
t = math.sqrt(t)

duration = time.clock() - start
print 'N:', N, 'in', duration, 's'
print 'Result:', s, 'and', t
```

소스코드 및 결과는 매우 유사하다. 필자의 장비에서 커피스크립트는 약 0.41초가 걸렸고 CPython은 1.03초 정도 걸렸다. 이를 자신의 장비에서 직접 테스트해 보려면 coffee A3-Microbench.coffee를 실행하고 CPython이 설치돼 있다면 python A3-Microtest.py을 실행하면 된다. C++는 10배 내지 30배가 더 빠르다.

※ ※ ※

다음 페이지에서는 고전적인 8 여왕말[1] 문제의 구현체를 볼 수 있다. 이 문제의 목적은 같은 여왕을 같은 행, 열, 대각선상에 두지 않고 체스판에서 8개의 여왕을 배치하는 것이다. 두 구현체 모두 같은 알고리즘을 사용해 결과를 생성한다. CPython의 실행 시간은 0.27초, 커피스크립트의 실행 시간은 0.06초였다.

```coffeescript
# 커피스크립트 인코딩: utf-8
start = new Date()
show = console.log

# 시도할 변종을 생성
permute = (L) ->
  n = L.length
  return ([elem] for elem in L) if n is 1
  [a, L] = [ [L[0]], L.slice 1 ]
  result = []
  for p in permute L
    for i in [0...n]
      result.push p[...i].concat a, p[i...]
  result

# 변종을 검사
test = (p, n) ->
  for i in [0...n - 1]
```

```python
# CPython 인코딩: utf-8
import time
t=time.clock()

def permute(L):
  "Create variations to try"
  n = len(L)
  if n == 1:
    for elem in L:
      yield [elem]
  else:
    a = [L.pop(0)]
    for p in permute(L):
      for i in range(n):
        yield p[:i] + a + p[i:]

def test(p, n):
  "Check a variation"
  for i in range(n - 1):
```

---

[1] 여왕말 문제(http://en.wikipedia.org/wiki/Eight_queens_puzzle) 및 구현체(http://code.activestate.com/recipes/190465-generator-for-permutations-combinations-selections/), 성능(http://aminsblog.wordpress.com/2011/05/29/n-queen-problem-python-2-6-5-vs-pypy-1-5-0/)에 대한 배경 지식을 참고하자.

```
    for j in [i + 1...n]
      d = p[i] - p[j]
      return true if j - i == d or i - j == d
  false

# N 여왕말 문제 해법
nQueen = (n) ->
  result = []
  for p in permute [0...n]
    result.push p unless test p, n
  result

# 문자열을 여러 번 반복
rep = (s, n) -> (s for [0...n]).join ''

# 해법을 사용해 체스판을 표시
printBoard = (solution) ->
  board = "\n"
  end = solution.length
  for pos, row in solution
    board += "#{end - row} #{rep ' - ', pos} " + "* #{rep ' - ', end - pos - 1}\n"

  # radix 18 핵을 활용!
  board += ' ' + (n.toString 18 \
    for n in [10...18]).join(' ').toUpperCase()
  board + "\n"

# 모든 해법을 찾음
solve = (n) ->
  for solution, count in nQueen n
    show "Solution #{count+1}:"
    show printBoard solution
  count
```

```python
    for j in range(i + 1, n):
        d = p[i] - p[j]
        if j - i == d or i - j == d:
            return True
    return False

def n_queen(n):
    "N queens solver"
    for p in permute(range(n)):
        if not test(p, n): yield p

# A부터 칼럼 시작
base_char = ord('A')

def print_board(solution):
    "Display a board with a solution"
    board = []
    end = len(solution)
    for row, pos in enumerate(solution):
        board += ["\n%s %s * %s" %
                  ((end - row),
                   (' - ' * pos),
                   (' - ' * (end - pos - 1)))]

    # 문자셋 핵을 활용
    board += '\n ' + \
      ' '.join([chr(base_char+i)
        for i in range(0, end)])
    return ''.join(board) + '\n'

def solve(n):
    "Find all solutions"
    for count, solution in enumerate(n_queen(n)):
        print "Solution %d:" % count
        print print_board(solution)
    return count
```

```
solve 8 # 일반적인 체스판 크기           solve(8) # 일반 체스판 크기

show "Timing: #{(new Date()          print "Timing: ", time.clock()-t,
- start)*0.001}s"                    "s"
```

풀이 1 --〉 풀이 92

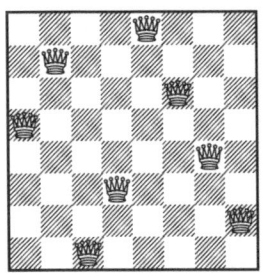
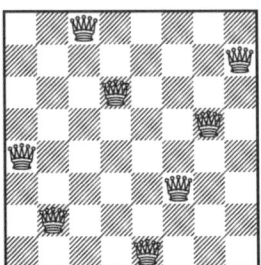

명령행 유틸리티

이 장에서는 소스 파일에서 풀이를 제거하는 데 사용한 유틸리티를 다룬다. 이 장은 명령행 프로그램의 예를 보여줌과 동시에 이 책 및 소스코드의 완성도를 높이기 위한 내용이다.

이 프로그램은 서버 프로그램과 같은 방식으로 비동기적 파일 시스템 함수를 사용한다. 동기적 함수가 좀 더 일반적이지만 별로 도움이 못 된다.

```
fs = require "fs"
show = console.log

String::contains = (pattern) ->
  ///#{pattern}///.test this

leadingWhitespace = (str) ->
  (str.match /(\s*)\w/)[1] ? ""

errorWrapper = (action) ->
  (err, args...) ->
    if err then throw err
    action args...

ifFileExists = (filename, action) ->
  fs.stat filename, errorWrapper (stat) ->
    if stat.isFile() then action()

getFileAsLines = (filename, action) ->
  ifFileExists filename, ->
    fs.readFile filename, "utf8",
```

```coffeescript
            errorWrapper (content) ->
                action content.split "\n"

    saveFile = (filename, content) ->
      fs.writeFile filename, content,
        errorWrapper -> show "Saved #{filename}"

    stripSolutions = (lines) ->
      out = ""
      inSolution = false
      concat = (str) -> out += str + "\n"
      for line in lines
        if line.contains "'--- Exercise \\d+ ---'"
          inSolution = true
          concat line
          indent = leadingWhitespace line
          concat "#{indent}process.exit()" +
            " # Replace this line with your solution"
        else if inSolution
          if line.contains "'--- End of Exercise ---'"
            concat line
            inSolution = false
        # 그렇지 않다면 풀이에서 이 줄을 무시
        else
          concat line
      #남은 새 줄을 제거
      out[...out.length -1]

    stripFile = (fromName, toName) ->
      if fromName?
        getFileAsLines fromName, (lines) ->
          saveFile toName, stripSolutions lines
      else
        show "Expected a file name " +
            "to strip for solutions"

    copyFile = (fromName, toName) ->
      if fromName?
        ifFileExists fromName, ->
          fs.readFile fromName, "utf8",
```

```
          errorWrapper (content) ->
            saveFile toName, content,
    else
      show "Expected a file name to copy"

toDir = "../src-no-solutions"
fs.mkdir toDir, 0777, (err) ->
  if err
    throw err unless err.code is 'EEXIST '
    show "Reusing"
  else
    show "Created"

fromDir = process.argv[2]
if fromDir?
  fs.readdir fromDir, errorWrapper (files) ->
    for filename in files
      if filename.contains "\\w\\w-\\w+.coffee"
        stripFile filename, "#{toDir}/#{filename}"
      else
        copyFile filename, "#{toDir}/#{filename}"
else
  show "Expected a directory with " +
       "solutions to strip"
```

레퍼런스

레퍼런스

언어 레퍼런스

추가 레퍼런스 자료 및 예제는 coffeescript.org를 참고하자.

◈ 언어 일반

- 공백은 의미를 갖는다.
- 한 줄이 끝나면 표현식이 끝난다. 따라서 세미콜론을 사용하지 않아도 된다.
- 세미콜론은 한 줄에 여러 표현식을 집어넣는 데 사용할 수 있다.
- {} 중괄호 대신 들여쓰기를 사용해 함수 내 블록, if 명령, switch, try/catch를 감싼다.
- 주석은 #으로 시작하고 줄의 끝까지 적용된다.

◈ 임베디드 자바스크립트

- 커피스크립트 내에 자바스크립트를 임베드할 때는 `` 역따옴표를 사용한다.

◈ 함수

- 함수는 괄호 안에 집어넣은 선택적인 인자 목록, 화살표, 선택적인 함수 본체를 사용해 정의한다. 빈 함수는 다음과 같이 정의한다: ->
- 보통 함수가 인자를 전달받을 때는 함수를 호출하면서 괄호를 사용하지 않아도 된다. 암시적 호출은 줄 끝 또는 블록 표현식 끝까지 호출을 래핑한다.[1]
- 함수는 인자에 대한 기본값을 가질 수 있다. 기본값을 대체하려면 널이 아닌 인자를 전달하면 된다.

◈ 객체 및 배열

- 객체 및 배열은 자바스크립트와 유사하다.
- 각 속성을 자체 줄에 나열할 때는 콤마를 사용하지 않아도 된다.
- 객체는 YAML과 유사하게 명시적인 중괄호 대신 들여쓰기를 사용해 생성할 수 있다.
- class 같은 예약어를 따옴표 문자열로 감싸지 않고 객체의 속성으로 사용할 수 있다.

◈ 어휘적 스코프와 변수 안전

- 변수는 사용할 때 암시적으로 선언된다(var 키워드가 필요 없다).
- 컴파일러는 변수가 어휘적 스코프 내에서 선언되게 한다. 바깥에 있는 변수는 해당 변수가 스코프 내에 있는 한 내부 함수 내에 재선언되지 않는다.
- 내부 변수를 사용해 바깥에 있는 변수를 가릴 수 없고, 이를 참조할 수만 있다. 따라서 중첩 함수에서는 외부 변수와 이름을 재사용하지 말아야 한다.
- 커피스크립트의 결과는 전역 네임스페이스를 실수로 오염시키기 어렵게끔 익명 함수로 감싸진다.
- 다른 스크립트에서 사용할 수 있는 최상위 레벨 변수를 생성하려면 이를 window나 CommonJS의 exports에 속성으로 추가한다. exports ? this 구문을 사용한다.

---

1 (역자 주) 즉, 줄 끝 또는 블록 표현식 끝까지의 영역을 함수 호출로 간주한다는 뜻이다.

◆ if, else, unless, 조건 대입

- if/else는 괄호 및 중괄호 없이 쓸 수 있다.
- 여러 줄에 걸친 조건은 들여쓰기로 구분한다.
- if 및 unless는 후치 형태로 사용할 수 있다. 즉 명령 끝에 사용할 수 있다.
- if 명령은 표현식으로 사용할 수 있다. 이때는 ?:가 불필요하다.

◆ 생략 기호

- ... 생략 기호는 arguments 객체의 변수명 대신 사용할 수 있으며, 함수 정의 및 호출에 모두 사용할 수 있다.

◆ 순환문과 이해 구문[2]

- for ... in 이해 구문은 배열, 객체, 범위에 사용할 수 있다.
- 이해 구문은 선택적인 조건절 및 현재 배열 인덱스 값을 사용해 for 순환문을 대체할 수 있다: for value, index in array
- 배열 이해 구문은 표현식이며 반환 및 대입이 가능하다.
- 이해 구문은 each/forEach, map 또는 select/filter를 대체할 수 있다.
- 순환문의 시작과 끝을 알고 있다면 범위(정수 단계)를 사용한다.
- 고정 크기만큼 값을 늘릴 때는 by를 사용한다.
- 이해 구문 값을 변수에 대입할 때 커피스크립트는 각 반복 결과를 수집해 이를 배열에 집어넣는다.
- 순환문을 부수 효과만을 위해 사용할 때는 null, undefined 또는 true를 반환한다.
- 객체 내의 키/값 속성을 순회할 때는 of를 사용한다.

---

2 원문에는 comprehension으로 나와 있는데 이 책에서는 이해 구문으로 옮긴다. comprehension 또는 이해 구문은 코드를 직관적으로 이해할 수 있다는 점에서 그렇게 이름을 붙인 것으로 보인다.

- 객체에 직접 정의된 키를 순회할 때는 for own key, value of object를 사용한다.
- 저수준 순환문은 while뿐이다. while 순환문은 표현식으로 사용할 수 있으며 순환문의 매 반복 결과를 담고 있는 결과를 반환한다.
- until은 while not과 같다.
- loop은 while true과 같다.
- do 키워드는 클로저 래퍼를 삽입하며 인자를 포워드하고 전달된 함수를 호출한다.

◈ 배열 및 범위 추출

- 배열을 추출하는 데 범위를 사용할 수 있다.
- [3..6]처럼 두 개의 점을 사용하면 마지막 값이 범위에 포함된다(3, 4, 5, 6).
- [3...6]처럼 세 개의 점을 사용하면 마지막 값이 범위에 포함되지 않는다(3, 4, 5).
- 배열의 일부 요소를 새 값으로 대체할 때도 같은 구문을 사용할 수 있다.
- 문자열은 변경할 수 없으며 중간에 내용을 이어 붙일 수 없다.

◈ 모든 것은 표현식이다

- 함수는 자신의 최종 값을 반환한다.
- 반환값은 각 실행 가지로부터 가져온다.
- 함수 본체에서 일찍 빠져나갈 때는 명시적인 return을 사용한다.
- 변수 선언은 스코프 상단에 있으므로 아직 나오지 않은 변수에 대해서도 표현식 내에서 대입문을 사용할 수 있다.
- 표현식의 일부로 명령을 사용할 때는 명령이 클로저 래퍼를 갖춘 표현식으로 변환된다. 이로 인해 이해 구문의 결과를 변수에 대입할 수 있다.
- 다음은 표현식이 아니다: break, continue, return

◈ 연산자 및 별칭

- 커피스크립트는 ==를 ===로, !=를 !==로 컴파일한다. 자바스크립트의 ==에 해당하는 연산자는 없다.
- is 별칭은 ===와 같으며 isnt는 !==와 같다.
- not은 !의 별칭이다.
- 논리 연산자 별칭은 다음과 같다: and는 &&이고, or는 ||다.
- while, if/else, switch/when 구문에서는 then 키워드를 사용해 본체를 같은 줄에 둘 수 있다.
- 불리언 true의 별칭은 on과 yes(YAML에서처럼)다.
- 불리언 false 의 별칭은 off와 no다.
- 한 줄 명령에서는 unless를 if의 역으로 사용할 수 있다.
- this.property 대신 @property를 사용한다.
- 배열 내 존재 여부를 검사할 때는 in을 사용한다.
- 객체-키 존재 여부를 검사할 때는 of을 사용한다.

◈ 존재 연산자

- 변수가 존재하는지 검사할 때는 존재 연산자 ?를 사용한다.
- ?은 변수가 null 또는 undefined일 때 true를 반환한다.
- 숫자나 문자열을 다룰 때 ||=보다 안전한 조건 대입으로 ?=를 사용한다.
- 존재 연산자의 접근자 변형인 ?.은 속성 체인에서 널 참조를 처리하기 위한 용도로 사용할 수 있다.
- 기본 값이 null 또는 undefined일 수 있는 상황에서는 점 연산자(.) 대신 ?.를 사용한다. 그럼 모든 속성이 존재할 경우 예상대로 결과가 반환되고, 속성 체인에 null이나 undefined이 있다면 undefined가 반환된다.

◈ 클래스, 상속, super

- 객체지향 방식은 다른 대부분의 객체지향 언어와 같다.
- class는 단일값 대입 표현식을 통해 클래스명을 지정하고, extends를 통해 상위 클래스를 설정하며, 프로토타입 속성을 부여하고, constructor를 정의한다.
- 생성자 함수는 리플렉션 지원을 위해 class 명을 따른다.
- 저수준 연산자: extends 연산자는 적절한 프로토타입 설정을 돕는다. ::는 객체의 프로토타입에 접근하게 해준다. super()는 바로 위에 있는 부모 클래스에서 같은 이름의 메서드를 호출한다.
- 클래스 정의는 실행 가능 코드 블록으로, 메타 프로그래밍에 사용될 수 있다.
- 클래스 정의에서 this는 클래스 객체 자체(constructor 함수)이므로 정적 속성은 @property: value를 사용해 대입할 수 있고 부모 클래스에 정의한 함수는 @inheritedMethodName()을 사용해 호출할 수 있다.

◈ 해체 대입

- 복잡한 배열이나 객체에서 값을 쉽게 추출할 수 있게 커피스크립트는 해체 대입을 구현한다.
- 배열이나 객체 리터럴을 값에 대입할 때 커피스크립트는 양측을 해체하고 비교해 오른쪽에 있는 값을 왼쪽에 있는 변수에 대입한다.
- 가장 단순한 경우는 [a,b] = [b,a] 같은 병행 대입이다.
- 이 기능은 여러 값을 반환하는 함수에도 사용할 수 있다.
- 또 임의의 깊이를 갖고 있는 배열 및 중첩 객체에도 사용해 안에 깊숙이 들어 있는 속성을 가져올 수 있고 ...와 결합할 수도 있다.

◈ 함수 바인딩

- 굵은 화살표인 =>는 함수를 정의하고 이를 this의 현재 값에 바인딩하는 데 사용할 수 있다.

◈ switch/when/else

- switch 구문은 각 사례 다음에 break가 필요 없다.
- switch는 반환 가능하고, 대입 가능한 표현식이다.
- 사용하는 형식은 switch 조건, when 절, else 기본값이다.
- 콤마로 분리한 다중 값을 각 when 절에 지정할 수 있다. 이들 값 중 하나라도 일치하면 이 절이 실행된다.

◈ try/catch/finally

- try/catch 명령은 자바스크립트에서와 같다(표현식이기는 하지만).

◈ 문자열 보간, Heredocs, 블록 주석

- 작은 따옴표를 사용한 문자열은 리터럴이다. 문자를 이스케이프 처리할 때는 역슬래시를 사용한다.
- 큰 따옴표를 사용한 문자열은 #{ ... }를 통한 보간값을 지원한다.
- 여러 줄에 걸친 문자열도 사용할 수 있다.
- ''' heredoc은 포맷된 또는 들여쓰기에 민감한 텍스트에 사용할 수 있다(또는 인용부나 아포스트로피를 피하기 위해).
- heredoc을 시작한 들여쓰기 수준은 계속 유지되므로 텍스트는 코드의 본체와 정렬할 수 있다.
- 큰 따옴표 heredoc인 """은 보간을 지원한다.
- 블록 주석인 ###은 heredoc과 유사하며 생성된 코드에서 보존된다.

◆ 연쇄 비교

- 값이 특정 범위 내에 있는지 검사할 때는 최솟값 < 값 < 최댓값 연쇄 비교를 사용한다.

◆ 확장 정규식

- 확장 정규식인 'heregexes'은 ///로 구분하며 heredocs 및 블록 주석과 유사하다.
- 확장 정규식은 내부 공백을 무시하며 주석을 포함할 수 있다.

◆ 예약어

키워드		
break	by	catch
class	continue	debugger
delete	do	else
extends	false	finally
for	if	in
instanceof	loop	new
null	of	return
super	switch	then
this	throw	true
try	typeof	undefined
unless	until	when
while		

별칭		
and : &&	or : ||	not : !
is : ==	isnt : !=	
yes : true	no : false	
on : true	off : false	

◆ 언더스코어

함수		
all	any	bind
bindAll	breakLoop	clone
compact	compose	contains
defer	delay	detect
each	every	extend
filter	first	flatten
foldl	foldr	forEach
functions	head	identity
include	indexOf	inject
intersect	invoke	isArguments
isArray	isBoolean	isDate
isElement	isEmpty	isEqual
isFunction	isNull	isNumber
isRegExp	isString	isUndefined
keys	last	lastIndexOf
map	max	memoize
methods	min	mixin
noConflict	pluck	range
reduce	reduceRight	reject
rest	select	size
some	sortBy	sortedIndex
tail	tap	template
templateSettings	times	toArray
uniq	uniqueId	values
without	wrap	zip

일반적인 호출 관례: functional obj, iterator, context
상세 설명이 담긴 소스는 src/prelude/underscore.coffee를 참고하자.

qc.js

익스포트된 정의	
arbChoose	주어진 생성기 사이에서 균등하게 선택하는 생성기.
	parameter generators…
arbConst	주어진 상수 값 중 하나를 항상 반환하는 생성기.
	parameter values…
arbBool	50대 50 확률로 true, false 불리언 값 중 하나를 반환.
arbNull	항상 'null'을 반환하는 널 생성기
arbWholeNum	0보다 크거나 같은 정수 값을 반환. 축소 전략을 지원.
arbInt	정수 값 생성기. 축소 전략을 지원.
arbFloatUnit	0.0과 1.0 사이의 부동 소수 값 생성기. 축소 전략을 지원.
arbRange	정수 범위 값 생성기.
	parameter 최솟값
	parameter 최댓값
arbNullOr	10%의 확률로 null을 선택하고 90%의 확률로 주어진 생성기를 선택. 축소 전략을 지원.
	parameter 다른 생성기
arrShrinkOne	주어진 배열에서 한 요소를 제거함으로써 새 배열을 생성하는 배열 축소 전략.
arbArray	배열 생성기. 주어진 생성기를 사용해 임의 길이의 배열을 생성.
	parameter 결과 배열 값을 생성하는 생성기
	parameter 선택적인 축소 전략. 기본값은 'arrShrinkOne'.
arbDate	날짜 값 생성기. 항상 'new Date()'를 호출해 새 Date 객체를 생성.
arbMod	arbChar 및 arbString의 기저 생성기.
arbChar	문자 코드가 32~255 범위에 있는 문자에 대한 문자 값 생성기
arbString	문자열 값 생성기. 생성된 문자열의 모든 문자는 32~255 범위에 있음. 축소 전략을 지원.
arbUndef	항상 'undefined'를 생성하는 생성기.
arbUndefOr	10%의 확률로 undefined, 90%의 확률로 주어진 생성기를 선택. 축소 전략을 지원.
	parameter 다른 생성기

익스포트된 정의	
expectException	속성 테스트 함수 수정자. 이 수정자를 사용하면 테스트 함수가 예외를 던진다고 가정하고, 예외를 던지지 않으면 속성이 실패한다.
failOnException	속성 테스트 함수 수정자. 예상치 못한 예외가 발생할 때 함수를 마치는 대신 해당 속성을 실패로 표시하고 qc가 계속해서 작업을 진행한다.
Case	속성을 테스트할 때마다 매번 생성한 테스트 케이스 클래스. Case의 인스턴스는 테스트 케이스의 속성 검사를 제어할 수 있게 속성 테스트 함수의 첫 번째 인자로 전달된다.
Case::assert	속성이 실패하는지 여부를 검사하고 qc에게 알려준다.
parameter	속성이 실패하면 false를, 성공하면 true를 넘겨준다.
Case::guard	속성 검사에 사용하는 입력 값이 올바른 값인지 검사하는 데 사용한다.
parameter	주어진 입력값에 대해 속성을 무효로 표시할 때는 false를 넘겨준다.
Case::classify	테스트 실행에 태그를 추가한다.
	parameter true로 지정하면 태그가 테스트 케이스에 추가되고, 다른 값을 지정하면 추가되지 않는다.
	parameter 추가할 태그 값
Case::collect	속성의 모든 실행에 대해 수집한 값의 히스토그램을 만든다.
	parameter 수집할 값
Case::noteArg	실패 시 보고하기 위해 테스트 케이스에 주어진 값을 추가한다.
	parameter 추가할 값
Case::note	Case::noteArg와 동일하지만 인라인에서 사용할 수 있게 인자를 반환한다. prelude에 정의돼 있다.
Case::noteVerbose	Case::note와 동일하지만 지정한 인자를 출력한다. prelude에 정의돼 있다.
declare	새 속성을 개발하고 등록한다.
	parameter 속성명
	parameter 본체 함수의 인자 개수와 길이가 같은 생성자 배열. 배열 요소의 순서 i는 본체 함수의 i번 째 인자로 매핑된다.
	parameter 속성을 테스트할 본체 함수
	return 새로 등록된 Prop 타입의 속성 객체를 반환.
testPure	순수 함수에 대한 네임드 테스트 속성을 선언하는 헬퍼. prelude에 정의돼 있음.
	parameter 테스트할 함수
	parameter 인자 타입에 매핑되는 생성자 배열
	parameter 설명을 담은 이름

익스포트된 정의		
	parameter	테스트 케이스, 인자, 테스트 중인 함수의 호출 결과를 전달받을 속성 함수. 속성 테스트가 성공했다면 true, 아니면 false를 반환해야 함.
Prop		주어진 인자 생성기와 테스트 함수를 갖고 새 속성을 생성함. 각 속성기별로 값이 생성되므로 2차 함수를 테스트하려면 배열에 두 개의 생성기가 있어야 함.
Prop::run		속성을 테스트.
	parameter	속성을 테스트할 때 사용할 Config 타입의 설정.
	return	테스트 결과에 따라 Pass, Fail, Invalid 객체를 반환.
allProps		모든 선언된/등록된 속성의 내부 배열
resetProps		모든 선언된 속성을 삭제
runAllProps		모든 등록된 속성을 테스트
	parameter	속성을 테스트하는 데 사용할 Config 타입의 설정
	parameter	ConsoleListener 하위 클래스의 리스너
test		NodeListener와 100개 통과, 1000개의 무효 테스트 설정을 가지고 알고 있는 모든 속성을 검사. prelude에 정의됨.
Invalid		무효한 테스트 속성에 대한 보고 클래스.
Pass		성공적인 테스트 속성에 대한 보고 클래스.
Fail		실패한 테스트 속성에 대한 보고 클래스.
Stats		성공/무효 실행의 횟수 계산, 히스토그램 개발, 기타 속성 및 테스트 결과에 대한 보고 통계용으로 사용하는 통계 클래스.
Config		테스트 설정.
	parameter	속성별 최대 통과 횟수
	parameter	속성별 최대 무효 테스트 횟수
	parameter	속성별 최대 단축 단계 횟수
ConsoleListener		콘솔 기반의 리스너를 구성하기 위한 추상 클래스.
NodeListener		노드 호환 출력 결과를 컬러로 보여주는 리스너. prelude에 정의됨.
FBCListener		속성 결과를 파이어버그의 콘솔로 전송하는 리스너.
RhinoListener		라이노용 리스너. 속성 결과를 stdout으로 전달.
Distribution		확률 분산
genvalue		생성기로부터 새 값을 가져옴. 생성기는 씨드 인자*를 받는 함수이거나 씨드 인자를 받는 'arb' 메서드가 들어 있는 객체이어야 함.

익스포트된 정의	
genshrinked	생성기와 관련한 축소 메서드를 사용해 생성기가 앞서 생성한 값을 축소함. 생성기가 'shrink'라는 함수나 메서드가 없거나 'shrink' 메서드가 null로 설정된 객체이면 아무런 축소 작업도 수행하지 않음. 축소 메서드가 정의됐다면 원본 씨드와 생성기가 생성한 값을 사용해 이를 호출함. 축소 메서드는 '축소된' 값의 배열 또는 null, undefined, 또는 '축소된' 값을 생성할 수 없는 경우 빈 배열을 반환해야 함.
justSize	생성기를 속성 테스트 함수로 직접 전달하기 위해 '씨드' 인자의 크기를 넘겨줌.
Utilities	생성기를 개발할 때 사용할 수 있는 유틸리티 그룹. frequency, choose, randWhole, randInt, randRange, randFloatUnit이 있음.

* (역자 주) 씨드 인자 또는 씨드 값은 난수 생성에 핵심적인 역할을 하는 초기 값으로, 마치 씨앗에 따라 열매가 달라지듯 씨드 값에 따라 난수의 값이 달라지게 하는 역할을 한다.

◈ 추가 단어

Prelude 정의

show	*globalize*	
confirm	*prompt*	*getServerURL*
viewURL	*viewServer*	*stopServer*
fileExists	*readTextFile*	*readBinaryFile*
_	*kup*	*qc*

주석이 담긴 소스는 src/prelude/prelude.coffee를 참고하자.

커피스크립트 환경

Buffer	*clearInterval*	*clearTimeout*
console	*global*	*GLOBAL*
process	*root*	*setInterval*
setTimeout		

인터랙티브 환경은 -> / 'Tab'을 통해 볼 수 있다.

자바스크립트 미래 예약어			
abstract	boolean	byte	case
char	const	default	double
enum	export	final	float
function	goto	implements	import
int	interface	let	long
native	package	private	protected
public	short	static	synchronized
throws	transient	var	void
volatile	with	yield	

찾아보기

기호

_ 177
-> 225
[ ] 188
* 121
/ 187
/// 190
& 119
&& 151
+= 134
=> 225
|| 45, 151
__proto__ 182
% 기호 20
== 비교 78
&& 연산자 45

ㄱ

객체 및 배열 244
객체지향 169
객체지향의 핵심 개념 170
경로 탐색 알고리즘 167
공백 34
괄호 20

ㄷ

다이어그램 184
다형성 170
도날드 크누스 10
따옴표 20

ㄹ

레베카 머피 1

ㅁ

마린 하버베크 1
모든 것은 표현식이다 246
문자열 20

ㅂ

바이너리 힙 227
배열 75
배열 및 범위 추출 246
변수 27
불리언 24
비트 버킷 26

ㅅ

삼각 함수 95
삼중 큰따옴표 22
상속 170, 174
생략 기호 245
서버사이드 자바스크립트 15

세미콜론 26
속도와 우아함 59
순환문 40
순환문과 이해 구문 245
스코프 58
스택 60
슬래시 187

ㅇ

앰퍼샌드 119
어휘적 스코프와 변수 안전 244
언더스코어 251
여왕말 문제 236
역따옴표 43
역슬래시 22, 188
연산자 및 별칭 247
예약어 250
예외 처리 102
완두콩 수프 109
이스케이프 188
익명 함수 62
임베디드 자바스크립트 243

ㅈ

자바스크립트 1
재귀 함수 58
정규식 187
제레미 애쉬키나스 1
존재 연산자 247
주석 36
줄바꿈 21

ㅋ

캡슐화 170
커피스크립트 1

클래스 171
클로저 58

ㅌ

통합 모델링 언어 184

ㅍ

프로토타입 186

ㅎ

하이퍼텍스트 마크업 언어 118
함수 47
함수 바인딩 248
함수형 프로그래밍 110
해체 대입 248
히바오아 알고리즘 162

A

addToSet 함수 87
any 함수 151
apply 메서드 171

B

between 함수 100
break 명령 105

C

call 메서드 171
charAt 메서드 77
closure 58
Coffeekup 마크업 3
coffee-script 라이브러리 210
continue 명령 222
CPython 235
createServer 메서드 215

D

do 명령 226

E

Eloquent JavaScript 1

escapeHTML 함수 133

eval 함수 210

F

findLivingCats 함수 83

findRoutes 함수 153

flatten 함수 200

for 명령 112

G

getLength 메서드 185

globalize 함수 202

greaterThan 함수 62

H

handleParagraph 함수 83

hasOwnProperty 메서드 180

HTML 118

I

if 명령 221

indexOf 메서드 88

J

JavaScript Basics 1

join 메서드 76

L

lastElementPlusTen 함수 103

length 속성 92

M

makeRoads 함수 144

map 함수 126

match 메서드 192

member 함수 150

N

NaN 44

new 키워드 172

P

partial 함수 200

pop 메서드 161

possibleDirections 함수 158

prelude 120

print 함수 92

processThing 함수 104

prototype 속성 178

push 메서드 75

Q

QuickCheck 50

R

reduce 함수 115

removeFromSet 함수 87

replaceFootnote 함수 130

replace 메서드 194

require 명령 211

S

search 메서드 187

show 함수 92

slice 메서드 77

SocketStream 219

sort 메서드 227

split 메서드 76

sum 함수 115

switch 명령 221

T

toUpperCase 속성 75

typeof 연산자 23

U

UML 184

W

WebSocket 객체 215

write 메서드 215

ws 프로토콜 215

Y

yell 함수 63

Z

Zappa 219